大数据时代
个人数据保护与利用
法律制度研究

王 曦 著

ZHEJIANG UNIVERSITY PRESS
浙江大学出版社
·杭州·

图书在版编目(CIP)数据

大数据时代个人数据保护与利用法律制度研究 / 王
曦著. —— 杭州：浙江大学出版社，2023.1(2023.11 重印)
　　ISBN 978-7-308-23139-8

Ⅰ. ①大… Ⅱ. ①王… Ⅲ. ①互联网络－个人信息－
法律保护－研究－中国 Ⅳ. ①D923.04

中国版本图书馆 CIP 数据核字(2022)第 189895 号

大数据时代个人数据保护与利用法律制度研究
王　　曦　著

策划编辑	吴伟伟
责任编辑	陈逸行
文字编辑	梅　雪
责任校对	马一萍
封面设计	雷建军
出版发行	浙江大学出版社
	（杭州市天目山路 148 号　邮政编码 310007）
	（网址：http://www.zjupress.com）
排　　版	浙江大千时代文化传媒有限公司
印　　刷	广东虎彩云印刷有限公司绍兴分公司
开　　本	710mm×1000mm　1/16
印　　张	15.25
字　　数	226 千
版 印 次	2023 年 1 月第 1 版　2023 年 11 月第 2 次印刷
书　　号	ISBN 978-7-308-23139-8
定　　价	68.00 元

序

本书是有关大数据时代个人数据保护与利用法律制度的研究。2012年以来,一个大规模生产、分享和应用数据的时代来临,"大数据"逐渐成为热议的话题。随着互联网和移动终端的普及,人们的行为轨迹被记录下来,地理位置得以共享,甚至身体健康数据都能够上传分享。数据,让这一时代的一切行为变得有迹可循,数据开放与流通已然成为社会运作和发展的必然需求。不同于隐私,个人数据具有社会属性,能够且应当被收集和利用。许多看似并不起眼的个人数据被收集起来,通过分析得出具有重要价值的结论,进而为企业或政府决策提供依据,降低了社会交易成本,也为个人生活带来便利。但个人数据收集和利用过程中也暗藏风险,个人数据滥用现象十分普遍,不正当地收集和使用数据严重侵害了数据主体的合法权益。

站在大数据时代的风口,一边是个人数据使用带来的积极改变,另一边则是对数据主体的潜在威胁,有很多问题值得我们思考。我国拥有庞大的互联网使用人群和极具潜力的应用市场,大量个人数据的产生和利用引发了个人数据保护问题。探索并构建大数据时代个人数据保护和利用的规则,是中国产业升级、增强国际竞争力的重要手段。2018年5月欧盟的《通用数据保护条例》(General Data Protection Regulation,GDPR)正式生效,意味着欧盟确立起了更加严格的个人数据保护标准。当前,数据保护和利用规则正在全球范围内加速建立,我国必须进一步完善个人数据保护法体系,构建个人数据跨境流通转移规则,建立风险防范体系和监管体系,积极应对大数据时代的挑战。

本书正文共分为五个部分,结合国际上个人数据保护规则的历史演变,从经济合作与发展组织(OECD)基本原则的分析到 GDPR 具体规则的讨论,最终提出完善我国个人数据保护规则的建议。总体上看,第一章首先客观分析大数据时代背景下,个人数据保护和利用所面临的机遇与挑战。第二章着手分析个人数据保护原则的历史进程,以 OECD 个人数据保护基本原则的确立及修订为研究主线,厘清个人数据保护所应当遵循的基本原则。第三章结合大数据的时代特点,分析个人数据保护与利用的矛盾以及平衡这一矛盾的方法,同时汲取美国和欧盟不同个人数据保护模式的经验,探索激励和保护相容的个人数据规则。第四章以欧盟 GDPR 为研究对象,着重分析 GDPR 所引入的新制度。第五章在前述研究成果的基础上,分析大数据时代个人数据保护的立法趋势,结合我国个人数据保护的现状,探讨应当直面并解决的问题。

目　录

绪　论

步入 21 世纪以来，人类社会各个领域特别是信息领域的数据量飞速增长。信息爆炸产生了海量数据，带来机遇与挑战，"大数据"（Big Data）一词越来越为人们所熟悉。海量数据的产生、生活方式的改变、数据价值的显现，无不昭示着大数据时代的到来。最早提出"大数据时代到来"的，是全球顶级管理咨询公司麦肯锡。麦肯锡宣称："数据已经渗透到每一个行业和业务职能领域，逐渐成为重要的生产因素。人们对于海量数据的运用，将预示着新一轮生产率增长和消费者盈余浪潮的到来。"①英国广播公司（BBC）《地平线》栏目曾采访了这个数据革命时代的几个前沿领域，通过纪录片《大数据时代》揭示了这一时代背景下的无数可能性。我们甚至可以断言："数据，已经成为重要的生产资料。"②

人类社会的发展先后经历了农业时代、工业时代，每一次时代的更迭都伴随着技术革新。当前，人类社会已经来到信息时代。作为生产要素重要

---

① 程学旗，靳小龙，王元卓，等.大数据系统和分析技术综述[J].软件学报，2014（9）：1889-1908.

② AI 报道.BBC 纪录片：大数据时代[EB/OL].（2017-09-11）[2022-09-13].https://www.sohu.com/a/191239267_468636.

组成部分的数据资料不同于以往传统的生产资料。由于数据不具有排他性和独占性，数据的生成、收集、使用规则成为信息时代新的制度核心。跨越2012年，整个社会呈现出信息大爆炸的特点。社会发展早就不再是"动力驱动"，而是转变为"数据驱动"。经济活动的重点也早已从对物质材料的使用转变为对大数据的利用。各国政府十分重视大数据发展，在2013年数据元年到来前，纷纷将大数据发展纳入国家战略层面加以推动。2012年3月，美国奥巴马政府发布"大数据研究与发展计划"，并宣布先期投入超过2亿美元的资金。① 同年5月，联合国"全球脉动"计划发布《大数据开发：机遇与挑战》报告，英国、法国、德国、日本、加拿大等发达国家积极响应。②

在人民论坛专访和讯网前CEO、雅虎中国原总经理谢文先生的报道中，谢先生感慨道："大数据时代的来临为我们提供了绝好的机会，把零散的、海量的数据亮出来，供全社会使用，从而不断发掘大量数据的价值。"③真正把大数据推向公众视野的是牛津大学维克多·迈尔-舍恩伯格教授，他的著作《大数据时代：工作、生活与思维的大变革》是国际大数据研究先河之作。迈尔-舍恩伯格教授潜心研究大数据十余年，成为最早窥见大数据时代发展趋势的科学家之一。其在著作中明确指出，大数据时代最大的转变就是放弃对因果关系的执念，转而关注相互关系，只要知道"是什么"，而不必知道"为什么"。④

在纪录片《大数据时代》中，数据被开发利用于各个领域。洛杉矶警署

---

① 新科技观察. 美国政府《大数据研究和发展计划》全文[EB/OL]. (2017-02-24)[2022-09-13]. https://www. sohu. com/a/127161244_472897.

② UN Global Pulse. Big Data for Development：Opportunities and Challenges-White Paper[EB/OL]. (2012-05-12)[2022-09-13]. https://www. unglobalpulse. org/document/big-data-for-development-opportunities-and-challenges-white-paper/.

③ 刘建. 我们同美国站在同一起跑线上：访和讯网前CEO、雅虎中国原总经理谢文[EB/OL]. (2013-05-20)[2022-09-13]. http://theory. people. com. cn/n/2013/0520/c112851-21543105-2. html.

④ 迈尔-舍恩伯格，库克耶. 大数据时代：工作、生活与思维的大变革[M]. 盛杨燕，周涛，译. 杭州：浙江人民出版社，2013：67-89.

庞大的数据库记录了过去 80 年间 1300 万宗犯罪案,通过分析这些数据能够预测犯罪可能发生的时间和地点。洛杉矶警方按照计算机的预测和指令巡逻,大大提高了打击犯罪的效率。而这一做法在洛杉矶的运用,使得该地区的财产犯罪率下降了 12%,盗窃行为减少了 26%。① 此外,数据运用在现代医学领域,也占据了举足轻重的地位。通过挖掘人类数据组构成人类基因组的 30 亿位遗传信息,人们能够从中寻找线索以帮助诊断和治疗疾病。DNA 数据库中的病人数据有助于医生分析疾病产生的原因,想出新的治疗方法,并识别一些原因不明的疾病。这项技术在过去十年间帮助医生揭示了许多疾病的遗传因素,降低了诊断的不确定性。数据还拥有巨大的商业价值,数据革命也深刻改变了金融世界。以咖啡行业价格涨跌为例,人们通过数据分析相关因素,例如经济优势、咖啡生产国的货币、消费者的消费习惯,从而做出合理的推断,预测咖啡价格的涨跌。

在大数据时代,人类社会的规律似乎更容易被发现和预测。但是,由于人类行为主观性更强,这种预测所能产生的价值究竟能够得到多大限度的估量尚难以断言。而对个人而言,大数据带来机遇的同时,也带来了挑战。它给了我们更加便利的生活,更加精准的技术手段,但也将我们每个人置于信息暴露的危险环境中。个人数据给当事人带来各种困扰,最引人关注和最为人熟知的,应该就是骚扰电话和垃圾邮件。"人肉搜索"与曝光隐私等行为给当事人心理造成的巨大伤害,也让我们看到了个人信息暴露的严重后果。还有掌握他人数据后冒用他人身份进行活动等更加恶劣的行为,不仅给被盗用身份的个人造成极大困扰,也给各项社会管理工作造成混乱。信用记录错误、个人监视监控信息泄露等也是滥用个人数据的典型现象。银行和政府部门积极引入个人数据管理、身份认证和指纹识别等系统,但很少考虑这些措施给公民隐私带来的潜在威胁。一旦失控,后果不堪设想。

鉴于此,无论是看好个人数据利用的巨大价值,还是担忧个人数据利用对

① AI 报道.BBC 纪录片:大数据时代[EB/OL].(2017-09-11)[2022-09-13].https://www.sohu.com/a/191239267_468636.

公民权利的侵犯,都有必要建立和完善个人数据保护与利用的规则。当前,个人数据保护规则正在全球范围内加速建立。个人数据保护法律法规的制定、数据保护执法机构的设立,成为大数据时代高悬在公司、政府机构、个人头顶之上的达摩克利斯之剑。事实上,大数据时代背景下,数据的产生和处理活动呈现几何级指数增长,要求不断更新和完善个人数据相关规则。个人数据保护规则应当兼顾个人权利和公共利益,包括数据产生、收集、使用、保护的各个环节,涵盖数据从收集到存储、从控制到使用、从境内到境外的流动。

"The data revolution is transforming our world. We're devising ever more complex ways of gathering data and ever more genius ways of mining it. Data is becoming the most valuable commodity of the 21st century. The world of bid data has arrived."诚如纪录片《大数据时代》最后的旁白所言:数据革命颠覆了我们生活的世界。让我们更多样地收集数据、更聪明地分析数据。数据正在成为 21 世纪最有价值的商品。大数据时代已经来临,而更多的改变正蓄势待发。

一、问题的产生

(一)大数据时代带来的机遇和挑战

一种观点认为,个人数据滥用行为严重侵犯个人隐私。

近几年来,个人数据被滥用的负面新闻频频曝光,学者们也为大数据时代带来的隐私风险感到担忧,认为应当强调保护个人隐私,而不能让个人承担隐私泄露的风险。王融指出,数据共享的价值或福利是集体体验,而风险却是由每个人自己承担的,这显然对个人不利。[①] 田新玲、黄晓芝指出,由于大数据规模庞大,个人隐私数据与公共数据混杂,使得保护的范围很难界定。[②] "公共数据开放"与"个人隐私保护"这对矛盾体,在当前大数据环境下

[①] 王融. 大数据时代:数据保护与流动规则[M]. 北京:人民邮电出版社,2017.
[②] 田新玲,黄芝晓. "公共数据开放"与"个人隐私保护"的悖论[J]. 新闻大学,2014(6): 55-61.

可谓如影随形。何培育认为,个人信息收集和使用为我国电子商务环境埋下了安全隐患,消费者的个人隐私难以保障。[①]

也有观点认为,数据使用和流动所创造的价值胜过其对个人隐私造成的负面影响,强调不能因噎废食。

郭瑜指出,人是生活在社会中的人。大数据时代,人的社会性必须通过数据来体现。个人倘若自我封闭,不让任何人获取自己的数据,将很难融入这个社会,甚至连基本生活都无法开展。[②] 谢永志认为,传统隐私权保护法律制度侧重强调保护个人隐私权,不利于数据的开发和利用。[③] 当代个人数据保护规则既关系到数据主体隐私的保护,还关系到个人数据的合理开发和利用。张新宝指出,商业价值和公共管理价值是个人数据存在的两种最直接的利用价值。[④]

还有学者参照知识产权保护制度中有关"合理使用"的规定,提出应当构建保护与激励相容的个人数据合理使用制度。

江波、张亚男表示,应当以合理使用为出发点,以利益平衡为目的,对个人信息保护相关制度进行调整。[⑤] 范为提出,个人信息保护的目标在于防止个人信息被滥用,且倡导个人信息的合理使用。"合理使用"构成了个人信息保护的边界。[⑥] 陶盈指出,信息主体对于间接可识别个人信息的收集、存储、加工和转等权利的行使,受到信息自由、公共利益和国家安全等正当目的的合理限制。[⑦]

[①]　何培育.电子商务环境下个人信息安全危机与法律保护对策探析[J].河北法学,2014(8):34-41.

[②]　郭瑜.个人数据保护法研究[M].北京:北京大学出版社,2012.

[③]　谢永志.个人数据保护法立法研究[M].北京:人民法院出版社,2013.

[④]　张新宝.隐私权的法律保护[M]. 2 版.北京:群众出版社,2004.

[⑤]　江波,张亚男.大数据语境下的个人信息合理使用原则[J].交大法学,2018(3):108-121.

[⑥]　范为.大数据时代个人信息保护的路径重构[J].环球法律评论,2016(5):92-115.

[⑦]　陶盈.我国网络信息化进程中新型个人信息的合理利用与法律规制[J].山东大学学报(哲学社会科学版),2016(2):155-160.

(二)个人数据的法律属性之争

阿里云在 2015 年曾经发布《数据保护倡议书》,表示任何运行在云计算平台上的数据,不论其主体为何,所有权都属于客户,客户享有自主占有、使用、分享、处分的权利。① 从数据的产生来看,数据源于个人,源于每个自然人的日常行为。作为个人行为的痕迹,数据权利当然具有人身性。我国现阶段涉及个人信息保护的法律渊源也大多从对隐私权的保护出发,学者也大多认同个人对数据享有人格利益或财产利益。

占主流的有以下几种情形:一是受波斯纳法经济学理论影响,部分学者认为个人信息对本人以及收集利用者等主体而言属于财产利益,个人对数据享有占有、使用、收益、处分的权利。二是认为个人信息属于隐私利益中的内容,强调个人对数据的控制,将个人数据作为隐私进行保护。此外,还有学者认为应当基于人格权理论来讨论个人数据保护问题,个人信息的收集和利用行为与本人人格尊严有着密切关系。

程啸指出,个人数据权对自然人而言应当是一种防御性或消极性的利益。② 大数据背景下,自然人之所以对个人数据享有权利,根本目的在于防止那些非法收集、使用和转让个人数据的行为,本质上是为了保护自然人自主决定的利益。

还有学者不认同个人对数据享有权利,强烈批判大数据时代个人数据信息权保护理论。吴伟光认为,维护公共利益与公共安全并促进个人数据的流动与共享才是大数据时代的题中应有之意。③ 因此,应当否定自然人对个人数据的民事权利,而将个人数据作为公共物品完全交由政府通过公法加以规制。

---

① 东方早报.阿里云发出数据保护倡议[EB/OL].(2015-08-10)[2022-09-13]. https://www.sohu.com/a/26597653_117499.

② 程啸.论大数据时代的个人数据权利[J].中国社会科学,2018(3):102-122,207-208.

③ 吴伟光.大数据技术下个人数据信息私权保护论批判[J].政治与法律,2016(7):116-132.

（三）隐私权与个人数据保护

在全球信息经济中，个人数据已然成为第一驱动力。随着大数据挖掘分析应用领域的多样化、分析结果精准度的提高，个人隐私保护和数据安全所承受的风险也在增加。隐私权如何得到维护，成为大数据时代不能回避的问题。一些学者对此持积极的态度，认为数据利用与隐私保护并不矛盾。并不是所有的大数据应用都涉及个人信息，通过数据清洗和加强监管，能够保证个人隐私不被泄露。也有学者对此持消极的态度，认为大数据采集过程中有相当大一部分数据包含有个人信息，大数据必然带来隐私风险，必须完善个人隐私的保护。

有观点指出，对个人信息的保护等同于对隐私的保护，只要强化隐私权相关制度，就能实现对个人信息的保护。

王学辉、赵昕认为，大数据时代公民个人信息隐私权从私法领域溢出，延伸到公法领域。[①] 隐私权不再只具有"私性"，而隐私权私法保护也不再具有"绝对性"。因此，应当构建公私法"整合"保护的模式以保护大数据时代公民个人信息隐私。钱力、谭金可认为，隐私权的财产属性日益凸显，呈现向积极权利转化的趋势。[②] 隐私权的权利客体和权属内容不断扩充，传统隐私权保护的局限性日益明显。应当根据"互联网＋"时代的新特点，促进新时代隐私权保护的法治新常态。

还有观点认为，"个人数据"这一概念所涵盖的范围大于"隐私"的范围，提出"个人信息权"的概念。

王利明指出，个人信息的概念不同于隐私，前者的范围远远大于后者，应当将个人信息权单独规定，而不是附属于隐私权之下。[③] 谢远扬提出，社

---

① 王学辉，赵昕.隐私权之公私法整合保护探索：以"大数据时代"个人信息隐私为分析视点[J].河北法学，2015(5)：63-71.

② 钱力，谭金可."互联网＋"时代网络隐私权保护立法的完善[J].中国流通经济，2015(12)：113-118.

③ 王利明.论个人信息权的法律保护：以个人信息权与隐私权的界分为中心[J].现代法学，2013(4)：62-72.

会交往过程中离不开个人信息,通过对个人信息的自主使用能够实现人格的自由发展。[①] 孙平指出,应当从宪法层面出发,将个人信息保护纳入基本权利,协调好其与其他宪法价值之间的关系,为数据主体提供最充分和最有力的保护。[②] 张里安、韩旭至指出,个人信息权的独特内涵能够与大数据时代特征相适应,其范围、内容均无法为其他权利所替代。[③]

还有学者主张数据利用与保护并非不可兼得,认为必须探索双赢的数据保护法律制度。

齐爱民、李仪提出,从信息自由与人格尊严的关系出发,构建个人信息权制度应当在保护人格利益与信息自由之间寻求利益平衡。[④] 周汉华提出,有必要探索激励相容的个人数据治理之道。只有使个人信息保护成为信息控制者的内在需要,个人信息保护法制度才能最终建立。[⑤] 张新宝指出,数据隐私问题解决的关键在于利益衡量,信息业者和政府注重对个人信息的利用,而传统隐私权保护问题不可回避,构成了利益衡量的两个维度。[⑥] 因此,有必要以一定标准实现对个人信息的区别保护和利用,从而实现保护和利用的多赢。

二、数据权属及其保护路径

在讨论个人数据保护路径之前,有必要首先明确个人数据权属的问题。作为当前最具发展潜力的领域之一,数据产业已经用其创造的价值证明了

---

① 谢远扬. 信息论视角下个人信息的价值:兼对隐私权保护模式的检讨[J]. 清华法学,2015(3):94-110.

② 孙平. 系统构筑个人信息保护立法的基本权利模式[J]. 法学,2016(4):67-80.

③ 张里安,韩旭至. 大数据时代下个人信息权的私法属性[J]. 法学论坛,2016(3):119-129.

④ 齐爱民,李仪. 论利益平衡视野下的个人信息权制度:在人格利益与信息自由之间[J]. 法学评论,2011(3):37-44.

⑤ 周汉华. 探索激励相容的个人数据治理之道:中国个人信息保护法的立法方向[J]. 法学研究,2018(2):15-16.

⑥ 张新宝. 从隐私到个人信息:利益再衡量的理论与制度安排[J]. 中国法学,2015(3):38-59.

自己。明确数据产权是发展数据产业的前提,但国内数据产权相关研究尚未成体系,制约了数据产业的发展。国内学者大多赞同按照产生数据或持有数据的主体不同,将数据分为个人数据、企业数据和政府数据,例如石丹的《大数据时代数据权属及其保护路径研究》①,付伟、于长钺的《数据权属国内外研究述评与发展动态分析》②。鉴于本书探讨的是个人隐私保护与数据利用的法律问题,因此主要围绕个人数据展开讨论。

（一）个人对数据享有的权利

一种观点提出了"个人数据权"的概念,通过丰富个人数据权的权能进而实现对个人的保护。

齐爱民、盘佳就个人数据权和数据财产权做了解释。③ 谢楚鹏、温孚江指出,随着互联网技术的发展,用户的个人数据逐渐成为商品,个人数据具有了财产属性。④ 当然,在讨论个人数据的财产属性时,还必须强调将那些与人格尊严有关的数据排除在外。

另一种观点提出按照"数据匿名化"对数据进行分类,认为个人仅对那些含有隐私信息的数据享有权利。

武长海、常铮就数据匿名化制度做了解释。⑤ 数据匿名化的目的在于保证数据主体的隐私安全。基于是否被匿名化可以将个人数据分为三种:一是含有个人信息的数据,这类数据之上的所有权利都归数据主体享有,未经数据主体的同意,任何人不得收集和利用;二是不含个人信息的匿名化数据,这类数据经过匿名化处理,并不会威胁到数据主体的隐私,数据控制者

---

① 石丹.大数据时代数据权属及其保护路径研究[J].西安交通大学学报（社会科学版）,2018(3):78-85.

② 付伟,于长钺.数据权属国内外研究述评与发展动态分析[J].现代情报,2017(7):159-165.

③ 齐爱民,盘佳.数据权、数据主权的确立与大数据保护的基本原则[J].苏州大学学报（哲学社会科学版）,2015(1):64-70,191.

④ 谢楚鹏,温孚江.大数据背景下个人数据权与数据的商品化[J].电子商务,2015(10):32-34,42.

⑤ 武长海,常铮.论我国数据权法律制度的构建与完善[J].河北法学,2018(2):37-46.

应当能够充分使用;三是经数据清洗、算法加工后的衍生数据,这部分数据经历了数据控制者的再加工,应当由数据控制者所有。龙卫球对个人数据财产权体系表示了赞同,但同时强调重视数据经营者应享有的财产地位和利益诉求。①

(二)企业对数据享有的权利

有学者强调有条件地承认数据控制者对所收集的数据享有权利。

程啸提出,只要数据控制者依据法律规定,经数据主体同意,公开收集、使用个人数据的相关规则和信息,明示收集、使用个人数据的整个过程,那么这种收集行为就应当被肯定。② 以保证数据主体隐私安全为前提,经匿名化的数据也能为数据控制者掌握和使用。

有学者提出,应当从数据所能创造的社会价值出发,注重对数据控制者的管理和激励。

吴伟光认为,应当将个人数据信息作为公共物品来规制,由政府专门机构运用公法对其进行治理,从而实现公共利益和公共安全。大数据技术下的社会甚至可能超越私权利社会而形成合作共享的有机社会形式,比私权利社会更加高效,也更有竞争力。③ 龙卫球从动态数据利益合理配置出发,提出了赋予数据从业者数据经营权和数据资产权的观点。数据经营权肯定了数据经营者能够对他人数据以经营为目的从事各种活动,使得数据的价值得到充分发掘。而数据资产权是对数据经营效果的一种利益归属确认,能够鼓励数据经营和数据资产创造。④

还有学者认为,数据控制者对其收集整理的数据享有权利,提出了"数据资产"的概念。

---

① 龙卫球.数据新型财产权构建及其体系研究[J].政法论坛,2017(4):63-77.
② 程啸.论大数据时代的个人数据权利[J].中国社会科学,2018(3):102-122,207-208.
③ 吴伟光.大数据技术下个人数据信息私权保护论批判[J].政治与法律,2016(7):116-132.
④ 龙卫球.数据新型财产权构建及其体系研究[J].政法论坛,2017(4):63-77.

从管理学角度看,企业获取的数据资源来自企业内部和企业外部。企业大数据的价值并非直接获取个人信息,而是源于其深度数据分析能力。大数据实质上是一种管理思维。王忠提出了"数据资产"的概念,认为在现有的技术条件和大数据应用情况下,大数据具有资产的特性。① 尽管这一理论尚未得到实践,但从大数据与资产的关系上看,其理论上的可行性是成立的。对此持同样观点的还有康旗、韩勇、陈文静、刘亚琪的《大数据资产化》一文②。

---

① 　王忠.大数据时代个人数据交易许可机制研究[J].理论月刊,2015(6):131-135.
② 　康旗,韩勇,陈文静,等.大数据资产化[J].信息通信技术,2015(6):29-35.

第一章　大数据时代的变革与挑战

如今,一个大规模产生、收集和利用数据的时代已经到来。"大数据的真实价值就像漂浮在海洋中的冰山,第一眼只能看到冰山的一角,绝大部分都隐藏在表面之下。"①互联网和云计算等信息技术手段将人类社会带入数据信息的新时代,个人数据的价值越来越被重视。然而,在个人数据的收集和利用过程中,侵犯公民个人信息的案件时有发生。大数据时代改变了我们的生活方式和工作方式,甚至改变了我们的思维方式。数据流动和分享作为大数据时代的内涵之一,固然应当予以肯定,但个人数据在收集和使用过程中所面临的风险也不应被忽视。如何应对大数据时代的机遇和挑战,如何解决开放网络中的隐私安全问题,都是值得思考的问题。为此,人们越来越多地关注个人数据保护与利用。

---

① 　迈尔-舍恩伯格,库克耶.大数据时代:工作、生活与思维的大变革[M].盛杨燕,周涛,译.杭州:浙江人民出版社,2013:134.

第一节　大数据时代的到来及其影响

一、大数据的时代背景

2012 年以来,"大数据"一词逐渐被人们所认识,用来描述和定义信息爆炸时代产生的海量数据。当前,数据总量正在急剧增长,决定着这个时代的方向。虽然很多人可能还没有意识到数据爆炸性增长带来的影响,但随着时间的推移,数据对个人、公司乃至国家的重要性将越来越明显。打开淘宝主页,商品推荐一栏是你经常购买的物品;打开网易云音乐,每日推荐的歌曲是你经常听的那些类型;用支付宝购物,提示显示"您的信用度极高,可以享受极速退款服务"。数据,让这一时代的一切行为变得有迹可循、有源可溯。信息时代带给我们更便利的生活、更快捷的讯息,拉近了人与人之间的距离。大数据作为这一时代的产物,已然带来了巨大变革。权威咨询机构 Wikibon 曾表示,大数据和云计算在 2018 年必将改变整个商业模式。对数据的态度是传统商业和数字商业最简单也最明显的区别。传统商业并不看重数据,而数字商业则是将数据视为资产,通过数据收集和利用来获取收益。Wikibon 曾大胆预测在 2018 年将会有越来越多的企业转向数字商业,理由就是日益激烈的竞争、以往积累的经验以及欧盟新出台的《通用数据保护条例》。① 事实证明,大数据在 2018 年以最显眼的姿态亮相,围绕个人数据保护与数据利用的讨论也成为各国热议的话题,大数据这个原本深奥的科技语离我们已不再遥远。放眼国内,近几年来计算机和智能手机得到普遍应用,加上日益发达的互联网通信技术,使得微信、支付宝、京东、淘宝

---

① Wikibon. Wikibon's 2018 predictions: Data and the cloud will transform every business[EB/OL]. (2017-12-20)[2018-10-25]. https://siliconangle.com/blog/2017/12/20/wikibons-2018-predictions-data-cloud-transform-ever.

等网络平台越来越普及,我们的生活也发生了翻天覆地的变化。公交车站和公交服务智能应用能够准确显示下一班公交车到站的时间,让我们能够更好地安排出行,避免了长时间等待;智能导航系统能够自动计算最佳线路和路线拥堵情况,极大地方便了我们的出行和生活;外卖应用在满足用餐需求的同时还能供人们点评用餐感受,帮助其他人选择受欢迎和好评多的商家和食物。伴随着海量数据的产生,大数据时代来临了。

数据收集和分析是大数据时代利用数据的重要手段,很多看似并不重要的个人数据被企业或政府收集起来,通过数据分析得出具有重要价值的结果并从中获益。从完善社会信用体系的角度来说,大数据收集能够有效掌握个人信用状况,建立起完善的个人征信系统。大数据以科学化信用评价方式对个人建立起全方位信誉评价体系,用数据说话,让数据来证明个人信誉状况,大大节约了交易时间和成本,提高了社会运作的效率。从我们个人生活习惯来说,我们每个人在互联网上关注的内容、发表的图文、看过的视频等都是能够被记录的,通过了解用户的上网喜好,企业可以充分利用这些数据进行精准营销。而大数据经过剖析,能够协助企业有效判别用户信息需求和消费需求,做到精准化产品开发,整合资源以最大化利用。大数据时代给我们带来的便利毋庸置疑,不管是否承认,在这个时代我们都离不开数据。

然而,当我们欣然享受大数据带来的诸多便利时,或许会忘了其中暗藏的风险。由于对数据无限制地收集、分析和利用,原本给生活带来的便利变成了对个人信息权益的侵害。再加上个人数据保护不到位,很多数据控制者在收集和使用个人数据时并非都取得了数据主体的授权或同意,个人数据滥用现象越来越普遍。那些包含有隐私信息的个人数据,一旦被不正当利用将会对个人造成难以挽回的伤害,是对他人隐私赤裸裸的侵犯。更有甚者利用非法手段获取数据进行诈骗,甚至公然在网上叫卖个人信息,严重扰乱社会秩序。① "在钱已经被'信息化',而信息又被'货币化'的今日世界，消费者每次付钱买一样东西，等于是在付两重钱：先是付钱购买商品，另外又提供了值钱的信息。"②

如今，数据流通已然成为社会运作与发展的必然需求，过分强调隐私保护往往会阻碍数据的自由流通，而对数据收集和利用的强调又有可能侵犯个人隐私，个人数据保护与数据自由流通可谓大数据时代如影随形的一对矛盾。2018年4月，十三届全国人大常委会发布年度立法计划，提出将审议包括人格权编在内的民法典各分编，"个人信息权是否应成为具体人格权"以及"如何在数字经济背景下建立个人信息保护规范"成为关注的焦点。同年5月15日，"个人信息与数据流通高峰论坛"在中国人民大学召开，围绕在数据流通已经成为社会不可逆趋势背景下如何构建兼顾社会发展与个人利益保护的规范体系展开讨论。③ 究竟大数据带来的是生活的便利还是对私生活的侵犯？大数据会成为我们社会进步的推动力还是会践踏个人自由与尊严？究竟是否应当赋予数据主体对个人数据的权利？怎样平衡数据主体、数据收集者、数据控制者等相关主体之间的利益？总之，面对大数据带来的改变，我们也必须始终保持冷静。如果不处理好个人数据安全和隐私保护的问题，大数据所带来的好处都将显得微不足道。为了在享受大数据时代福利的同时保持个人尊严和自由不被侵犯，就必须更好地了解数据保护与数据流通之间的关系，找到两者之间适当的平衡，构建当代个人数据保护规则。

二、大数据时代工作、生活与思维的大变革

在谈到大数据给人类社会带来的巨大变革时，英国著名学者维克

---

① 李明，李禹潼.记者暗访买卖个人信息数据：准大学生信息3角/条[EB/OL].(2016-08-30)[2018-10-25].http://education.news.cn/2016-08/30/c_129261766.htm.

② 托夫勒.权力的转移[M].吴迎春，傅凌，译.北京：中信出版社，2006：66.

③ 中国人民大学未来法治研究院.个人信息与数据流通高峰论坛成功举办[EB/OL].(2018-05-23)[2022-07-25].http://lti.ruc.edu.cn/sy/xwdt/4a987f13562b4c4a9d81fb0553913435.htm.

多·迈尔-舍恩伯格教授毫不掩饰对大数据的赞誉,强调其对人类社会做出的巨大贡献。好比望远镜让我们能够观测宏观世界、显微镜让我们能够观测微观世界,大数据也彻底改变了人们的生活和思维方式,开启了新世界的大门。作为信息时代最重要的应用,大数据对人们的生活和生产都产生了颠覆性影响。人们处理的数据对象不再只是单一样本,而是全部数据;数据分析的过程不再只是关注精确性,而是承认数据的混杂性;对数据处理的结果不再只是注重因果关系,而是探寻数据之间的相互联系。[①] 大数据除了重塑我们的思维方式,还对我们的生活和工作产生了直接影响。[②]

(一)生活和工作方式的变革

很多事实可以证明大数据正在改变人类的工作、学习和生活。智能大数据推送可谓当前最有效的营销手段,根据用户性别、年龄、所在城市、喜好等进行画像,进而向不同群体用户实施精准推送。美国最大的在线影院奈飞公司(Netflix)在美国本土拥有 2700 万名订阅用户,得益于对用户在线活动的跟踪和记录,Netflix 可以清楚地了解用户喜好。通过对海量数据的分析和挖掘,Netflix 充分掌握了用户的观影习惯,按照不同时段、不同群体分别向目标用户推送观影指南,大大提高了推送的接受率。此外,了解用户喜好也有助于 Netflix 制作出更多受用户喜爱的影视作品。当前,各行各业都可以看到大数据应用的身影。当当网通过大数据分析来代替专业书评人员,更加高效地向用户推荐书籍;支付宝通过大数据来鉴别个人信用风险,确保资金运作的安全和稳定;高校利用数据分析科学合理地安排教学资源;等等。

(二)思维方式的变革

所谓思维方式,就是人们看待事物的角度、方式和方法。在不同时代和环境中,人们思考问题和解决问题的习惯都会受到影响,也就是思维方式的

---

① 谭天.大数据研究经典的研读与批判:读维克托·迈尔-舍恩伯格《大数据时代》有感[J].重庆工商大学学报(社会科学版),2016(1):99-103.

② Pavolotky J. Demystifying big data[J]. Business Law Today, 2012(11):1-47.

改变。在大数据时代,谷歌(Google)的崛起改变了人们获取信息的方式,支付宝的普及改变了人们日常生活中的支付方式。我们的生活已在无形当中与数据紧密联系在一起。"一切皆用数据来观察,一切都用数据来刻画,一切数据也被当作财富来采集、存储和交易,这就是所谓的'数字化生存'。"①大数据浪潮时刻催促着人们适应这种以数据的眼光来观察和理解身边环境的生存方式,促使大数据思维的形成。②

大数据思维强调数据公开的重要性,处理得当的公开数据不仅不会给个人造成损失,还能解决当下面临的诸多问题。③ 按照迈尔-舍恩伯格教授的观点,大数据给人类的思维方式带来了巨大改变,呈现出三个特点:首先,人类研究的对象不是随机样本,而是数据整体;其次,在分析数据时,不应只关注其精确性,而是应当承认大数据的混杂性;最后,大数据时代所探寻的不再是事物之间的因果关系,而是无处不在的相关关系。④

1.用整体的眼光看世界

统计学中著名的样本研究法认为,当整体由众多部分构成而处理能力有限时,必须通过部分来代表整体。按照这一说法,科学抽样是样本研究的前提。然而再科学的抽样法都不可能还原研究对象整体,研究结果都不可避免地会走样,于是就有了整体论的兴起。整体论以系统科学和复杂性研究为代表,相较于样本研究而言,其研究结果更科学。但是,由于受到技术层面的限制,对整体的研究一直停留在理论层面,难以落到实际。大数据时代的到来改变了这一局面,在大数据研究中,研究对象是数据整体而不是被抽样的个体。凭借更加先进的数据分析技术,大数据将研究对象这一"整体"落到了实处,保证了研究结果的科学性。

① 黄欣荣.大数据时代的思维变革[J].重庆理工大学学报(社会科学),2014(5):13-18.

② Cohn B L. Data governance:A quality imperative in the era of big data, open data and beyond[J]. A Journal of Law and Policy for the Information Society,2015(10):780-825.

③ 黄欣荣,李世宇.舍恩伯格大数据哲学思想研究[J].长沙理工大学学报(社会科学版),2017(3):5-11.

④ 黎德扬.信息时代的大数据现象值得哲学关注:评《大数据时代》[J].长沙理工大学学报(社会科学版),2014(2):10-13.

2. 接受数据的不精确性和混杂性

长期以来,人类已经习惯和适应了典型化、标准化的思维方式,要求获取的每个数据都必须精确。在小数据时代,由于搜集的信息量比较少,只有确保记录下来的数据足够精确,才能保证所得出结论的正确性。然而,因为收集的数据有限,即使是很细微的错误也会被放大,正所谓"失之毫厘,差之千里"。在大数据时代,每时每刻都在产生数据,且这些数据没有限制。因为放松了标准,人们掌握的数据多了起来。人们乐于接受数据的纷繁复杂,而不再追求精确性。在小数据时代,数据分类存储和检索一直是人们惯用的方式。当数据规模较小的时候,这种做法固然有效,但一旦把数据规模增加好几个数量级,这种做法就将面临崩溃。大数据时代的数据呈现出混杂性的特点,是这一时代的标准途径,而不应被避免。大数据时代真正体现了百花齐放的多样性,而不再是单调乏味的统一性。

3. 关注数据之间的相关性

在西方科学传统中,因果性的核心地位不容置疑。一直以来,自然科学的终极目标就是探寻事物之间的规律,也就是因果关系。而在大数据时代,数据总量呈现爆炸式增长,数据内容更加混杂,事物之间的联系更加随机。小数据时代所搜集的数据之间只有简单的、直接的线性因果关系,而大数据时代的数据整体是复杂的、间接的非线性因果关系。因此,我们必须将其作为一个整体来分析,关注大量数据背后所反映的客观事实,通过对比来发现数据与人们行为之间的相关性。换言之,大数据时代的数据分析不再注重因果关系,只要知道"是什么"就够了。在大数据时代,人们对世界的理解不需要建立在假设的基础上,而是可以通过对大数据进行相关关系分析,有效避免基于假想的易出错的方法。"建立在相关关系分析法上的预测是大数据的核心。"①这种分析法具有更准确、更快捷的优势,且不会受人们主观偏见的影响。

———————————

① 迈尔-舍恩伯格,库克耶. 大数据时代:工作、生活与思维的大变革[M]. 盛杨燕,周涛,译. 杭州:浙江人民出版社,2013:75.

三、互联网技术革新引发的数据安全问题

马云在 2017 世界物联网博览会上指出，无论是大数据、云计算，还是人工智能、物联网，无不昭示着人类已经进入数据时代。近几年来，我国互联网技术飞速发展，各方面均取得了不错成绩。2018 年 4 月，习近平总书记在全国网络安全和信息化工作会议上作出了关于网络强国的重要论述，强调"信息化为中华民族带来了千载难逢的机遇。我们必须敏锐抓住信息化发展的历史机遇"①。中国互联网络信息中心（CNNIC）在 2018 年 7 月发布的报告称，截至 2018 年 6 月，我国网民规模为 8.02 亿，互联网普及率达 57.7%。②

（一）AI 时代智能终端的隐患

近年来，人工智能（AI）的发展可谓大势所趋。小到生活家电，大到交通运输，都开始融入人工智能技术。而随着人工智能的不断发展，对于其安全的考虑也已经上升到了前所未有的高度。人工智能技术对安全产业起到了促进作用，能够用 AI 技术解决很多安全问题，比如安全分析、广告欺诈检测等。但任何技术都是一把双刃剑，AI 技术在助力防护的同时，也会成为攻击者的利器。

AI 产品所依赖的软件仍然不可避免地存在安全漏洞，当这些安全漏洞被攻击者利用时，就会侵犯用户存储在终端和云端的隐私数据。以智能电视为例，语音识别和人脸识别技术让电视机不再是单纯的家电，而是成为家庭交互终端的入口。人工智能电视机所存在的安全漏洞修复不当、配置不当、越权操作等信息安全问题，将给不法分子提供可乘之机。不法分子甚至可以远程挟持电视设备，并进行开关摄像头、安装恶意应用、收集用户隐私

① 网络传播. 习近平在全国网络安全和信息化工作会议上发表重要讲话：敏锐抓住历史机遇 加快建设网络强国［EB/OL］.（2018-08-03）［2018-11-10］. http://www.cac.gov.cn/2018-08/03/c_1123216820.htm.
② 中国互联网信息中心. 第 42 次中国互联网络发展状况统计报告［R/OL］.（2018-08-20）［2018-09-17］. http://www.cac.gov.cn/2018-08/20/c_1123296882.htm.

生活信息等操作，将造成用户隐私泄露或财产损失。①

（二）区块链技术的痛点

2018 年，区块链技术疯狂来袭，称得上是一场始料未及而又具有颠覆性意义的技术革命。区块链作为构造信任的机器，将彻底改变整个人类社会价值传递的方式。但由于信息和程序的不透明、对信任体系的依赖，区块链技术也存在不足。区块链技术支撑的交易系统，强调数据共享，在数据库中每一个节点都"复制"了相同的历史数据，其运行的信任成本极低，系统信息的透明度极高，安全风险也随之增加。

区块链的隐私保护存在安全性风险。区块链系统内各节点并非完全匿名，而是通过类似电子邮件地址的地址标识来实现数据传输。尽管这些地址标识并没有与真实世界的人物身份相关联，但区块链数据是完全公开透明的。随着数据挖掘和分析能力的提升，以及各类反匿名身份甄别技术的发展，未来将很有可能实现部分重点目标的定位和识别。②

（三）移动终端的"背叛"

我们的手机时刻都在产生数据，而且很多是我们不会察觉的数据。当我们使用手机厂商提供的硬件设备和网络运营商提供的网络服务时，我们不只是用钱购买他们的产品，更是付出了数据。苹果手机在 2017 年 6 月推出了其最新的核心机器学习服务，开发者可以将该项服务加入 iOS 应用程序中。只需要几行代码，开发者就能通过应用程序自动检测人脸、地理位置和文本等内容。网络运营商也不例外，他们存储个人数据，并可能把这些数据以匿名版本或整合版本卖给营销公司，以便这些公司能够精准捕获潜在客户。

利用数据和滥用数据之间，几乎只是一步之遥。2017 年 5 月，15 家大

---

① CDO 生态系统.物联网时代：人工智能如何与信息安全平衡发展[EB/OL].（2018-07-23）[2018-08-26]. http://www.sohu.com/a/242945718_772451.

② 梅一多，章睿.区块链：应用及问题[EB/OL].（2018-06-07）[2018-08-26]. http://www.sohu.com/a/234501893_772451.

数据公司被调查。其中一家已在新三板上市的数据业务公司,多名高管被查,原因是该企业涉嫌向客户出售涉及用户隐私的大量数据。① 非法数据公司专门收集与个人身份、财产、通信、社会活动、消费习惯等相关的信息,整合后进入数据黑市交易,侵犯了数据主体的个人隐私,造成难以消除的负面影响。

第二节　大数据相关理论

一、大数据的定义

现代社会正处于高速发展之中,随着科学技术水平提高、信息流通速度加快、人与人的交往更加密切,大数据时代应运而生。② 近年来,大数据的热度只增不减,云计算和区块链技术引发广泛关注,但有关大数据的理论研究仍然十分有限。

事实上,大数据的概念早在 1980 年就由美国著名的未来学家阿尔文·托夫勒在其著作《第三次浪潮》中提出。但直到人类社会步入互联网时代,"大数据"才真正得以实现。近年来,随着大数据的流行,其身影遍布各行各业,"大数据"的热度只增不减,但仍然没有关于"大数据"的权威定义。③ 2014 年,工业和信息化部电信研究院发布白皮书,从三个层次给"大数据"下了定义,这是国内能找到的有关"大数据"的官方定义。认识大数据,要把握"资源、技术、应用"三个层次。一是数据资源总量大;二是数据处理技术新;

---

① 叶竹盛.15 家大数据公司被调查:大数据应被套上法律笼头[EB/OL].(2017-05-31)[2018-08-30]. http://www.chinanews.com/it/2017/05-31/8238163.shtml.

② Dreier T. Big data[J]. Journal of Intellectual Property, Information Technology and Electronic Commerce Law,2014(5):40-69.

③ 胡税根,单立栋,徐靖芮.基于大数据的智慧公共决策特征研究[J].浙江大学学报(人文社会科学版),2015(3):5-15.

三是数据应用场景丰富。因此说,大数据不仅"大",而且"新",是新资源、新工具和新应用的综合体。① 工信部给大数据下的定义侧重强调其在技术层面上的创新,强调大数据应用中的观念革新。由于大数据是一个新兴行业,不同领域的学者有不同的理解角度。学者们关于"大数据"的定义呈现出多样化的特点,大致可以归结为以下几种。

(一)基于大数据的特点

作为研究大数据及其影响的先驱,互联网数据中心(IDC)在 2011 年指出了大数据所应当具备的几个特点。有学者总结为以下三个特点,即规模性(volume)、多样性(variety)和高速性(velocity)。具体说来,一是数据总量的扩大,二是数据产生速度的加快,三是数据种类的多样。除此之外,还有学者提出,大数据应当具有价值性(value)或精确性(veracity)等特点,即数据的 4V 特征。②

(二)基于技术手段的革新

近年来,得益于技术手段的革新,"大数据"的理念和实践活动迅速拓展到各个领域,大数据处理方式与以往数据处理方式呈现出根本性的区别。③一般来说,大数据区别于传统意义上的数据,是指那些无法在短期内凭借传统技术和工具进行收集和处理的数据集合。维基百科有关大数据的定义同样揭示了大数据技术不同于以往互联网技术的特点,数据量前所未有地增长、数据分析技术革新等都是大数据时代独有的特点。大数据的诞生和发展离不开科技的支持,探讨大数据相关问题同样不能离开其成长的技术环境。在数据收集和处理方法发生根本变革的今天,保护个人数据的手段也有必要创新。

---

① 工业和信息化部电信研究院.大数据白皮书(2014)[R/OL].(2014-06-18)[2018-10-25].http://www.cac.gov.cn/2014-06/18/c_1111184441.htm.

② 冯芷艳,郭迅华,曾大军,等.大数据背景下商务管理研究若干前沿课题[J].管理科学学报,2013(1):1-9.

③ 王新才,丁家友.大数据知识图谱:概念、特征、应用与影响[J].情报科学,2013(9):10-14,136;陈晓霞,徐国虎.大数据业务的商业模式探讨[J].电子商务,2013(6):16-17,23.

（三）基于数据带来的商业价值

根据 IDC 的定义，大数据是为了从不同数据中获取价值而设计的技术。[①] 事实上，阿里巴巴作为中国最大的电子商务公司，早已在利用大数据技术提供服务，并且取得了不错的成效。以阿里信用贷款为例，企业交易数据为阿里放贷提供了重要依据。在实践中，阿里凭借自身掌握的企业交易数据，借助数据分析技术预测企业还贷的可能性，进而决定是否放贷。按照这一模式，阿里做到了将坏账率控制在 0.3％ 左右，远低于同类商业银行。此外，依托淘宝平台，阿里能够掌握大量互联网交易数据，通过数据分析了解整个电子商务行业的宏观情况、各个品牌的市场情况、消费者的购物倾向等，从而有效做出决策，极大地降低了风险和成本。[②]

（四）基于大数据体系

从广义上看，大数据这一概念的外延十分广，只要是适应信息时代发展需要、与数据应用相关的科学技术，都可以纳入大数据的范畴。而狭义的大数据概念，专指数据的收集和分析，是指通过收集大量数据并进行分析，从中获取有价值信息的行为。从概念内涵上讲，大数据既反映对大规模数据的集合，又反映对海量数据的存储、管理和分析，是两者构成的全新技术体系。[③]

二、大数据的特征

大数据作为信息时代的产物，离不开技术的革新，而数据分析带来的商业价值也毋庸置疑。大数据不同于传统的数据概念，它是伴随着科技的进步而自发产生的，"规模大"是大数据的首要特征。但大数据也不仅仅是"海

---

① 陈宪宇.大数据的商业价值[J].企业管理,2013(3):108-110.
② 言数堂大数据.大数据的商业价值[EB/OL].(2017-09-18)[2018-10-25].http://www.sohu.com/a/192858283_468654.
③ 钟瑛,张恒山.大数据的缘起、冲击及其应对[J].现代传播(中国传媒大学学报),2013(7):104-109.

量数据",后者只强调数据的量,而"大数据"还指数据内容的复杂、数据处理的快速以及数据分析的价值等。可以说,大数据之所以区别于传统的数据概念,根本在于其所具有的独特性,4V 特征较全面地表达了大数据的特点。

首先,数据集合规模扩大,即规模性(volume)。当前数据呈现"井喷"态势,回顾大数据的发展历史,我们不难看出数据的规模性。20 世纪 70 年代到 80 年代,历史上迎来了最早的"大数据"挑战,商业数据从兆字节(Megabyte)达到千兆字节(Gigabyte)的量级。此后 20 年的时间里,随着数字技术的进一步发展,数据容量甚至从 Gigabyte 达到太字节(Terabyte)级别;互联网时代的到来,又将数据容量推向拍字节(Petabyte)级别的半结构化和无结构的网页数据。按照现有的发展趋势,甚至可以大胆预测 Petabyte 级别达到艾字节(Exabyte)的时代不久即将到来。[①]"大数据"除了指数据规模的巨大,还包括数据种类上的多样、流转的快速以及通过数据分析的价值巨大。

其次,大数据类型繁多,即多样性(variety)。以往的数据仅涉及结构化数据,而大数据时代的数据多为非结构化数据。结构化数据指的是那些存储于数据库中,在结构上具有逻辑性的数据,形式相对来说比较单一,例如电子表格和数据库中的数据。而非结构化数据在形式上非常多样,且不具有结构化数据那样的逻辑性,例如社交媒体帖子、电子邮件、音频、视频和全球定位系统(GPS)数据。[②]大数据时代最为重要的改变就是丰富了数据类型,产生了大量非结构化数据,种类繁多、复杂多变成为大数据的重要特征。例如,人们上网不再只是浏览网页,还会在微博上传照片、视频,这些都是非结构化数据。结构化数据目的单一,通常是按照事先定义好的要求来搜集和存储,因此强调大众化、标准化;而非结构化数据关注大量细节性信息,强调小众化、多样化。结构化数据只能服务于其单一目的,通过数据分析所能

---

① 李学龙,龚海刚.大数据系统综述[J].中国科学:信息科学,2015(1):1-44.
② 张枝令.结构化数据及非结构化数据的分类方法[J].宁德师专学报(自然科学版),2007(4):417-420.

获取的信息十分有限,且必须花费大量时间和精力来收集数据;非结构化数据则正好相反,在数据产生之初并没有限制特定目的,且数据的来源十分广泛,借助数据分析技术能够找到人们某一时期行为的规律或轨迹,进而获取有价值的信息。

再次,数据流转速度加快,即高速性(velocity)。高速性是指大数据的时效性,为了最大化实现大数据的商业价值,要求数据的采集和分析等过程必须迅速及时。人类社会步入信息时代,互联网和移动终端越来越普及,数据的产生、发布也越来越容易。我们每个人在日常生活中,无时无刻不在产生数据,个人成为数据产生的主体。新数据不断涌现,相应地也要求数据处理速度得到提升。快速增长的数据量要求大数据具备高速处理的能力,避免大量数据积压造成负担。如果数据没有得到及时处理,就会丧失价值。因此,不同于传统数据处理技术,大数据时代要求具备迅速处理数据的能力。大数据时代的数据分析所要获取的是人们在某一时期行为的规律,通过对社会现象的分析和认识,能够帮助企业或公共管理机构进行科学决策。显然,人们的行为轨迹在不断变化,反映在数据上就是数据的快速流转。而传统数据分析所收集的数据却不具有这样的时效性,其收集周期很长,所能反映的信息也常常受到限制。

最后,数据的价值密度降低,即价值性(value)。数据量的增加稀释了数据所蕴含的价值,换言之,数据的价值密度降低了。大数据的这一特性使得人们获取有用信息的难度加大。以视频监控为例,在连续不间断的监控过程中,大量数据通过视频的方式被记录下来。当需要获取某一特定信息时,往往要查阅过去数天的数据记录,大大增加了数据量。大数据的这一不足很难避免,要想获得足够信息就必须尽可能完整地保存数据,而一旦数据的绝对数量增加,就必然导致数据的价值密度降低。[①] 相比之下,传统的数据收集通常是有针对性地展开,所涉及的样本也限定在可控范围内,因此收集到的数据无须进一步筛选,价值密度很高。

---

① 马建光,姜巍.大数据的概念、特征及其应用[J].国防科技,2013(2):10-17.

与传统数据处理相类似，大数据处理也包括数据的收集和分析。4V 特征表明，大数据不仅仅是数量巨大，且对于数据的分析更加复杂。正是由于大数据具有独一无二的特点，决定了其现阶段的重要意义。通过对大数据的流动、整合、分析，能够识别有用信息，挖掘数据背后的价值，为生活和生产带来质的飞跃。作为重要战略资产，大数据开启了新时代的大门。有关大数据的法律研究，应当注重发挥大数据的特征。大数据的收集和应用在相当程度上取决于个人数据保护规则，只有具备足够的数据源才能挖掘数据背后的价值，因此，个人数据保护规则在强调保障数据主体合法权益的同时，还应当致力于获取全面、多样的数据。总之，身处大数据时代，我们无时无刻不受到大数据广泛且深刻的影响。这不仅为大数据法律研究提供了机遇，也是传统法律时政研究乃至法学研究范式升级转型的一个重要契机。[1]

三、大数据时代数据流动的必要性

人类社会在 18 世纪对再生能源的控制和利用打开了工业时代的大门，"能源"成为这一时期的焦点。21 世纪大数据时代到来，数据成为这个时代的核心资源。在现代信息技术的推动下，数据产生、利用、传递的速度空前提升，不仅使得海量数据产生，还促进信息在更大范围内传播。网络不论大小、性质和开放性如何，其根本目的是增进数据流动的效率。可以说，数据只有流动起来才真正具有价值。[2] 就政府治理而言，"活用数据"和"用活数据"作为时代要求显然无法回避。此外，数字经济的全球扩张已经使得数据跨境流动成为常态。即便数据与个人隐私、公共安全等社会价值不可分割，但站在全球数据贸易的角度仍然要呼吁数据的自由流动。数据的自身特点和时代背景决定了其必须流动，没有流动就没有价值。

（一）数据：没有流动就没有价值

2015 年 4 月 14 日，贵阳大数据交易所正式挂牌运营并完成首批大数据

---

① 左卫民.迈向大数据法律研究[J].法学研究,2018(4):139-150.

② 黄璜.对"数据流动"的治理:论政府数据治理的理论嬗变与框架[J].南京社会科学,2018(2):53-62.

交易。5月8日,国务院总理李克强亲自为贵阳大数据交易所作了批示。贵阳大数据交易所作为全国首个大数据交易所投入运营,率先推动数据互联共享方面的探索,具有重要意义。数据交易不仅为企业收集和利用数据提供了渠道,也极大地推动了数据流通向纵深发展。2013年贵州省地区生产总值总量排在全国倒数第六,在"十一五"结束的2010年,贵州工业化程度系数仅为0.8,落后全国15年。处于发展弯道的贵州,于2014年决心扛起大数据的大旗。2015年,经国家发展改革委、工业和信息化部、中央网信办批复,首个国家级大数据综合试验区在贵州建立。2016年,贵州真正实现了"弯道超车",其地区生产总值增速保持两位数增长,达到10.5%,位列全国第三。[①]

数据交易打破了数据在地域上的界限,改变了"数据孤岛"的状态,实现了数据的应用价值。数据交易机构作为数据交易的重要场所,具有举足轻重的意义。目前,国内的数据交易机构大致可以分为四类:一是政府主导的区域性数据交易中心,如贵阳大数据交易所、长江大数据交易平台、哈尔滨数据交易中心等。此类数据交易机构由于实现了国有参股,在数据交易领域具备较高的公信力,在政务数据共享开放上占有优势。二是基于互联网模式运营的线上数据交易平台。这类平台采取纯互联网线上交易的运营理念,流通方式以应用程序编程接口数据产品(API)为主,提供数据处理技术、数据采集众包等服务。三是耦合云计算平台的数据交易市场,以阿里云数据交易为典型。四是产业数据交换平台,即围绕特定产业的企业成员制组织,如中科院北斗应用技术研究院与华视互联联合成立的交通大数据交易平台。[②]

数据的价值难以估量,以数据为核心的第四次工业革命是全球经济复苏发展的必由之路。而数据价值的发挥离不开数据流动,只有流动的数据

---

①　黄意.打造"数商"新生态,释放数据新价值 对话浪潮集团董事长孙丕恕[J].大数据时代,2017(4):38-42.

②　王叁寿.没有数据交易将难以驱动数据流通体系建设[EB/OL].（2017-05-26）[2018-09-25].https://www.sohu.com/a/143778692_398084.

才能创造价值。数据的流通离不开平台的支持和承载。数据流通实际上是通过共享平台、开放平台和交易平台进行流动。要想利用和释放数据的价值,必须做到"理、通、聚、用"。所谓"理"是数据的治理,目的是保证数据更加清晰,确保数据能够被合法使用。"通"是指提供数据的平台必须实现互联互通,消除"信息孤岛"的现象。"聚"是数据的汇聚。在大数据时代,只有将更多的数据汇聚在一起才能发掘它们的用途。大数据时代的数据汇聚早已不是单纯政府内部部门之间的数据汇聚,而是将市场数据、社会数据、互联网数据聚在一起,作为一个整体进而为决策提供有益参考。"用"指的是数据的利用。既要完善数据的内部应用,还要通过释放数据来推动、促进整个社会产业升级。①

（二）大数据是国家的基础战略资源

当前,电子通信技术迅速发展,移动互联网渗透到经济和社会的方方面面。伴随技术手段的革新,个人数据大量产生并被收集和分析,大数据时代已经到来。作为国家的基础战略资源,大数据具有重要的经济价值和发展潜力。② 就国家而言,大数据产业的发展直接关系到一国的国际竞争力。就经济价值而言,大数据已经成为新的经济增长拉动力,其发展前景不容小觑。③ 在看待大数据作为国家基础战略资源的问题上,美国首先倡导数据战略资源这一理念。此后,世界各国和国际组织都积极响应,纷纷将大数据上升为国家战略。人们已经意识到,在信息网络技术飞速发展的时代,数据呈指数级增加,对综合国力的影响越来越大,甚至改变了国家治理结构和模式,影响着国际战略格局。

2015 年 3 月 5 日,李克强总理在第十二届全国人大三次会议上首次提出"互联网＋"行动计划,作出移动互联网引领现代制造业发展的重要指示,

---

① 张峰.数据流通释放数据价值[J].软件和集成电路,2017(7):44-45.
② Hansen H K, Porter T. What do big data do in global governance? [J]. Global Governance, 2017(23):31-42.
③ 证券时报网快讯中心.大数据正日益成为国家基础性战略资源[EB/OL].(2016-05-17)[2018-09-25]. http://finance.sina.com.cn/stock/t/2016-05-17/doc-ifxsephn2547327.shtml.

强调互联网在商务、工业和金融等领域的发展。同年 10 月，十八届五中全会提出了"实施国家大数据战略"，标志着大数据战略正式上升为国家战略。2016 年 12 月 15 日，国务院发布《"十三五"国家信息化规划》，明确提出"建立统一开放的大数据体系"这一重大任务和重大工程。文件指出，必须加强数据资源规划建设、推动数据资源应用、强化数据资源管理、注重数据安全保护。① 信息资源建设被列为"十三五"信息化工作的重点，其首要任务就是打破信息壁垒和孤岛，构建统一高效、互联互通、安全可靠的国家数据资源体系。

党的十九大报告提出"推动互联网、大数据、人工智能和实体经济深度融合"，数据作为基础性战略资源的地位更加突出。"大数据"这一概念来源于计算机领域，在其发展和应用过程中迅速渗透到科学和商业领域，其巨大价值和潜能逐渐被全社会所认可。在大数据战略推进过程中，个人数据保护问题广遭诟病。个人数据给数据主体造成麻烦的各种情况中，最引人注目也最普遍的就是骚扰电话和垃圾邮件。而事实上，大数据应用能够有效遏制恶意呼叫行为，提升打击电信网络诈骗犯罪的能力，确保人们生活安宁。

推动大数据产业持续发展，不仅是时代需求，也是我国重要的战略部署。2016 年 12 月，工业和信息化部正式印发《大数据产业发展规划（2016—2020 年）》，就"十三五"时期大数据产业发展工作做出安排。该规划提出要繁荣大数据产业生态、健全大数据产业支撑。鉴于网络信息安全所面临的新问题，该规划综合考察了大数据安全保障的整个体系，提出从政策法规、管理制度、技术手段等方面予以完善和提升。该规划还提出，预计到 2020 年，我国的大数据产业体系将基本形成，大数据相关产品和服务业务收入将

---

① 国务院.国务院关于印发"十三五"国家信息化规划的通知（国发〔2016〕73 号）[EB/OL].（2016-12-27）[2018-09-20].http://www.gov.cn/zhengce/content/2016-12/27/content_5153411.htm.

突破 1 万亿元。[①]

为了顺应时代潮流,我国积极完善大数据产业政策体系,构建大数据发展平台,各方面均取得了显著成就。工业和信息化部于 2011 年发布《通信业"十二五"发展规划》,是我国较早推动云计划和大数据技术发展的政策。该规划把云计算定位为构建国家级信息基础设施、实现融合创新的关键技术和重点发展对象。此外,工业和信息化部、国家发展改革委、国土资源部、电力监管委员会、能源局等五部委于 2013 年 1 月联合发布了《关于数据中心建设布局的指导意见》,旨在推动我国数据中心合理布局和健康发展。在国家政策的推动下,地方政府纷纷响应,上海、广东、贵州等地方政府相继出台了大数据相关计划或规划纲要。例如,贵州省于 2014 年出台的《关于加快大数据产业发展应用若干政策的意见》《贵州省大数据产业发展应用规划纲要(2014—2020 年)》等。这些政策的出台表明大数据产业在中国已经得到了从中央到地方的关注和支持,为大数据产业发展创造了良好的政策环境。

(三)数字经济成为驱动经济发展的重要力量

2016 年在中国杭州举办的 G20 峰会,提出了《G20 数字经济发展与合作倡议》,首次将"数字经济"列为 G20 创新经济增长的一项重要建议。当前,数字经济已经成为全球瞩目的重要经济模式,其能够推动产业优化升级,刺激新的消费方式,扭转经济滞缓局面。

数字经济之父泰普斯科特·唐(Tapscott Don)在 1996 年提出"数字经济"一词,他强调了互联网对经济产生的影响,指出电子商务的发展将决定数字经济的未来。[②] 随着时代的发展,数字经济的内涵也越来越丰富。事实上,数字经济就是强调以数字化知识和信息为关键生产要素,以数字技术创

---

① 工信部.大数据产业发展规划(2016—2020 年)[EB/OL].(2017-01-17)[2022-08-15]. http://www.cac.gov.cn/2017-01/17/c_1120330820.htm.

② 泰普斯科特,洛伊,泰科尔.数字经济蓝图:电子商务的勃兴[M].陈劲,何丹,译.大连:东北财经大学出版社,1999:15-18.

新为核心驱动力,通过现代通信网络这一载体,实现数字技术与实体经济的深度融合。数字经济包括两个方面:一是数字产业化,即信息产业;二是产业数字化,即传统产业与数字技术的结合。

2017年7月13日,中国信息通信研究院发布《中国数字经济发展白皮书(2017年)》,2016年中国数字经济总量达到22.6万亿元,占国内生产总值(GDP)的30.3%。该白皮书同时称,经测算表明,2016年中国数字经济总量同比名义增长超过18.9%,显著高于当年GDP增速,同比提升2.8个百分点;2016年,中国数字经济对GDP的贡献已达到69.9%,数字经济在国民经济中的地位不断提升。①

随着全球电子商务网络的迅速扩张,数字化发展的趋势正在日益加强,"数字贸易"这一崭新的贸易形式应运而生。在数字贸易背景下,数据流动不再只局限于一国范围内,全球数据流动正不断增强,并推动着经济增长。②跨境数据转移就是指数据在不同国家之间流动。③ 在全球化和数字化背景下,跨境数据流动有利于促进技术革新和经济发展。但是,在转移个人数据过程中,数据使用者往往为了规避本国保护个人数据方面的法律,甚至还会滥用个人数据,侵害数据主体的权益。

目前,全球规制跨境数据流动的统一规则尚未形成,现有规则主要以欧盟和美国为首,形成了具有各自特色的数据跨境流动规则体系。欧盟基于自身重视人权保护的历史传统,将数据权作为一项基本人权加以保护,并在此基础上建立起严格限制个人数据跨境流动的规则体系;美国则重视行业自律,强调信息产业的发展,注重维护数据的自由流动性,坚持以市场为主

---

① 陈维城.2016年中国数字经济总量达到22.6万亿元 占GDP30.3%[EB/OL].(2017-07-13)[2018-09-16].http://finance.china.com.cn/news/20170713/4288672.shtml.

② 庞无忌.中国商品全球流动性世界领先 人员流动滞后[EB/OL].(2014-05-14)[2018-09-20].http://www.chinanews.com/cj/2014/05-14/6171397.shtml.

③ 张金平.跨境数据转移的国际规制及中国法律的应对:兼评我国《网络安全法》上的跨境数据转移限制规则[J].政治与法律,2016(12):136-154.

导、以行业自律为中心的宽松个人数据保护政策。① 随着经济全球化的发展,国与国之间的联系日益密切,贸易往来也越来越频繁。各国关于跨境数据流动规则的不同看法显然不利于数字贸易顺利进行,因此,各国政府也在不断探索合作与发展的道路。欧盟委员会于 1995 年正式颁布的《保护个人享有的与个人数据处理有关的权利以及个人数据自由流动的指令》(Directive 95/46/EC on the protection of individuals with regard to the processing of personal data and on the free movement of such data,简称《95指令》)和 2016 年颁布的《通用数据保护条例》(简称 GDPR)都明确限制跨境数据转移。出于贸易需要,美国政府不得不在 2001 年和 2016 年分别与欧盟签订《安全港框架协议》和《隐私盾协议》。

第三节　个人数据相关理论

一、个人数据的定义及属性

因为个人所具有的社会属性,所以只要生活在社会当中,就不可避免地会被他人感知,从而产生各种与个人相关的信息。外界通过这些信息来了解个人,甚至与个人发生互动。大数据时代凭借信息技术和智能终端,将个人信息以数据的形式表达出来,并通过数据收集和分析来获取更有价值的信息。可以说,个人数据是大数据时代人与社会连接的纽带。个人离不开数据,社会也离不开个人数据。

在现有资料中,个人数据、个人信息、个人资料等相关名词层出不穷,尚没有达到统一的地步,因此,讨论保护和使用个人数据的前提就是对相关概念形成清晰认识。著名社会学家迪尔凯姆在其著作《社会学方法的准则》中

---

① 许多奇.个人数据跨境流动规制的国际格局及中国应对[J].法学论坛,2018(3):130-137.

强调,任何科学研究的对象都能够被定义。一种理论只有在明确其所解释的事实时才能对它进行检验,研究对象的定义决定了这个对象是不是科学所研究的。①

　　个人数据,即 personal data,是指与自然人相关的,足以识别该人的信息或资料。按照 1981 年欧洲委员会《个人数据自动化处理中的个人保护公约》第 2 条 a 项的规定,个人数据是"已识别或可以识别的与个人相关的任何信息"②。欧盟 GDPR 也对个人数据下了定义。按照 GDPR 第 4 条第(1)项定义,个人数据是指与已识别或者可识别的自然人(数据主体)相关的任何数据。可识别的自然人是指通过姓名、身份证号、定位数据、网络标志符号以及特定的身体、心理、基因、精神状态、经济、文化、社会身份等识别符能够被直接或间接识别到身份的自然人。

　　有关个人数据的界定,学者们见仁见智。③ 王利明教授强调个人数据的个体性、可识别性以及表现为符号系统,认为"个人信息是指与特定个人相关联的,包括个人身份、工作、家庭、财产、健康等各方面的信息"④。周汉华教授则强调可识别性和与个人相关的特性。⑤ 各国个人数据保护法关于个人数据的定义,主要也是强调"可识别性",即与个人相关,能够直接或间接识别特定主体。例如《日本个人信息保护法》第 2 条定义之第 1 款规定,本法所称"个人信息"系指与生存着的个人有关的信息中包含有姓名、出生年月以及其他内容而可以识别出特定个人的部分(包含可以比较容易地与其

---

　　① 迪尔凯姆.社会学方法的准则[M].狄玉明,译.北京:商务印书馆,1995:54.

　　② 高富平.个人数据保护和利用国际规则:源流与趋势[M].北京:法律出版社,2016:219.

　　③ "个人数据"与"个人信息"这两个概念基本同义,学术讨论中使用"个人数据"与"个人信息"的都有,还有学者使用"个人数据信息",为了行文方便,本书在没有特别说明的地方,均认为两者同义。

　　④ 王利明.论个人信息权的法律保护:以个人信息权与隐私权的界分为中心[J].现代法学,2013(4):65.

　　⑤ 周汉华.中华人民共和国个人信息保护法(专家建议稿)及立法研究报告[M].北京:法律出版社,2006:3.

他信息相比照并可以借此识别出特定个人的信息)。①

从上述学界和立法规范对个人数据的界定不难看出,个人数据的可识别性已经成为共识。通过单一信息来源就能锁定主体身份的,可以称为直接可识别性信息,例如身份证号码;通过与其他信息相结合或比对,进而用来确认主体身份的,可以称为间接可识别性信息,例如性别、职业、邮箱等信息。② 从工具论角度来看,个人数据作为识别手段,既是数据主体与他人区别的手段,也是他人定位数据主体的手段。对数据主体而言,个人需要通过数据来展示自己,向社会提供个人信息,这是个人开展社会活动的前提;对社会而言,社会也需要充分搜集和利用散落于各处的个人数据,从而了解和判断某个人。标识自己和识别个人是社会的必然现象。③

个人数据蕴涵着人格利益,在信息社会中,信息呈现出数据化的外观,进而被作为人与人之间交互行为的语言。个人数据的可识别性使得个人数据与自然人密切相关。任何擅自使用、披露个人数据的行为,显然会对数据主体造成伤害。但随着个人数据在广告、金融、医疗等领域的广泛应用,尽管个人数据的人格属性仍然存在,其所具有的财产属性和社会属性也凸显出来。

第一,个人数据具有可识别性。"可识别性"作为认定个人数据的重要标准,意味着只有当某一数据能够识别特定自然人时,才可以称得上是个人数据。④ 2017 年 12 月 29 日,国家标准化管理委员会发布的《信息安全技术 个人信息安全规范》作为个人信息保护的国家标准,明确指出判断是否属于个人数据的两条路径。⑤ 一是识别,即数据对个人的指向性,通过数据指向数据主体,基于数据本身能够识别特定的自然人;二是关联,即个人与

① 周汉华.域外个人数据保护法汇编[M].北京:法律出版社,2006:366.
② 王融.大数据时代:数据保护与流动规则[M].北京:人民邮电出版社,2017:150-151.
③ 高富平.个人信息保护:从个人控制到社会控制[J].法学研究,2018(3):84-101.
④ 李爱君.数据权利属性与法律特征[J].东方法学,2018(3):64-74.
⑤ 中国国家标准化管理委员会.国家标准 GB/T 35273－2017《信息安全技术 个人信息安全规范》获批发布[EB/OL].(2018-01-24)[2018-11-15].https://www.tc260.org.cn/front/postDetail.html? id＝20180124211617.

数据的相关性,当已知某一特定主体时,由该特定主体产生的数据即为个人数据,例如个人注册信息、定位信息、网页浏览痕迹等。具有识别性或关联性的数据,均可以判定为个人数据。按照《中华人民共和国网络安全法》(简称《网络安全法》)的规定,个人信息有两种类型:一是单独识别自然人身份的信息,二是与其他信息结合识别自然人身份的信息。此外,按照最高人民法院和最高人民检察院《关于办理侵犯公民个人信息刑事案件适用法律若干问题的解释》的规定,敏感信息也应当纳入个人信息的范畴,例如种族、宗教信仰、个人健康和医疗信息等。该解释还进一步扩充了个人信息的具体类别,提出将通讯联系方式、账号密码、财产状况、行踪轨迹等也纳入保护。

第二,财产属性日益突出。随着信息技术的发展和运用,个人数据的价值越来越被重视,有关个人数据的商业利用开始兴起。通过数据挖掘与分析能够为科学决策提供依据,极大地降低交易成本,为人们的生活带来诸多便利。在移动支付成为主流的时代,民众甚至倾向于接受个人数据与人身分离,从而换取更加便利的生活。大数据时代推动了个人数据的商业利用,个人数据的财产属性日益凸显。[①] 美国哈佛大学的劳伦斯·莱斯格(Lawrence Lessig)教授曾经指出,倘若认可数据作为财产,就能促使数据使用者与数据主体协商个人数据的价值,在某种程度上也是对数据主体的保护和重视,进而实现数据市场化。[②]

第三,社会属性逐渐增强。信息社会不同于传统社会,人的社会性增强。与之相对应,个人数据的社会属性也随之增强。[③] 传统个人数据保护理论过分强调数据保护的人格属性,显然与现实不相适应。数据主体对个人数据的控制与数据控制人对个人数据的利用之间的矛盾,是制定个人数据

---

① Schwartz P M. Property, privacy, and personal data[J]. Harvard Law Review, 2004(117): 2056-2128.

② 莱斯格.代码 2.0:网络空间中的法律[M].李旭,沈伟伟,译.北京:清华大学出版社,2018:82-88.

③ 肖建华,柴芳墨.论数据权利与交易规制[J].中国高校社会科学,2019(1):83-93,157-158.

保护法律规则时无法回避的问题。个人数据所具有的识别性仅仅表明其与某个人之间的联系,并不当然认为应该由某个人拥有或控制。数据与个人之间的关联只在于数据所要表达的意义,而不是数据本身。在大数据时代,多样化、大规模的个人数据具有更重要的公共意义,仅仅依据其所具有的识别性功能而将其"私有化"的做法有失法律正当性。

二、"个人数据"与相关概念辨析

有关"个人数据"的称谓尚未统一。有的学者称为"个人信息",认为是与自然人身份相关的,用于识别自然人的任何信息。[①] 个人信息是一个更具人文关怀的概念。[②] 个人信息可以被看作是一种特殊的社会资源,它承载着数据主体的人格利益,记录着数据主体的生活。[③]

有的学者称为"个人资料",由于资料与信息存在本质、意义、归属以及能否成为处理对象等方面的不同,纯粹的个人信息并不能成为法律保护的客体,没有真正的法律意义。[④] 个人信息与个人资料是内容和形式的关系。个人信息的表现和存在方式多种多样,只有那些通过文字、数字和符号等形式物化之后的,才能成为个人资料。个人资料这一概念具有确定性,而个人信息往往因收集者的主观目的不同而有所差别。[⑤]

尽管学者们对信息、资料和数据的理解各不相同,但事实上这只不过是同一对象的不同说法。在美国和欧盟有关个人数据保护文件的表述中,大都选取了"data"这个词语,而我国相关文献中"数据"和"资料"的说法其实都是从"data"翻译过来的。严格来讲,个人信息与个人数据是内容与形式的关

① 张新宝.从隐私到个人信息:利益再衡量的理论与制度安排[J].中国法学,2015(3):38-59.

② 齐爱民.拯救信息社会中的人格:个人信息保护法总论[M].北京:北京大学出版社,2009:80.

③ 何建,王小波.基于银行视角的联名卡法律问题探析[J].西南金融,2014(5):45-48.

④ 马特.个人资料保护之辩[J].苏州大学学报(哲学社会科学版),2012(6):76-84.

⑤ 事实上,齐爱民教授在其早期论文中也曾提出应该采纳"个人资料"的概念,参见齐爱民.论个人资料[J].法学,2003(8):80-85.

系。个人信息是个人数据所要表达的内容,立法很难保护抽象的个人信息,只能保护作为外在表现的个人数据。个人信息、个人资料、个人数据这几个概念并非完全等同,但在有关数据主体权利保护的问题上,学者们对这三个概念的选取并无差别。考虑到大数据时代的特点和个人数据的保护范畴,本书采用"个人数据"的说法,主要基于以下考虑。

首先,从范围上看,个人数据的范围小于个人信息范围。信息的表达方式多种多样,数据只是其中一种。[①] 并非所有个人信息都应当得到保护,个人数据法所保护的是以个人数据形式存在的个人信息。个人数据具有确定性,而个人信息通常受到收集者主观目的的影响。数据保护法的保护标的应当以"数据"较"信息"更佳,能够更周全地保障当事人的数据权利。

其次,从语义上看,个人数据更能体现信息时代的特点。"数据"更强调外在表现形式,是可以被收集和分析的,能够被自动化处理,而"信息"更强调内在内容,是具体内容的体现,包含着数据主体的个人利益。[②] 大数据时代,信息以数据的方式被记录下来,一种数据甚至可能产生多条信息。互联网与任何行业的融合,都可以体现为二进制代码的应用。数据是信息时代的基本单位,个人数据比个人信息或个人资料的表述更符合时代特点。

最后,数据可以作为民事权利的客体。对于数据主体而言,认可数据作为民事权利的客体,能够保证数据主体对个人数据的控制,防止侵害个人权益的行为;对于数据控制者而言,能够保证其对自己收集和存储的数据加以控制和利用,激励他们挖掘数据中蕴含的巨大价值。[③] 随着大数据的日益普及,甚至应该承认数据权,即个人数据权和数据财产权,为数据自由流通创造条件,实现数据合理利用与保护之间的平衡。[④]

---

① 陆小华.信息财产权:民法视角中的新财富保护模式[M].北京:法律出版社,2009:277.

② 郭瑜.个人数据保护法研究[M].北京:北京大学出版社,2012:128.

③ 程啸.论大数据时代的个人数据权利[J].中国社会科学,2018(3):102-122,207-208.

④ 付玉辉.2015年中国新媒体传播研究综述[J].国际新闻界,2016(1):28-41.

三、个人数据的分类

有学者从宏观层面上对个人数据进行了分类,得出个人数据的六种类型,即"直接数据与间接数据""敏感数据与非敏感数据""电脑处理数据与非电脑处理数据""公开数据与隐秘数据""属人数据与属事数据""专业数据与普通数据"。[①] 诚然,个人数据类型化能够更细致地理解不同数据的特性,但其最终目的应当是对特定类型的数据实施保护。前述数据分类尽管十分详尽,但其中几项分类并无实际意义。例如有学者认为,区分"计算机处理数据与非计算机处理数据"的实益,在于计算机处理的个人数据更容易侵害数据主体权益,应当对其做出更严格的法律规制。[②] 而事实上,这一分类仅仅体现了个人数据的处理技术不同,与数据本身的重要性并无关系。对数据的分类应当从数据本身的特性出发,立足于构建数据保护与流动的规则,本书认为可以有以下分类。

(一)一般个人数据与特殊个人数据(个人敏感数据)

从保护数据主体隐私的理念出发,可以将数据分为一般个人数据与特殊个人数据。[③] 这一分类的意义在于维护一般个人数据被合法使用的同时,充分保护特殊个人数据背后的个人权益不受侵害。立法首先明确特殊个人数据的范畴,除特殊个人数据之外的就是一般个人数据。通常情况下,由于一般个人数据并不涉及数据主体的隐私,立法对使用一般个人数据的限制较少,更多重视其社会公共效益和商业价值,允许其自由流通和商业利用。而对特殊个人数据的限制较多,强调对数据主体的隐私保护,限制其使用和收集。

---

① 齐爱民. 大数据时代个人信息保护法国际比较研究[M]. 北京:法律出版社,2015:136-144.

② 谢永志. 个人数据保护法立法研究[M]. 北京:人民法院出版社 2013:15-17.

③ 也有学者称"特殊个人数据"为"敏感性个人数据",参见韩旭至. 个人信息类型化研究[J]. 重庆邮电大学学报(社会科学版),2017(4):64-70;项定宜. 个人信息的类型化分析及区分保护[J]. 重庆邮电大学学报(社会科学版),2017(1):31-38.

GDPR 对《95 指令》完善的一大亮点就在于其对特殊类型个人数据的处理进行了更加细致的分类规范。[①] 从该条规定中可以看出,特殊类型个人数据包括民族、政治、信仰、基因、健康、性生活等信息,除特殊数据以外的数据就属于一般数据的范畴。对一般数据,只要遵循个人数据处理原则,满足数据处理的合法性要求即可。而对于特殊个人数据,则应当区别对待,具体可以划分为以下几个层次。第一,原则上可处理的个人数据。这一层次的数据指的是除特殊数据以外的任何一般数据。GDPR 不仅强调对个人有关数据权利的保护,还强调对数据流通自由的保证。因此,就一般个人数据而言,只要是以公平公正、合法透明的方式收集和使用,不存在侵犯个人数据权利的行为,都是 GDPR 所认可的。第二,以合法性基础为前提,强调不得泄露的数据处理。这一层次的数据指的是那些与宗教信仰、政治立场等敏感信息相关的个人数据,这部分数据原则上可以进行收集和使用,与一般个人数据的前提条件一致,但是强调在处理过程中不得泄露。第三,以合法性基础为前提,强调不得以识别自然人身份为目的的数据处理。这一层次的数据指的是“个人基因数据、生物特征数据”,原则上也可以处理,但对目的做了限制,强调不得以识别自然人身份为目的。第四,原则上禁止处理的数据,对“健康数据、性生活、性取向等相关数据”,在任何情况下都不得处理。从数据处理的条件来看,尽管同属于“特殊个人数据”的范畴,但 GDPR 第 9 条第 1 款规定了不同层次的要求,呈递进关系,要求越来越严格。换言之,要求越严格的信息,其敏感度越高,处理的限制条件也就越多,从而实现对数据主体隐私的保护。

（二）可识别的个人数据与不可识别的个人数据

传统的个人数据保护法规围绕“个人数据”这一概念制定了相关的保护规则,其适用的前提是判断某一信息是否构成“个人数据”。而“可识别性”

---

① European Commission. General Data Protection Regulation[EB/OL]. (2018-05-25) [2018-11-02]. https://eur-lex. europa. eu/legal-content/EN/TXT/PDF/? uri = CELEX: 32016R0679.

是个人数据最为重要的特征。在大数据时代,个人隐私保护与数据利用之间的矛盾日益突出。为了平衡这一矛盾,学者们提出了"个人数据去身份"的方式。① 个人数据与数据主体密切相关,通过去身份化能够消除数据的识别性,切断数据与个人的联系。个人数据去身份化具有重要意义,当数据去除了识别性,数据主体不必担忧其隐私可能被泄露的风险,而数据使用者则可以按照数据许可使用协议为特定目的使用该数据。可以说,去身份实现了数据为公众共享和利用的目的,是一种有效协调隐私保护与数据公开的矛盾,平衡个人利益与社会利益的工具。②

对个人数据依据是否可以识别个人身份这一标准,将数据分为可识别个人数据与不可识别个人数据,进而对不可识别的个人数据加以利用。前述已经提及,个人数据蕴涵人格利益,具有可识别性。对数据进行匿名化处理,实际上就是切断了用户与匿名数据之间的联系。不具有可识别性的数据已经被排除在个人数据保护法适用范围之外,能够被利用。美国《健康保险可转移及责任法案》(HIPAA)对去身份化有大致的法律界定:"该数据没有识别特定个人,或者没有合理的基础能够认为该数据可以被用来识别特定的个人。"③

GDPR 关于数据匿名化的规定主要体现在第 4 条有关"假名化"(Pseudonymisation)的定义:"除非使用额外信息,否则无法将个人数据联结到某个具体的数据主体,且上述额外信息应当被独立存储并受制于适当的

---

① 也有学者称"数据匿名化",目前有关个人信息去身份的论述主要集中在计算机领域,参见刘湘雯,王良民. 数据发布匿名技术进展[J]. 江苏大学学报(自然科学版),2016(5):562-571;宋健,许国艳,夭荣朋. 基于差分隐私的数据匿名化隐私保护方法[J]. 计算机应用,2016(10):2753-2757.

② 金耀. 个人信息去身份的法理基础与规范重塑[J]. 法学评论,2017(3):120-130.

③ The Health Insurance Portability and Accountability Act defines data as de-identified if it "does not identify an individual and with respect to which there is no reasonable basis to believe that the Information can be used to identify an individual is not individually identifiable health information." 转引自王融. 大数据时代:数据保护与流动规则[M]. 北京:人民邮电出版社,2017:227.

技术和组织措施,以确保个人数据不会联结到某个已识别或可识别的自然人。"除此之外,GDPR 在前言中也就匿名化数据做了说明,充分表明匿名化数据不属于个人数据的范畴,可以被利用。GDPR 在前言第 26 段中明确阐明:"数据保护原则适用于任何与已识别或可识别的自然人相关的信息。即使是经过假名化处理的个人数据,倘若能够通过其他信息与可识别的自然人相联系,这类数据也应当被认为是可识别的。数据保护原则不适用于任何匿名信息,也就是那些不具有识别性或可识别性的数据,以及以某种方式呈现的不能或不再能被识别的个人数据。本条例也因此不再关注这类匿名数据的处理,包括为了统计或研究目的。"个人数据保护法所保护的应当是具有可识别性的数据,匿名化去除了数据中有关人格属性的部分,使得数据不再具有可识别性,能够被利用。

第四节 大数据时代个人数据保护面临的问题

一、开放网络中的个人数据安全问题

技术的发展,网络覆盖范围扩大、网络连接速度提升、网络资费降低,为普及互联网铺平了道路,也为大数据创造了生存环境。数字化进程的推进和数字经济的发展,使得互联网的应用场景不断扩张。互联网、大数据、人工智能等新兴科技渗透到人们日常生活的方方面面,重塑着整个社会的运行规则和人们的思想观念。在大数据时代,数据的收集和利用固然重要,但绝不能忽视对个人数据的保护。

识别个体的精准性是大数据时代的重要特征。在大数据技术支持下,数据与数据之间、数据与数据主体之间的联系加强,借助数据挖掘和分析手段,各种信息之间可以建立联系,进而识别出具体的个人。所谓"大数据红利",就是借助科技手段尽可能多地分析和识别数据,然后用于实现特定目的。这一做法固然有利于企业和政府精准决策,促进社会发展,但也不可避免地对数据主体造成了侵犯。参考中国互联网络信息中心（CNNIC）在2018年发布的数据报告，我国网络安全环境仍然不容乐观。半数以上网民表示在过去半年中曾遇到过网络安全问题，其中个人信息泄露问题占比最高，接近三成。①

大数据改变人们的生活方式、企业的生产方式、改变政府管理模式，甚至改变了我们的思维模式，大数据的价值不容小觑。但是，好比一枚硬币都有两面，大数据也是一把"双刃剑"。在大数据时代，人们充分享受着数据带来的便利，但也时常感到被侵犯。可以说，大数据时代是以个人数据泄露的风险为代价来换取数据共享的便利。接下来以美国大型零售百货商塔吉特公司（Target）推测女性顾客怀孕事件和脸书（Facebook）数据外泄事件为例进行说明。

（一）美国大型零售百货商塔吉特公司推测女性顾客怀孕事件

近几年来，隐私与个人数据保护、个人信息安全等问题越来越受到关注。随着大数据挖掘分析能力的增强和应用领域的不断拓展，个人隐私保护也变得非常迫切。我们每个人都被电子设备包围着，甚至可以毫不夸张地说，人类正处于被监视的状态。大量电子设备的部署让人们的行为得以被记录下来，但这些记录也引发了个人隐私危机。

以美国大型零售百货商塔吉特通过数据分析推测女性顾客怀孕为例。早在2002年，该公司就开始雇佣统计学人才分析数据。塔吉特通过信用卡号、接受发票的邮箱把某些顾客与其购买的商品偏好联系起来，再由专业人士分析这些数据。通过分析发现当一位女性顾客怀孕了，就会改变原有的购物习惯，甚至开始疯狂购物。在怀孕的不同阶段，女性顾客购买的商品会呈现出非常相似的规律。根据塔吉特公司的数据，预测顾客怀孕的准确率高达87％。该公司通过大数据来预测顾客是否怀孕，从而向她们推送特定产品的优惠券。在某次推送中，塔吉特基于数据挖掘分析结果给目标群体

---

① 中国互联网信息中心.第42次中国互联网络发展状况统计报告[R/OL].（2018-08-20）[2018-09-17]. http://www.cac.gov.cn/2018-08/20/c_1123296882.htm.

寄出婴儿用品优惠券,而其中一位客户是未满十八岁的女高中生。当事人父亲发现后投诉塔吉特误导未成年人,后来却发现女儿确实已经怀孕。该案例一经新闻媒体公布,立刻引起了美国公众的关注,人们开始为自己的隐私安全感到担忧。①

在民法上,个人隐私是指个人在生活中不愿为他人所知或者不愿公开的秘密。个人隐私的载体有很多种,如私人日记、电话短信、私密空间以及不愿意公开的信息、资料、数据等。伴随大数据时代而来的,是海量个人数据的产生。单纯从内容上看,这些个人数据可能涉及隐私,也可能没有涉及隐私,使得传统隐私权的保护遭到了挑战。如果有关个人数据的保护规则仍然按照隐私权保护模式的话,数据控制者或使用者将很难利用数据。一旦将数据权利赋予个人,数据的使用将受到很大限制,显然无法发挥大数据所隐藏的价值。

传统观点将隐私权视为一种消极的、防御性的权利,从而保证权利主体对自己隐私的控制和支配,其他任何人都不得介入。然而,在重视信息交互作用的大数据时代,人的交往更加频繁,信息的传递也更快捷,传统隐私权的保护已经很难适应。有学者认为,数据主体对大数据拥有隐私权,而数据控制者拥有使用权。通过赋予数据主体以隐私权能够保护个人的人格尊严和自由;而通过赋予数据控制者以使用权,能够激励数据的收集与利用,更好地发挥数据的价值。当然,数据控制者在行使使用权时,必须以不侵犯数据主体的隐私权为前提,否则将承担民事、行政甚至刑事责任。②

（二）脸书数据外泄事件

2018 年 3 月 16 日,脸书两家裙带机构 SCL（Strategic Communication Laboratories）和剑桥分析公司（Cambridge Analytica）遭到封杀,理由是前述两

---

①　吴振慧.大数据背景下个人信息安全的现状与保护［J］.扬州教育学院学报,2016（3）:36-38.

②　高荣林.大数据时代个人隐私信息保护策略之反思［J］.上海政法学院学报（法治论丛）,2016（5）:71-78.

家机构违反了公司在数据收集和保存上的政策。紧接着 3 月 18 日有媒体爆料指责剑桥分析公司对脸书的数据使用是"不道德的实验"。该公司在未经用户同意的情况下,收集和利用用户的个人资料数据,在 2016 年总统大选期间针对这些人进行定向宣传。受此次危机影响,脸书股价大跌,两日内市值蒸发 500 亿美元。联邦贸易委员会(FTC)第一时间介入调查,而公司内部也紧急召开员工会议,就剑桥分析数据泄露丑闻提出质询。事实上,个人数据泄露只是此次事件的表象,操纵社会舆论才是最终目的。特朗普团队与剑桥分析公司合作,在 2016 年美国总统大选中,通过对选民分析、购买电视广告等行为支持特朗普竞选。①

脸书数据外泄事件折射出了大数据时代暗藏的风险。在此次事件中,剑桥分析公司利用数据挖掘来操纵社会舆论,大数据的运用极大地增强了这种操纵能力。② 将大数据与云计算相结合,进而对用户的行为、偏好等进行分析,是大数据时代数据处理的有力工具。然而,数据使用不当造成恶性事件的风险也大大增加。在此次事件中,脸书未能保护好用户数据,使得"个人敏感信息成为政治向广告摆布民意的工具",最终导致用户对脸书的信任崩塌。③ 数据对个人隐私的泄露与数据开放共享之间的矛盾似乎难以调和。

二、个人数据从"私域"向"公域"延伸

根据中国互联网络信息中心发布的第 42 次统计报告,截至 2018 年 6 月,我国网民规模为 8.02 亿,互联网普及率达 57.7%。④ 如此庞大规模的网民群体,每时每刻都在产生数据。这些数据不仅含有个人信息,更有可能涉

---

① 东南舆情.还原 Facebook 史上最大数据外泄事件始末[EB/OL].(2018-03-22)[2022-08-15].https://www.sohu.com/a/226088191_550778.
② 陈冰.数据掌控世界? Facebook 还有多少惊人内幕?[J].新民周刊,2018(12):17-20.
③ 杨东.从 Facebook 风波看大数据技术的法律问题[N].金融时报,2018-04-23(12).
④ 中国互联网信息中心.第 42 次中国互联网络发展状况统计报告[R/OL].(2018-08-20)[2018-09-17]. http://www.cac.gov.cn/2018-08/20/c_1123296882.htm

及个人隐私。如果基于保护数据主体隐私的考虑，势必将严格限制个人数据的收集和利用，必然不利于大数据产业的发展。但如果降低个人数据利用的门槛，又有可能引发数据泄露事件，会像脸书那样造成难以挽回的后果。因此，我们有必要思考，在大数据时代下，个人数据保护的范围究竟是什么？应当怎样对个人数据进行保护？

对隐私的保护最初源于人类的羞耻心。1890年12月，塞缪尔·D.沃伦(Samuel D. Warren)和路易斯·D.布兰代斯(Louis D. Brandeis)在《哈佛法律评论》上发表的《论隐私权》(the Right to Privacy)一文首次对隐私权问题进行了全面论述，强调个人应当享有"独处的权利"(the right to be alone)。虽然在这篇文章发布之前，西方国家已经产生了有关隐私的观点，但该篇文章首次系统论述了隐私权的内涵以及对其保护的必要。[①] 随着大数据对人们生活和工作方式、思维方式的改变，当前的隐私观念已经不同于以往，呈现出新的特点。大数据时代公民个人信息所包含的隐私固然属于隐私权的范畴之一，但已然开始从传统"私域"溢出，向"公域"延伸。[②] 面对大数据时代数据主体保护个人自由和尊严的诉求，有必要重新审视个人隐私的范畴，构建大数据时代的公民个人数据保护法律模式。

（一）私人领域与公共领域边界模糊

进入互联网时代，隐私的边界变得越来越难以界定。由于个人数据蕴含着个人信息，甚至包含个人私密信息和敏感信息，对个人数据的保护当然应当考虑对隐私的保护。中国网民规模庞大，每天产生的数据难以估量。个人数据无疑具有人格属性，但在当前社会背景下，其财产属性和社会属性也日益突出。在大数据时代，数据分析和数据挖掘技术日益成熟，即便是分散在不同领域或不同时间的个人数据，也能够被收集起来，通过分析还原出

[①]　沃伦,布兰代斯.论隐私权[M]//徐爱国.哈佛法律评论·侵权法学精粹.北京:法律出版社,2005:7-25.

[②]　王学辉,赵昕.隐私权之公私法整合保护探索:以"大数据时代"个人信息隐私为分析视点[J].河北法学,2015(5):63-71.

个人信息或行动轨迹。个人数据的人格属性决定了其必须得到保护,而数字经济时代,数据所具有的竞争力又对数据利用提出了要求。相对于传统意义上的隐私保护,大数据时代的隐私保护更加富有挑战性。其所面对的问题更加复杂,不再是就隐私谈隐私,而是要解决个人数据如何保护和使用的问题,要在维护个人权利与数据利用之间寻求平衡。

明确个人隐私与公共隐私的界限有利于保护个人隐私。个人隐私与公共隐私区分的关键在于隐私所处的范围。所谓个人隐私边界,是指隐私处在个人控制范围之内;而公共隐私,则是指个人基于某种需求将隐私扩散到一定公共范围。处于个人隐私边界内的信息是不能被他人获知的信息,而处于公共隐私边界中的信息则是可以被公共领域内成员获知的信息。① 隐私权所包含的"侵犯""公开揭露"等类型,都是以明确区分"私领域"与"公领域"为前提的。大数据时代有关隐私最大的争议在于:个人在公共领域发布的信息是否应当作为隐私进行保护?

在大数据时代到来之前,个人隐私边界与公共隐私边界可以是相互独立的状态,即只要个人不在公共领域内透露任何有关自己的个人隐私信息,公共领域就无法掌握;也可以是相交的状态,即个人向他人透露的那部分隐私信息将进入公共隐私的范畴,此时,个人和公共都可以对这部分信息掌控。进入大数据时代,人们的生活离不开网络,当我们通过社交网络发表文字、照片时,这些信息事实上包含着个人隐私的内容,通过社交平台进入了公共领域。这部分信息一旦脱离个人隐私的边界,就难以为个人所控制。此外,大数据分析导致个人信息呈现透明化的趋势,公共领域的任何人都可以通过个人发布的数据来获取某个人的隐私。当然,社交网络并不是唯一的途径。即使不上网,不发布微博微信,但社会治理过程已经趋于"数字化"。各大医院推出的网上挂号系统,在便利人们就医的同时,也使得包含

① 哈贝马斯.公共领域的结构转型[M].曹卫东,等译.上海:学林出版社,1999:187.转引自顾理平,杨苗.个人隐私数据"二次使用"中的边界[J].新闻与传播研究,2016(9):75-86,128.

隐私的个人数据面临脱离个人控制的风险。可以说，大数据时代的公共隐私边界在扩大，甚至已经包含了个人隐私边界。我们的隐私实际上已经脱离了个人的控制，暴露在公共隐私边界之内。①

事实上，美国司法实务中大多认为公共场所中不存在隐私权的合理期待。例如美国联邦最高法院对 Katz v. United States 一案持多数见解认为：个人在公共领域将个人信息揭露给他人知悉的，其不受隐私权保障。在该案中，上诉人 Katz 被指控，称其通过电话跨州传播赌博下注信息，这一做法违反了 U. S. C. 第 1084 条的规定。上诉人在初审时辩称，美国联邦调查局通过在公共电话亭上安装监听装置所获取的记录下自己非法行为的录音不应当被采纳，被上诉人美国政府在其明确表示反对的情形下仍出示的证据不具有任何效力。然而，上诉法院否认了上诉人的说法，认为宪法修正案所保护的个人隐私权虽然能够对抗政府的干预，但并非任何情况下的干预，而仅限于私人生活领域。个人在公共领域将个人信息揭露给他人知悉的，将不受隐私权保障。个人隐私与公共隐私边界变得越来越模糊，使得隐私权保护更加复杂。

（二）悄然变化的隐私观念

大数据时代已经彻底改变了人们的生活方式，再加上隐私边界的模糊，人们往往没有保护隐私的意识，甚至主动将个人数据上传到公共网络。例如人们习惯在社交网络平台发布个人动态，将日常生活点滴分享到网上，其中不乏与个人隐私有关的信息，如家庭成员、位置信息等。此外，对生活便利的追求也在某种程度上促使数据主体让出个人信息，从而换取对某种互联网产品或服务的使用权。例如，在使用地图或导航应用程序时，往往会被要求实时定位，即使用户有意识地关闭了该功能，当需要使用地图服务时也不得不打开定位功能。

人们对于隐私的理解和隐私保护的底线正在悄然改变，隐私容忍随着

---

① 顾理平，杨苗.个人隐私数据"二次使用"中的边界[J].新闻与传播研究，2016(9)：75-86，128.

社会开放和时代进步不断扩大。[①] 2018 年 5 月 30 日,"互联网女皇"玛丽·米克尔发布了《2018 年互联网趋势报告》,从 12 个方面对全球互联网趋势做出判断。[②] 其中有关个人数据开发利用和隐私保护的报告显示,大部分消费者认为个人数据的分享并无大碍,甚至为了利益乐意分享个人数据。当利益明显时,消费者往往愿意和朋友亲属共享个人数据。而当利益不明显时,大部分消费者则会选择放弃使用某互联网服务,从而保护个人隐私数据。该报告还指出,为了进一步完善使用体验,用户甚至愿意让渡部分隐私。事实上,隐私保护政策设置过于严格或僵化都不利于产业创新和提升用户体验,作为互联网服务提供者,应当在用户体验与隐私保护之间寻求平衡。总之,个人隐私观念趋于开放,隐私意识在大数据时代被淡化了。

大数据时代,隐私问题的中心不再是数据主体,而是转移到了数据使用者手中。相关的数据分析只有在收集数据后才能进行,而数据产生时并不能预测数据使用者收集和使用数据的目的,这就使得数据脱离了个人控制,容易发生侵犯个人隐私的行为。然而,如果要求数据使用者预先告知使用和收集数据的目的,严格限制数据收集和使用,那么就会导致很多基于大数据有价值的分析难以实现,有关预测也无法进行。很多互联网企业与用户建立关系的第一步就是弹出"隐私保护政策"的界面,但只有在勾选同意选项后用户才能使用该企业提供的产品。为了满足生活需要,很多用户其实并不在意隐私协议的内容,也并不会花时间阅读和理解该协议是否对个人隐私给予了充分保护。在大数据时代,个人很难参与到数据保护之中。"隐私保护政策"作为一种协议,看似是给予数据使用者的许可,实际上只是数据主体换取某种产品或服务使用权的前提。因此,对于使用产品过程中产生的一系列数据,有关这些数据的存储、收集、使用、转移等,必须由数据使用者承担起保护和管理用户数据的责任。

[①] 任孚婷.大数据时代隐私保护与数据利用的博弈[J].编辑学刊,2015(6):43.
[②] 陆峰.《互联网趋势报告》对我国发展数字经济的启示[N].中国经济时报,2018-07-11(4).

总而言之,个人数据保护非但没有消亡,其重要性反而日益提升。网络环境下对个人隐私保护的传统做法是"告知和同意",即事先告诉数据主体,他们的数据将被收集以及将被如何使用,只有在数据主体同意后才能按照事先宣布的用途自由地使用这些数据。大数据时代的隐私保护仍然具有重要意义,但也面临更加复杂的环境,尤其是在用大数据分析支持共享经济和人工智能发展的时代。在技术和商业的推动下,传统的隐私观念正面临着前所未有的挑战。大数据时代需要一个全新的隐私保护模式,不论是政府部门还是商业机构,在使用个人数据时都必须遵守相关规则,要让每个人都能享受到大数据带来的便利和益处。大数据、人工智能产业的发展离不开对个人数据的深度分析和共享,过分强调对个人隐私的保护显然不太现实。个人与社会之间应当寻求和解:个人让渡一部分权利给社会,同时从社会服务中获得生活的便利;社会有限度地使用个人数据,同时尊重个人隐私。

三、对传统隐私权保障模式的挑战

隐私权意味着每个人都有权独处,体现了对个人内在自我的保护。[①] 消极隐私侧重强调私密性,是指个人不愿受他人干涉的私人领域。随着大数据时代的到来,个人数据产生于公共领域,逐渐脱离数据主体个人的控制,甚至成为能够被交易的商品。此时,隐私的内涵不再是"个人不愿受他人干涉的私人领域",而扩展为个人对收集和使用其数据享有的权利。传统的隐私权理论强调的是消极隐私,而在大数据时代,消极隐私正在逐步扩展为积极隐私。前者与权利主体的个人自由相关,而后者则与数据主体对个人数据的控制相关。以往所强调的隐私权消极防御属性已经难以适应大数据时代个人数据保护的要求。大数据时代的隐私权保护应当考虑如何兼顾隐私权的消极防御权能和积极利用权能,将隐私权保护纳入个人数据保护的范畴,同时又不影响个人数据的利用。[②]

---

① 王泽鉴.人格权的具体化及其保护范围·隐私权篇(上)[J].比较法研究,2008(6):1-21.
② 王毅纯.论隐私权保护范围的界定[J].苏州大学学报(法学版),2016(2):89-102.

　　伴随着大数据时代数据挖掘、预测和共享技术的成熟,公共隐私也遭受着巨大的冲击。数据挖掘是指对已收集的数据进行二次乃至多次分析,目的在于发现其潜在的价值。① 这种对数据的二次利用,甚至可以称得上是对传统隐私问题的颠覆。按照积极隐私观念,数据主体可以在收集数据时提出异议,换言之,数据主体的知情同意是数据利用合法化的前提。然而,在进行数据挖掘时,数据控制者往往不会去查明数据主体的身份,更不用说取得数据主体的同意。数据收集者和数据使用者可能并非同一主体,即使是同一主体,也很难保证其按照收集数据的目的来使用数据。再者,倘若要求在数据挖掘时必须取得数据主体的知情同意,数据使用者就不得不向数以亿计的原始数据提供者逐一取得同意,这必将使数据的挖掘和利用成为空想。

　　大数据时代的隐私是信息与数据结合的产物,相较于传统隐私而言,这种数据化的隐私很难控制。互联网的普及、移动终端的运用等,使得个人数据的产生方式更多样、个人数据的传播速度更快,这只是导致个人隐私泄露的一方面原因。而个人数据保护制度的不完善、对个人数据利用的误解等才是导致隐私问题产生的根本原因。大数据本身就意味着共享,潜在的价值是数据分析和挖掘的目的所在,那些原本看似毫无关联的数据可以通过分析发现价值。此外,大数据的4V特性也要求数据必须共享,但不可否认,数据共享是对隐私保护的公然挑战。

　　如何在大数据的情境下思考隐私? 海伦·尼森鲍姆(Helen Nissenbaum)教授指出:"美国法并没有将隐私信息作为一项绝对性权利,隐私本质上不是不能触碰的数据,而是一种合理的信息流通,要鼓励人们分享信息,这对社会整体福利有益。"在她看来,个人数据保护并非对数据收集和使用的限制,而是应当鼓励适当的信息分享与信息流动,"保护隐私与个人信息的关键并不在于隔绝信息,而是确保信息流通的'情境公正'

---

　　① 李涛,曾春秋,周武柏,等. 大数据时代的数据挖掘:从应用的角度看大数据挖掘[J]. 大数据,2015(4):57-80.

（contextual integrity），即在特定的情境（如家庭、医疗、教育、金融、政府治理等）中，信息流动应符合各方预期"①。本书认为，不能简单将个人数据等同于隐私。个人数据是大数据时代人们参与社会生活的重要途径，也是企业和政府科学决策的重要依据。随着大数据时代个人领域和公共领域的界限日益模糊，传统隐私观念也将随之改变，未来的个人数据保护规则也应当体现这种转变。单纯强调从隐私权的角度对个人数据进行保护，固然能够实现一定的价值目标，但从长远来看并不符合大数据的时代特点。

---

① 中国人民大学未来法治研究院.个人信息与数据流通高峰论坛成功举办[EB/OL].(2018-05-23)[2022-07-25]. http://lti. ruc. edu. cn/sy/xwdt/4a987f13562b4c4a9d81fb0553913435. htm.

第二章　个人数据保护原则的历史考察

制定个人数据保护规则离不开基本原则指引。经济合作与发展组织（Organization for Economic Co-operation and Development, OECD）早在 1980 年就已经概括提出了八项基本原则，并在 2013 年修订后重新发布。经历了 40 年的发展和演变，OECD 所确立的基本原则历久弥新。作为世界范围内有关个人数据保护立法的重要指引，有必要对其内容、背景和影响进行深入探讨。

第一节　OECD 确立个人数据保护原则

一、OECD 基本原则的历史意义

纵观世界范围内有关个人数据保护的立法文件，其普遍包含两个立法目的：一方面要保护个人隐私或个人权利，另一方面要确保个人数据正当使用和自由流通。OECD 在 1980 年发布了《隐私保护和个人数据跨境流通指南》（简称《指南》），该指南在 2013 年修订并重新发布。《指南》首次概括提

出了八项基本原则，确立了国际社会关于如何利用和保护个人数据的基本准则，对世界范围内个人数据保护立法产生了深远影响。①

《指南》订立的最初目的是保证数据在成员国之间自由流通，同时为各成员国和地区确立所应当遵循的个人数据保护基本原则。《指南》确立的八项基本原则，不仅对保护个人数据提出了要求，还对保障数据的自由流通做了说明。这些原则适用于公共机构和私人主体，建议各成员国在立法时考虑和采纳这些原则。2010 年，OECD 成立专家组并对 1980 年《指南》进行审查，进而提出了首次修订的建议。这次修订坚持了基本原则的框架和本质，仅通过增加部分原则的具体实施要求来提高原则的可操作性。特别是在国际合作方面，OECD 希望能够通过鼓励和支持各国达成各种国际协议，形成相互协调的隐私制度框架，进而在国际层面建立起一个强大的全球性合作网络。②

纵观 OECD 个人数据保护原则的发展和演变，可以看到国际组织为解决隐私保护和信息自由流通这对矛盾所做出的努力，也能够为我国构建个人数据保护规则提供大方向上的指引。在数据被大量制造、快速流通与广泛运用的今天，每个国家都希望充分利用互联网应用技术与大数据分析技术来带动国家实体经济、完善国家治理模式、优化社会公共服务，最终实现国家的进步和发展。OECD 一直坚持平衡隐私保护与信息自由流通之间基础且对立的价值矛盾，在个人数据应用需求增长而数据主体权利受到更大威胁的大数据时代，显得更为重要。

---

① OECD. Council recommendation concerning guidelines governing the protection of privacy and transborder flows of personal data[J/OL]. International Legal Materials，1981 (20)：422-450[2022-09-14]. https：//www.jstor.org/stable/20692273? seq＝1♯page_scan _tab_contents.

② Jasmontaite L，Kamara I，Zanfir-Fortuna G，et al. Data protection by design and by default：Framing guiding principles into legal obligations in the GDPR[J]. European Data Protection Law Review，2018(4)：168-189.

二、OECD 基本原则产生的背景

联合国大会于 1948 年 12 月 10 日通过《世界人权宣言》（联合国大会第 217 号决议，A/RES/217），旨在维护人类的基本权利，明确提出了保护居所和通讯的隐私不受侵犯。其第 12 条的规定体现了对个人隐私权利的尊重："任何人对其隐私、家庭、房屋或者通讯均享有不受他人武断干扰的权利，他人不得对其尊严或名誉进行攻击。任何人都有权就他人的干扰或攻击寻求法律保护。"1966 年通过的《公民权利和政治权利国际公约》第 17 条重申了上述条款。

此外，1950 年 11 月 4 日，欧洲理事会主持通过了《欧洲人权公约》，并于 1953 年 9 月 3 日生效。公约第 8 条规定了个人隐私和家庭生活受尊重的权利："1. 任何人对其私人生活和家庭生活、房屋和通讯享有受到尊重的权利。2. 除以下情形外，公权力不得干预上述权利的行使：法律另有规定，且为民主社会所需，为了国家安全、公共安全或者国家经济良好发展，为了防止社会混乱和犯罪行为，为了保护健康和道德，或者为了保护他人的权利和自由。"

上述国际法渊源都认为隐私权是一项基本人权，对隐私权给予充分的尊重和保护。本着保护个人数据安全的原则，世界各国纷纷着手制定本国的个人数据保护法。① 然而，由于缺乏统一指引，欧洲各国立法不相一致，且更多关注于对个人隐私的保护，阻碍了个人数据的流通。为了解决这一问题，OECD 开始寻求既能保护个人隐私安全，又能促进数据自由流通的规则。1980 年，《隐私保护和个人数据跨境流通指南》正式通过审议，翻开了个人数据保护制度的新篇章。

三、《指南》确立的八项基本原则

法律原则是其他法律要素的基础。作为抽象性法律规范，法律原则具

---

① 高富平，王文祥. 出售或提供公民个人信息入罪的边界：以侵犯公民个人信息罪所保护的法益为视角[J]. 政治与法律，2017(2)：46-55.

有法律规则所不具备的稳定性和价值导向性,能够有效协调法律规则的冲突。德国著名法哲学家拉德布鲁赫深刻地指出了法律原则的效力,强调法律原则对于法律规范的理论指导力量。他认为法律原则高于法律规章,任何与法律原则相悖的法律规则都是无效的。① OECD 在《指南》第二部分提出了个人数据保护的八项基本原则,即收集限制原则(Collection Limitation Principle)、数据质量原则(Data Quality Principle)、目的特定化原则(Purpose Specification Principle)、使用限制原则(Use Limitation Principle)、安全保护原则(Security Safeguard Principle)、公开原则(Openness Principle)、个人参与原则(Individual Participation Principle)、责任原则(Accountability Principle)。② 这八项原则相互联系、不可分割,共同对数据收集和使用行为作了规制,形成个人数据保护的完整体系。

(一)收集限制原则

《指南》第 7 条规定:"应当限制收集个人数据行为,必须按照合法和公平的方式进行收集,当条件允许时还必须告知数据主体或取得数据主体的同意。"该原则首先对数据收集行为做出了限制,体现了对数据主体的尊重和保护,这在约束数据采集、保障数据主体对个人数据的控制方面起到了重要作用。但在大数据时代背景下,随着人们对数据价值的认识加深,这一原则在实际执行中出现了很多问题。

首先,收集限制原则概括性地指出个人数据收集必须有所限制,但没有区分可收集的数据和不可收集的数据。按照前述个人数据的分类,通常情况下对敏感数据的收集必须进行限制,如此笼统的规定显然不利于对数据的开发和运用。其次,信息时代讲求效率,要求以最高效的办法获取信息,而随着个人数据总量的爆炸式增长、流转方式的多样化转变,数据收集方很

---

① 拉德布鲁赫. 法哲学[M]. 王朴,译. 北京:法律出版社,2005:225.

② OECD Guidelines on the Protection of Privacy and Transborder Flows of Personal Data [EB/OL]. (1980-09-23)[2018-11-20]. http://www. oecd. org/sti/ieconomy/oecdguidelinesontheprotectionofprivacyandtransborderflowsofpersonaldata. htm.

难在事前取得数据主体的合法授权。实践中,很多网络服务主体在提供服务时往往附加冗长的隐私声明,以尽可能让用户在使用自己产品时提供的个人数据能够合法流转使用,用户在阅读后往往需要勾选"同意"选项,以表明自己的授权。然而,数据收集的目的难以预测,网络传播的速度也很难控制,这些都给数据收集方带来了严峻的挑战。此外,数据主体不太可能仔细阅读隐私协议,且为了获取网络服务,也不得不选择"同意",这就使得隐私声明形同虚设。可以说,僵化地限制对个人数据的收集和使用,不仅不利于对数据的保护,还会限制个人数据的开发和利用。

(二)数据质量原则

《指南》第 8 条规定:"个人数据应当与其被使用的目的相关,且在该目的范围内使用,确保个人数据准确、完整并及时更新。"数据质量原则对数据本身提出了要求,包括数据的准确性(accurate)、完整性(complete)、适时性(kept up-to-date)和目的性(be relevant to the purpose for which they are to be used)。随着数据总量的增加和数据资源价值的显现,不论是公共机构还是商业机构都越来越重视数据利用的相关技术。但即使数据收集和分析技术已经十分成熟,当人们希望利用数据改善商业运营或提供决策支持时,仍然会受到数据质量问题的限制。从宏观上看,强调数据质量是为了确保数据的准确性,即保证数据控制者基于正当理由取得并占有数据,进而以正当的方式使用数据,且始终确保数据格式和内容的正确性。[①] 按照《指南》的规定,数据质量包括以下几个方面:一是数据内容上的准确性,即要求数据所包含的信息是数据控制者所需要的信息,尽可能除去那些不为数据利用目的所需要的信息。二是数据整体上的完整性,大数据时代的数据以更加分散的形态存在,数据的价值密度降低。为此,数据控制者只有在获取数据的范围上付出更多的努力,才能保证所收集的数据能够反映整体的真实情况。三是数据时效上的适时性,信息时代瞬息万变,数据分析固然能够反映某一

---

① 宋金玉,陈爽,郭大鹏,等.数据质量及数据清洗方法[J].指挥信息系统与技术,2013(5):63-70.

时期的现象,但也必须受制于数据的时效。数据控制者要想获取最新的动态,就必须掌握最新的数据。四是数据使用的目的性,这一特点既是对数据主体合法权利的保护,也能够保障数据控制者数据分析结果的准确性,确保个人数据不会被用于其他目的。

（三）目的特定化原则

《指南》第 9 条规定:"在数据收集行为开始之时,必须预先确定数据收集的目的。在随后的数据使用过程中,必须限制在实现该目的必要范围内,或者其他与该目的不相冲突的情形,且每次更改目的时也都必须确定。"按照《指南》的要求,在数据收集行为开始之前或者开始之时就必须确定数据收集的目的,且不得随意变更或增加。这一原则虽然没有彻底禁止目的的变更,但是表明了该变更必须受到限制。目的特定化原则贯穿数据收集和使用的整个阶段,即使当数据已经不再用于最初设定的目的,数据控制者还是必须清除数据或者将数据匿名化处理。

目的特定化原则本质上是对收集限制原则和数据质量原则的补充,通过对数据收集和使用目的的特定化,从源头上限制可能发生的数据滥用行为,从而保障数据主体的合法权益。该原则要求数据收集方明确数据收集的特定目的,且不得晚于数据收集行为开始的时间。数据作为信息时代的资源,没有流通就没有价值。在数据挖掘和分析过程中,很容易超出原本收集数据的特定目的。目的特定化原则在某种程度上限制了个人数据的流通和利用,难以实现隐私保护和数据价值开发的共赢,抑制了大数据的应用和发展。相较于收集限制原则,目的特定化原则对数据收集和使用的全过程提出了更高的要求。对于公共管理部门而言,其收集和使用个人数据的行为必须严格限制在行使管理职能时;而对于企业而言,则必须在收集个人数据时告知数据主体其目的,并严格按照提前告知的目的来收集和使用数据。如果超出职权范围或违背特定目的,就可能被认定为是对数据主体个人权利和自由的侵犯。

（四）使用限制原则

《指南》第 10 条规定:"个人数据只能用于第 9 条所规定的情形,除此之外,不得被泄露、被利用或用于其他情形。但以下两种情况例外:a)得到数据主体的同意;b)得到法律的授权。"使用限制原则重申了数据使用目的特定化的要求,禁止数据控制者泄露个人数据或允许他人获得其所掌握的数据,能够有效防止数据在利用过程可能发生的侵犯个人隐私的情形,也能够抑制出售个人数据行为的发生。但考虑到数据使用过程中的复杂情形,《指南》还是做出了例外规定。当数据主体同意或有法律授权的时候,数据控制者就可以公开其所掌握的个人数据。实践中,很多数据收集者在收集数据的时候并没有意识到数据的价值,或者并不是为了挖掘数据的价值,但其掌握的数据却能够反映某一方面的社会现象,能够为他人所用。此时,如果取得了数据主体的同意或者在法律授权的情况下,这种对数据的利用是应当被认可的。例如,医疗机构掌握着本地区看病就医的数据,能够反映这一地区的医疗卫生状况和人口身体素质。通过法律的授权,医药行业能够获得这部分数据用于研究和开发新产品,实现"对症下药"。

(五)安全保护原则

《指南》第 11 条规定:"个人数据应当置于合理的安全保护之下,防止丢失或未经授权的访问、毁坏、使用、修改以及泄露。"该原则侧重对已经收集到的数据提供安全保护,并指出了破坏数据安全的几种情形,如数据丢失、未经授权的访问、数据毁损等。一方面,有关"合理的安全保护"应当做严格的解释,换言之,必须在事前为已收集到的数据提供严密保护,防止发生破坏数据的情形。这种破坏应当解释为最低限度的破坏,例如数据的意外丢失。只有对安全保护原则做严格理解,才能确保建立起严格的数据安全防护措施,做好事前预防。另一方面,安全保护原则是对数据控制者提出的要求,保护的对象是已经按照合法性原则收集到的数据。对数据控制者而言,其对数据主体所负担的义务应当涵盖数据收集和使用的全过程,即使数据已经按照法定原则收集,在数据存储和使用时,仍然要注重对数据的安全保障。

(六)公开原则

《指南》第 12 条规定:"应当公开数据开发、实际运用和相关规则的一般政策。应当提供切实可行的措施来确定数据的存在状况、数据性质以及数据控制者的身份和经常住所。"公开原则是确保数据使用过程透明的一项重要原则,也是确保数据主体能够关注个人数据使用情形,并参与数据使用过程的前提。只有数据控制者主动公开了有关数据收集、存储和使用的信息,数据主体才能了解其数据被使用的具体情况,这不仅是对数据主体权利的尊重,也是对数据控制者行为的有效监督。数据控制者公开义务的履行可以有很多形式,例如为数据主体提供便捷的查询通道,在数据主体提出要求时及时满足并提供给其想要知道的信息。

对于公开的内容,学者们意见不一。有学者认为,个人信息的公开包括信息内容的公开。① 也有学者认为,个人信息的公开仅仅指的是一般程序性信息的公开,不包括信息内容的公开。要求数据控制者公开信息内容,显然与当今世界的立法趋势相违背。② 本书认为,《指南》设立公开原则的目的在于保证数据使用过程的透明。数据主体愿意将个人数据提供给数据控制者只是为了换取某一领域的便利,并不意味着其愿意完全放弃对数据的控制。此外,只有确保数据主体能够始终掌握自己个人数据的使用情况,才能说服数据主体分享个人数据,从而发挥大数据时代的优势和数据资源的价值。因此,个人数据的公开应当根据不同对象具体区分。对于数据主体而言,数据控制者应当向其公开数据的全部情况,保障数据主体对数据使用状况的知悉;而对数据主体之外的其他主体而言,则应当侧重对个人数据处理的程序、方法、安全保护措施等情况的公开,从而保证对数据控制者行为的有效监督。

（七）个人参与原则

《指南》第 13 条规定:"个人享有以下权利:a)从数据控制者或其他主体处获得该数据控制者是否享有自身数据的确认;b)在合理时间内告知自己与自身相关的数据,且以适当费用(如果有的话)、以适当方式、以可识别的

---

① 张新宝.互联网上的侵权行为研究[M].北京:中国人民大学出版社,2003:194.
② 洪海林.个人信息的民法保护研究[M].北京:法律出版社,2010:152.

形式告知；c)如果前述 a 或 b 项请求被拒绝，可以要求数据控制者说明理由，且可以对该拒绝提出异议；d)对与自己有关的数据正当性提出异议，如果该异议成立，可以要求删除、校正、完善或修改该个人数据。"

个人参与原则实际上是通过赋予数据主体一定权利来实现对数据主体的保护，具体说来就是知情权、异议权和修改权等。个人参与原则赋予数据主体的各项权利与数据控制者承担的各项义务分别对应，例如要想实现数据主体的知情权，数据控制者就必须履行公开原则要求的义务。从该原则中也可以看出，尽管数据控制者在形式上占有并控制数据，但数据主体享有实质上的权利，可以提出异议并要求删除个人数据。事实上，个人参与原则是保证数据主体享有获得或确认其数据的一般性权利，是对数据主体个人尊严和自由的尊重。为了保证数据收集和使用的顺利进行，数据主体在参与过程中应当有所限制。例如，数据主体参与数据收集和使用应当限定在合理的时间范围内，适当减轻数据控制者所负担的义务。

（八）责任原则

《指南》第 14 条规定："数据控制者应当对其有效遵守和实施上述原则承担责任。"建立个人数据使用和保护的相关规则，一方面需要通过强化数据主体享有的权利，丰富其权利内涵，确保个人数据的使用不会侵害数据主体的人格权益；另一方面则是对数据控制者施加责任和义务，约束其行为，避免对数据主体造成伤害。事实上，数据控制者对个人数据并不享有权利，只是为了通过数据分析来获取有价值的信息。既然数据控制者能够从中获益，也就当然需要承担相应的责任。按照《指南》原则的要求，数据控制者必须遵守隐私保护规则，合理正当地使用个人数据。如果违反有关规定对数据主体造成伤害，还必须承担赔偿责任。关于数据控制者的责任，本书认为应当是一种严格责任。只要发生数据泄露或不正当利用数据的行为，造成对数据主体隐私的侵犯，数据控制者就必须承担责任。对于"数据控制者"的解释也应当适当扩大范围，既包括数据的收集者，也包括数据的存储、分析和使用者。

四、OECD 基本原则在当代的发展：OECD《关于隐私保护法律实施跨境合作的建议》

OECD 在 1980 年《指南》中就已经提出了关于法律执行合作方面的倡议。虽然已经过去了几十年，现实环境发生了深刻的变化，但《指南》作为个人数据保护和利用的起点仍然具有重要意义。《指南》通过后，几乎所有 OECD 的成员国都制定了自己本国关于个人隐私保护方面的法律。各国对个人隐私保护的肯定是民主社会建立的基础，也是对数据主体权利的尊重。随着经济全球化的深入，大数据时代的到来，OECD 基本原则也在当代有了新的发展。

（一）OECD《关于隐私保护法律实施跨境合作的建议》

在 2007 年 6 月 12 日，OECD 理事会通过了《关于隐私保护法律实施跨境合作的建议》（OECD Recommendation on Cross-border Co-operation in the Enforcement of Laws Protecting Privacy，简称《2007 建议》）。《2007 建议》最初由 OECD 信息、计算机和通讯政策委员会发起，在加拿大隐私委员詹妮弗·司徒塔特（Jennifer Stoddart）的领导下，吸纳了来自各成员国隐私执法机构的相关代表和隐私及数据保护领域的其他关键性利益相关者的意见，最终形成了《2007 建议》的正式文本。①

《2007 建议》的序言阐述了推进隐私保护法律实施跨境合作的重要性。随着人们对自身隐私风险关注度的提高，有关个人数据的使用遭遇越来越多的指责。但在经济全球化背景下，企业追求"follow the sun"模式②、互联网的迅速崛起、交流通信成本的下降使得个人数据流动的速度大大增加，特别是跨境转移数据的增长。个人数据跨境流动将个人置于更大的风险之

---

① OECD. Privacy Law Enforcement Co-operation［EB/OL］（2007-06-12）［2018-11-25］. http：//www. oecd. org/sti/ieconomy/privacylawenforcementco-operation. htm.

② 指通过在不同时区建立自己的团队，企业能够充分利用时间，通过"跟随太阳"的工作模式来实现更长的工作日，从而获取更多收益。

下,一个人很难行使自己的隐私权利,难以保护自己的信息免受非法利用和泄露。此外,本国隐私保护机构也难以在他国起诉或调查相关侵犯本国公民个人隐私的行为。鉴于此,为了推进各国贸易合作、促进数据流通,OECD建议成员国有必要就个人数据保护和利用达成妥协,共同寻求解决办法。

《2007 建议》对成员国在隐私保护法律实施跨境合作方面提出了以下几点要求:①完善本国有关隐私保护法律实施的框架,以便更好地促进本国和其他国家有关机构的合作;②制定有效的国际机制以促进跨境隐私保护法律实施的合作;③在隐私保护法律的实施过程中,提供双边合作和互助,包括通知、移交投诉、调查协助和信息共享;④吸纳利益相关者参加有关推进隐私保护法律实施的讨论和活动,听取他们的建议。

(二)亚太经济合作组织跨境隐私规则体系

进入 21 世纪以来,凭借最新的通信技术和互联网应用,电子商务逐渐成为国际贸易和国际投资的重要组成部分,国与国之间、地区与地区之间的合作加强,跨境网络销售、数据流动、跨国公司业务等迅速发展。在此背景下,不仅 OECD 意识到隐私保护法律实施跨境合作的现实意义,亚太经济合作组织(Asia-Pacific Economic Cooperation,APEC)也在这方面做出了努力和尝试,倡议并构建了跨境隐私规则体系(Cross-Border Privacy Rules,CBPR),旨在建立跨境电子商务中的个人数据保护规则。

CBPR 体系作为规范企业个人数据跨境传输活动的隐私保护计划,通过 APEC 成员经济体之间的多边协议发生效力。由于 CBPR 所针对的是企业跨境数据转移行为,故政府行为不受规制。成员经济体的企业自愿加入该多边数据隐私保护计划,对未加入的企业没有约束力。从实际适用的情况来看,CBPR 所规范的企业种类涵盖个人数据收集、存储、加工、传输等各个领域,从中小型企业到跨国公司都受到规制。从所规制的信息内容来看,主要涉及消费者信息、员工信息和健康信息等,可以由参加国在加入时自行做出选择。CBPR 旨在通过这一特定机制中保障隐私框架的九大原则,进而在保证整个亚太经济区内个人数据得到保护的基础上实现数据的自由流通,推动本地区跨境电子商务的发展。[①]

APEC 在 2005 年签署了《APEC 隐私框架》,针对个人信息保护提出了九大原则。[②] 尽管《APEC 隐私框架》在形式上与《指南》十分类似,都是仅具有指导意义的原则性规定,都不具有约束力,但两者在指导思想上截然不同。OECD《指南》鼓励成员国建立个人数据权利体系,强调对个人数据保护提供积极帮助;《APEC 隐私框架》则以传统隐私侵权法律制度为基础,强调消极防护,仅解决滥用个人信息带来的隐私侵权损害。

与 OECD《指南》不同,《APEC 隐私框架》在个人数据的界定上有意排除了已经处于公开状态的个人数据,即政府部门有关数据主体的公开记录、新闻报道、法律要求公开的信息。这一做法区分了处于个人控制下的数据和处于公共领域的数据,有利于数据的自由流动。此外,由于《APEC 隐私框架》注重对数据利用的消极防护而非积极保护,在原则确立方面,以"防止损害原则"作为首要原则,表明个人数据保护的制度设计应当承认一般情况下对个人数据的利用,进而通过制度设计应对数据不正当利用可能带来的损害。在这一原则的引领下,结合其他八个原则共同构成了《APEC 隐私框架》对个人数据保护的体系,具体包括通知原则、收集限制原则、使用限制原则、选择原则、个人数据完整性原则、安全保障原则、获取与修改原则和责任原则。从这些原则也不难看出,APEC 的制度设计更加务实,注重对数据价值的利用。

在信息时代,企业的商务活动离不开数据的收集和使用。企业要想到境外开展活动或是从事跨境电子商务,还会涉及数据的跨境流转。OECD《指南》的八项基本原则注重为数据主体创设权利和为数据控制者施加义务,《2007 建议》则是在《指南》的基础上提出了有关隐私保护法律实施跨境合作方面的建议,丰富和完善了个人数据保护的原则。《APEC 隐私框架》和欧盟的《95 指令》则是结合各自的实际情况,以 OECD《指南》为参照,更加

---

① 弓永钦,王健.APEC 跨境隐私规则体系与我国的对策[J].国际贸易,2014(3):30-35.
② 韩静雅.跨境数据流动国际规制的焦点问题分析[J].河北法学,2016(10):170-178.

细化了个人数据保护的原则。

第二节　OECD《指南》的首次修订

一、《专家组关于 1980 年 OECD 隐私指南的审查报告》

随着大数据时代的到来,数据总量呈现爆炸式增长,数据的价值也愈加凸显。在数据大量产生和被收集利用的今天,国家、企业甚至是个人都希望充分利用大数据分析技术来促进经济发展、创造更多财富、实现更便利的生活。OECD 原先提出的八项原则过于强调对个人数据的保护,很难适应大数据时代的要求,甚至会阻碍数据的自由流通和分析利用。[①] 为此,OECD 从 2010 年就开始着手《指南》的修订工作。

借助对《指南》修正的契机,专家组除了提出修正案,还就接下来有关个人数据保护领域需要关注的一些问题做了补充。专家组于 2013 年 8 月 30 日发布《专家组关于 1980 年 OECD 隐私指南的审查报告》(Privacy Expert Group Report on the Review of the 1980 OECD Privacy Guidelines)。[②] 该报告就专家组整个工作流程和工作重点做了详细说明,全面展现了 OECD 对个人数据保护和利用的思考。事实上,早在 2008 年 6 月,OECD 部长级会议就采纳了《首尔宣言》关于互联网经济未来发展对个人隐私保护和跨境数据转移方面提出的要求。《首尔宣言》要求 OECD 采取适当措施,以适应“技术、市场和用户习惯日益变化以及数字身份重要性日益增长”的今天。詹妮弗·司徒塔特再次接受任命,领导筹备小组重新审查《指南》的内容。2010

---

① Roos A. Core principles of data protection law[J]. Comparative and International Law Journal of Southern Africa,2006(39):102-130.

② OECD (2013). Privacy Expert Group Report on the Review of the 1980 OECD Privacy Guidelines,OECD Digital Economy Papers,No. 229,OECD Publishing,Paris. [EB/OL]. (2013-10-11)[2018-10-25]. http://dx. doi. org/10. 1737/5k3xz5zmj2mx-en.

年,恰逢 OECD《指南》颁布三十周年,审查准备工作也如期展开。在前期准备期间,OECD 主要从三个方面对《指南》进行思考:一是《指南》的影响;二是个人作为数据主体发挥日益重要的作用;三是从经济价值的角度思考个人数据和隐私。此后,OECD 发布了两份报告,即"The Evolving Privacy Landscape:30 years after the OECD Privacy Guidelines"和"Implementation of the OECD Recommendation on Privacy Law Enforcement Co-operation"。在前期准备中,OECD 还向成员国发布了问卷调查,就《指南》的现实意义、实际执行情况以及与成员国自身追求是否一致等问题做了调查。

经过前期准备和问卷调查,审查小组出具了一份参考文件,就所面临的问题和接下来的工作做了具体说明。参考文件强调了 30 年来客观环境发生的变化,即个人数据在经济、社会和日常生活等领域带来的深刻改变,例如,个人数据被收集和使用的数量、数据分析的范畴、数据创造的社会价值和经济价值、数据对个人隐私的威胁程度、威胁个人隐私或是保护个人隐私的行为人的数量和类型、涉及个体企图理解与转让个人数据交易的频率和复杂程度、个人数据全球流通。参考文件还特别强调了 OECD 成员国就有效保护个人隐私方面已经达成共识的几个关键点:构建更具合作性的全球隐私框架;在本国隐私战略指导下,最大限度地保护个人隐私;在跨境隐私执法方面加强合作;培养企业和个人的隐私观念或隐私文化;通过隐私管理,使隐私观念深入人心。从《指南》修订的前期工作中不难看出,虽然意识到了数据的价值和利用数据的必要性,但这一时期 OECD 仍然坚持维护个人隐私的传统做法,强调保护个人隐私优于对数据的收集和利用。

二、OECD《指南》修订的内容

专家组经过前期筹备和不懈努力,最终草拟出了一份完整的修正案,并于 2013 年提交给 OECD。2013 年 7 月 11 日,OECD 理事会审议并正式通过了《理事会关于隐私保护和个人数据跨境流通指南的建议(2013)》(简称《2013 指南》)。修订后的《2013 指南》始终坚持两大主题:一是基于风险管理集中审查隐私保护的实际履行情况;二是通过加强相互合作来解决全球规模的隐私问题。① 修正案还提出了一些新的概念，包括：①国家隐私战略（National Privacy Strategies）。尽管国内生效法律的作用不容忽视，但隐私战略的重要性同样要求在更高层次的多层面国家战略协调。②隐私管理计划（Privacy Management Programmes）。这些隐私管理计划作为核心运行机制来保证隐私保护措施的实施。③数据安全毁损通知（Data Security Breach Notification）。当个人数据安全遭遇侵犯时，必须及时通知，包括对相关机构的通知和对数据主体的通知。②

与 1980 年《指南》相比，《2013 指南》主要做了以下修订。

（一）有关"隐私管理规划"义务（Privacy Management Programmes）

1980 年《指南》确立了责任原则，要求数据控制者遵守"使相关原则生效的措施"。在这 30 年间，责任原则的重要性越来越被人们认识，各国有关隐私保护的立法也倾向于引入那些通过施加给数据控制者责任而建构起来的规则。《2013 年指南》修订前，责任原则再度引起重视。在责任原则的基础上，有关"隐私管理规划"的规则得以建立起来。

"隐私管理规划"义务体现在《2013 指南》第三部分有关实施责任的规定中。指南在第 15 条分别就隐私管理规划具体构建机制、适当性证明、发生个人数据重大安全损毁事故时的通知义务三个方面做了规定。该义务要求数据控制者针对自身特殊性制定隐私管理规划，从而保证其对所控制的所有个人数据实施指南的有关规定。隐私管理规划应当结合自身特点来制定，符合数据控制者所从事的行业、所掌握数据的结构、数据总量和类型等。《2013 指南》第 15(a)(i)项明确规定隐私管理规划的对象是"处于数据控制者控制之下的所有个人数据"。隐私管理规划的范围不仅包括数据控制者

---

① Two themes run through the updated Guidelines. First is a focus on the practical implementation of privacy protection through an approach grounded in risk management. Second is the need for greater efforts to address the global dimension of privacy through improved interoperability.

② OECD Privacy Guideline（2013）.（2013-07-11）[2018-12-01]. http://www.oecd.org/internet/ieconomy/privacy-guidelines.htm.

自身的操作行为,还包括其他任何与数据控制者相关的、其可能承担责任的操作行为,且不论他将数据传输给谁。隐私管理规划要求数据控制者在自行处理个人数据时采取适当的保护措施,同样要求在与其他数据控制者发生往来时采取同等的保护措施。这种适当的保护措施可以是明确约定遵守数据控制者隐私保护措施的合同,或是协议约定发生数据安全损毁情形时告知数据控制者,也可以是对员工进行有关数据保护的教育和培训等。

"隐私管理规划"义务体现了隐私保护理念的变革。在数据价值日益得到重视的当代,原有的关于数据收集和使用"告知与同意"的模式已经难以适应时代要求。"告知与同意"模式僵化,强调个人享有的数据权利,要求在收集和使用数据时必须首先告知数据主体并取得数据主体的同意,否则数据不得被利用。这一做法看似为数据主体树立了保护屏障,事实上很多数据收集者通过事前隐私协议绕过了这座屏障。而缺乏对收集数据后行为的规制,使得个人数据仍然面临被泄露的风险。OECD关于隐私管理规划的提出,正是为了寻找更科学合理的数据管理规划机制,要求数据控制者通过结构性的隐私管理规划对其所控制的个人数据进行事前、事中和事后的保护。数据控制者还负有义务,必须随时证明其隐私管理规划是适当的。当发生影响个人数据的重大安全毁损事故时,数据控制者不仅需要及时通告隐私执法机构,还负有通知受影响的数据主体的义务。"隐私管理规划"义务对数据控制者提出了更高的要求,也为个人数据保护和利用提供了全新的思路。数据控制者对数据的收集和利用是一个动态的过程,这个过程中的每一个环节都必须加强对个人隐私的保护。"隐私管理规划"义务属于事前管理规划,能够有效减轻个人数据被泄露的风险。

(二)有关"**数据安全毁损事故时的通知**"义务(Data Security Breach Notification)

早在1980年,OECD就在《指南》第二部分基本原则中规定了安全保护原则,体现了OECD对个人数据安全保护的重视,在修订后的2013年版本中仍然保留了这一原则。然而,近段时间大量曝光的数据泄露事件无不表明,个人数据安全保护依然任重道远,安全保护原则过于抽象的规定难以适应现实要求。2018 年 3 月,黑客集团 Joker's Stash 发布公告公开出售 500 万张被盗信用卡和借记卡的数据,安全公司 Gemini Advisory 对此展开追踪,最终发现百货公司 Saks Fifth Avenue 和 Lord & Taylor 的系统曾遭到入侵。两家百货公司的共同所有者加拿大连锁百货公司哈德逊湾(Hudson's Bay)在了解情况后及时采取了补救措施,但遭遇信用卡信息泄露的所有客户仍然提起了集体诉讼。在诉讼过程中,原告举证证明被告"未能遵守安全标准,并在用于保护其客户的财务信息和其他隐私信息的安全措施上'偷工减料',而原本这些安全措施可以防止或减轻安全漏洞所带来的影响"①。

违反数据安全规则导致数据泄露的原因有很多,可能是数据控制者的员工疏忽大意,或是黑客袭击,甚至只是数据被他人以非法手段窃取等。但所有的这些原因,不论是否与数据控制者有关,都应当被认定为数据控制者的责任。对于数据主体而言,这些对个人数据的不正当使用,不论是故意为之还是偶然发生的,都将对个人造成不可挽回的伤害。而对数据控制者而言,其所遭受的损失则是就数据泄露事件承担相应的赔偿责任,以及更为严重的对自身声誉的影响。因此,个人数据泄露问题不仅对个人事关重大,而且对于政府、企业等数据控制者而言,也非同小可。

按照数据安全毁损事故时的通知义务,当违反数据安全的行为发生时,数据控制者应当通知数据主体或相关机构,这一做法已经得到了许多国家的认可。② 一旦披露数据泄露的实际情况,很有可能对数据控制者的声誉造成负面影响。基于这样的担心,数据控制者往往倾向于掩盖数据泄露的事实。正因为如此,当数据安全毁损事故发生时,才有必要施加给数据控制者以通知的义务,敦促其及时披露,保护数据主体的权利,也使数据主体免遭更大的损失。此外,通知义务的履行也能确保隐私执法机构尽快介入相关事件。

---

① 51CTO. 2018 上半年十大数据泄露事件[EB/OL]. (2018-07-10)[2018-11-10]. https://www.sohu.com/a/240220243_185201.

② 何波. 数据泄露通知法律制度研究[J]. 中国信息安全,2017(12):40-43.

当然，数据安全毁损事故时的通知义务并非要求数据控制者在任何情形下，都事无巨细地通知数据主体或相关机构。对数据控制者而言，过分强调通知义务的履行，必将加重其负担，不利于数据利用。而对数据主体而言，大量的通知也必将使得这一措施流于形式，数据主体将会疲于阅读此类型通知，反而容易忽视对个人数据的保护。在《2013 指南》中，有关数据控制者的实施责任部分明确规定了通知义务仅限于"在发生影响个人数据的重大安全损毁事故时，及时通知隐私执法机构或其他有关权威机构。在毁损事故可能对数据主体造成不利影响时，数据控制者应当通知受影响的数据主体"。参考 OECD 隐私框架的解释，其认为"不利影响"的范围应当扩大，包括但不限于数据主体的财产损失。而通知的形式应当多样且灵活，以减少损失为目的。

（三）有关"隐私执法机构"（Privacy Enforcement Authorities）

修改后的指南在第五部分新增第 19 条，对隐私执法机构做了具体规定，要求各成员国建立和维持隐私执法机构，且该隐私执法机构应当具备能够有效行使其权力的管理机构、资源和技术专家，能够支持该机构做出客观、公正和具有持续性的决策。此外，第 19 条还新增了关于"隐私保护法律"的规定，要求各成员国"制定隐私保护法律"。这里的"隐私保护法律"和"隐私执法机构"都应当做扩大解释。"隐私保护法律"不仅指成员国内部横向的专门立法，也包括纵向的某一法律部门内部有关个人数据保护的规定。"隐私执法机构"不仅指专门保护隐私的机构，也包括那些在履行职责的同时兼顾隐私保护的机构（例如在保护消费者合法权益的同时保护其隐私）。按照 OECD 隐私框架的解释，成员国甚至可以不建立专门的隐私执法机构，而是由来自不同机构的执法人员组成执行小组，负责执行隐私保护法律。第 19 条(c)项还特别强调了隐私执法机构的独立性，要求保证其能够在独立的、不被其他意见影响的情形下做出判断。

《指南》还没有就隐私执法机构的设立做出规定，而在《2007 建议》中则强调了建立专门机构的必要性。《2013 指南》明确了有关隐私执法机构设立的规定，体现了 OECD 对完善成员国乃至国际社会关于隐私保护的重视，也体现了其对隐私执法机构的专门性和独立性的重视。从数据保护和利用的趋势来看,设立专门机构或许是必然选择。

(四)关于"个人数据跨境流通"(Transborder Flows of Personal Data)

《指南》在第三部分关于国际适用的基本原则中,规定了个人数据跨境转移的规则,要求成员国应当采取合理和适当的措施确保个人数据跨境流通的顺畅和安全。但这一时期受限于信息技术的发展水平,数据跨境转移大多发生在企业、政府之间,且规模较小。随着大数据时代的来临,数据跨境转移越来越常见,数据能够在多个地点同时被处理,也能在全球范围内分散和收集。[1] 云存储技术的推出,使得企业和个人能够将自己的数据存储在云端,而不论身处世界哪一个角落都能获取该数据。[2]

《指南》虽然承认数据的自由流动,但规定政府在特定情形下可以合法限制。换言之,成员国应当减少有关数据跨境转移的限制,除非数据接收国没有实质性地遵守指南的规定或者通过再出口个人数据规避国内隐私立法。基于此,成员国在建立数据跨境转移机制时,或者建立国别评价(例如欧盟内部的"充分性"),或者要求数据控制者具备相应的安全保障体系(例如格式合同以及跨境隐私保护协议)。

修改后的指南在第四部分就个人数据跨境转移做了规定。总体来看,《2013指南》放宽了对个人数据跨境流通的限制,力求最大限度地促进数据的自由流动。指南第16条首先明确"数据控制者对其所控制的个人数据负责,不论该数据存储于何处"。这一条重申了跨境数据转移背景下,数据控制者必须承担的义务,即告知数据接收方数据的相关情况,包括数据的潜在风险。对于敏感数据而言,还要求数据控制者给予更多关注。指南第17条则就成员国在限制个人数据跨境流通方面应当保持克制的两种情形做了规

---

① 李思羽. 数据跨境流动规制的演进与对策[J]. 信息安全与通信保密,2016(1): 97-102.

② Hardy I T. Transborder data flows (Proceedings of an OECD conference)[J]. Yearbook of Law Computers and Technology, 2013(3):235-241.

定：一种是成员国之间、成员国与持续遵守该指南的非成员国之间；另一种是提供符合指南要求的持续性充分安全保障措施的其他国家。这里的"持续性充分安全保障措施"可以是技术上的完善、数据安全保障措施、隐私保护协议、投诉处理机制或是审查机制等。①

只要这些措施足够充分，能够对个人数据提供有效保护，就可以认定是满足指南的要求。第16条和第17条的规定互不影响，即使数据控制者所在国没有关于个人数据跨境转移方面的充分安全保障，也不妨碍数据控制者对处于其控制之下的个人数据承担责任。第18条则强调了风险（risk）和比例（proportionality），要求成员国任何对个人数据跨境流通的限制都必须与其可能带来的风险成比例，必须考虑数据的敏感度、流通目的和所处环境。从这一改动中可以看出，修改后的指南能够建立起基于风险的制度设计，更好地保证其内部协调性。

（五）关于"国家实施"（National Implementation）

《指南》在第四部分有关国家实施的规定中首先要求各成员国建立"法律的、行政管理上的和其他的程序和制度"。尽管指南也鼓励和支持成员国自治，但如此抽象和含糊的规定仍然难以为个人隐私保护指明方向。《2013指南》第19条（a）明确规定成员国可以发展各政府部门之间相互协调的国家隐私战略，明确将隐私保护提到国家战略层面。此前，OECD也曾倡导成员国各政府部门间建立多样化的合作关系。政府作为政策的制定者，在制定和实施国家战略方面发挥着不可替代的作用。随着越来越多的政府部门开始使用个人数据，有必要确保国家内部不同政府部门之间行为的一致性。国家隐私战略从整体和全局出发，能够有效协调不同政府部门的行为，同样也能够确保相关领域政策发展的相互兼容。

此外，第19条（g）规定了成员国可以采取补充措施，例如教育、警示等，也可以发展技术措施或技能来保护隐私。关于"教育和警示"的具体实施，

---

① Pau V. Security measures for protecting personal data[J]. International Conference Education and Creativity for a Knowledge-Based Society，2017(1)：9-16.

可以通过对相关机构和个人潜移默化的影响来形成隐私意识。这一做法离不开不同利益主体的广泛参与,包括政府部门、隐私执法机构、自律组织等。由于未成年人缺乏隐私保护意识,在上网的过程中极易泄露个人隐私,所造成的伤害也更大,因此有必要特别关注对未成年人个人数据的保护,培养未成年人安全使用网络的意识。关于其他补充措施,OECD还提到了"隐私专家"(privacy professional)。隐私专家在隐私管理规划的实施和监督中发挥着重要作用,第19条(g)有关"补充措施"的规定,实际上是给成员国探索隐私保护的新路径提供了支持,OECD的一些成员国也在这方面做出了尝试。新西兰在1993年颁布的《隐私法》,作为针对个人隐私的处理规范做出相关规定的专门法,除了明确个人信息等重要法律概念,制定关于个人信息的收集、存储和使用的各项原则,还特别规定设立隐私管理专员,赋予隐私专员执行相关隐私法律、处理公民投诉、出台具体行为准则的权力。①

　　第19条(h)还规定了成员国可以考虑赋予数据控制者之外的其他主体与其地位相适应的个人数据保护角色。之所以增加这条规定,也是考虑到了大数据时代数据保护问题的多样性和数据使用关系的复杂性。通常情况下,数据控制者指的是收集或使用数据的主体,但并不排除在此之外还有其他主体参与到数据关系当中。大数据时代,随着人们隐私观念的变化和对便捷生活的追求,个人已经从消极的"数据主体"逐渐变得乐于主动参与到数据的分享和使用中来。换言之,有些数据处于公共领域,是原则上可以被利用的。对于这部分数据的利用,显然不能施加过于严苛的要求。总之,随着数据总量的增加,参与产生数据和使用数据的主体增多,有必要针对不同的主体建立不同的规则。因此,该项规定为数据保护预留了一定空白,允许成员国结合实际情况,采取相适应的保护措施。

　　(六)国际合作和协调(International Co-operation and Interoperability)

　　在国际合作和协调部分,修订后的指南新增了实施跨境隐私执法合作

---

① 王少辉,杜雯.大数据时代新西兰个人隐私保护进展及对我国的启示[J].电子政务,2017(11):65-71.

的要求。第 20 条规定："成员国应当采取适当的措施保护跨境隐私法的执法合作,尤其是促进隐私执法机构之间的信息共享。"第 21 条则表达了成员国想要通过国际合作,形成相互协调的隐私制度框架的一致愿望。事实上,各国之间的隐私框架协议是可以实现合作共荣的,最为典型的就是美国和欧盟的《安全港协议》。自 2000 年以来,《安全港协议》作为确保美国和欧盟之间跨境数据转移的重要文件发挥了积极作用。OECD 也因此看到了国际合作的可能性,提出国际合作的首要目标就是实现各国隐私执法机构的合作。早在 2005 年,OECD 就曾经重新审视了有关隐私执法机构合作的问题,最终得出了《2007 建议》下的跨境数据流通合作框架,为推动跨境数据流通做出了尝试。《2013 指南》在第六部分国际合作和协调有关跨境数据转移的规定正是发展了《2007 建议》的理念,不仅要求促进隐私执法机构之间的信息共享,还要求各成员国之间形成相互协调的隐私制度框架,以减少跨境数据流通中可能存在的障碍。

尽管鼓励成员国加强隐私保护的国际合作与协调还面临着诸多困难,但跨境数据流通带来的价值远远大于这些困难。OECD 期待在国际层面建立起一个强大的全球性隐私执法机构合作体系,一方面保护数据主体的权利,使数据主体能够在任何国家维护自己的利益;另一方面也是为了减少各国数据执法机构在域外执法可能遭遇的阻碍。总之,通过促进各国隐私保护执法的统一,构建全球性隐私执法机构合作框架,能够推动隐私保护全球一体化的进程。[①]

此外,第六部分第 22 条还提出了鼓励成员国发展国际性比较指标,通告隐私和个人数据跨境流通的有关政策的制定程序。从横向比较来看,各国的隐私保护水平参差不齐。只有将各国隐私执法机构所收集的数据和资料进行共享,才能适当平衡各成员国之间数据保护的落差,为制定数据保护政策提供更科学的依据。OECD 关于改善各成员国政策制定依据的建议,

---

① 林婧.网络安全国际合作的障碍与中国作为[J].西安交通大学学报(社会科学版),2017(2):76-84.

根本目的还是实现国际合作和协调。

三、发展中的个人数据保护原则:《21世纪的数据保护原则:修正1980年OECD〈指南〉》

随着大数据时代的到来,国际组织、国家、公司、个人都对数据保护规则提出了更高的要求。OECD专家组对《指南》的修订只是揭开了序幕,一场新的变革正在酝酿。2012年9月,微软公司在其总部举行了一场全球隐私峰会,并成功组建起由7位具有数据保护监管经验的高层领导组成的工作组。2013年12月,该工作组对外公布了有关修正《指南》的学术报告,提出其认为符合21世纪要求的数据保护原则。①

微软专家组首先认为大数据时代必须实现大数据的经济与社会价值,同时保障数据主体的个人利益与自由,而《指南》所确立的八项基本原则显然难以满足。制定《指南》时,数据类型和使用方式都相对简单。即使是在这样简单的数据收集和使用的时代,人们的信息隐私权也可能被侵害。数据主体或许不能自主决定其个人数据被利用的方式、被收集的对象和被收集的目的。正因如此,《指南》特别强调目的特定化原则、使用限制原则和数据主体的事先同意。数据控制者在收集和使用数据时往往通过提供隐私政策通知来实现这些原则。只有取得数据主体的事先同意,数据控制者才能合法正当地使用数据。设计该机制的目的是实现个人对自己的数据享有自主决定权,这本来无可厚非,然而,现实情况是该模式在大数据时代显得十分困难——人们很少有耐心去阅读隐私政策,使得这一做法完全流于形式。传统隐私观念的变革、数据总量的增长、数据价值的增加,使得数据收集和使用不断发展。过于依赖告知与同意机制不但严重削弱了个人的同意权,还加重了数据主体和社会的负担。尽管该模式在适当的背景下能够起到保

---

① Data Protection Principles for the 21st Century – Revising the 1980 OECD Guidelines[EB/OL]. (2013-12-20)[2018-10-30]. http://www.microsoft.com/en-us/download/details.aspx?id=41191.

护隐私的作用,但已经难以适应大数据时代的要求。为了解决 OECD 指南未能解决的问题,即实现在享受使用数据所带来的个人利益和社会效益的同时又确保数据安全的实现,微软专家组做了深入探讨。

专家们提出,对数据收集、事先告知与同意要求的过分关注不利于大数据的收集和利用,应当将关注的重点转移到对数据使用中的效益和风险的实践评估。指南所提出的目的特定化原则尽管对保护数据主体有利,但限制了数据价值的发挥,应当限缩或逐渐削弱目的特定化原则和使用限制原则的作用。OECD 指南的初衷是实现个人隐私保护和数据自由流动之间的平衡,这一诉求在大数据时代更显可贵。过分限制的数据隐私法律不利于科技创新,应当重申并坚持指南的初衷。此外,应当认为数据控制者对其收集或存储的数据所承担的责任是长期的、持续的,数据控制者应当对其访问、存储和使用个人数据的行为负责,确保数据主体的合法权益不被侵害。

基于上述理念,微软专家组针对 OECD 确立的八项基本原则做了改动,试图通过强调数据控制者在数据保护和利用中的责任来实现对数据主体的保护。修正后的数据处理原则共有八项:收集原则、使用原则、数据质量原则、个人参与原则、公开原则、安全保护原则、责任原则、实施原则。总的来看,体现在两个方面:一方面,数据控制者作为数据关系的重心,必须积极承担起数据保护责任;另一方面,适当放宽了对数据收集的限制,更多强调数据使用环节的数据保护。此外,专家组还删除了"目的特定化原则",取而代之的是"实施原则",体现了对数据收集的放宽和对数据利用的重视。修正后的原则也有对告知与同意的规定。例如,收集原则要求数据控制者评估个人是否能够合理地预见其数据将被收集,该评估决定收集时是否需要征得其同意。

总的来看,微软专家组提出的 21 世纪数据保护原则更注重发挥大数据的价值,是对 OECD 平衡隐私保护与信息自由流动之间关系的继承和发展,具有重要意义。面临大数据时代的挑战,在个人数据大量产生和被广泛利用的今天,不论是国家、企业还是个人都希望充分发挥大数据的价值,以带动国家经济,创造更多效益,实现生活便利。OECD 基本原则为数据利用和保护做出了有益探索,奠定了良好的基础,但这些原则也必须不断修正和完善,适应新的时代要求,最终实现人类社会的进步。

第三节　主要成员国对 OECD 基本原则的取舍和创新

一、澳大利亚

澳大利亚于 1988 年颁布《隐私法》(Privacy Act 1988),作为保护个人信息的专门法律。澳大利亚《隐私法》确立了 11 项信息隐私原则,涉及个人信息收集、储备、使用、披露等,可以说是直接源自 OECD 的八项基本原则。[①]此后,澳大利亚《隐私法》经历了多次修改,目前最新的是 2022 年 7 月 1 日生效、7 月 10 日注册的版本。[②]

1988 年颁布的澳大利亚《隐私法》调整范围十分广泛,不仅仅规定了隐私权保护原则,还就税务、医疗、信用资料等领域做了规定。该《隐私法》中关于个人信息保护的内容主要涉及以下几个方面:个人信息的收集、使用、披露;个人信息的准确性;个人信息持有的安全性;个人取阅个人信息的权利;等等。除此之外,《隐私法》还规定了有关使用个人税务档案号码的问题、信用报告结构和信用提供机构使用个人信用信息的问题等。事实上,澳大利亚《隐私法》的规范范围非常广,提供了不同组织或机构在操作个人信息时应当遵循的原则。

由于《隐私法》的规定过于散乱,澳大利亚政府决定单独发布一份文件来详细规定个人数据保护的基本原则。2015 年,澳大利亚政府通过文件《澳大利亚隐私原则》[Australian Privacy Principles(APPs)],正式确立澳大利

---

① 周汉华. 域外个人数据保护法汇编[M]. 北京:法律出版社,2006:469-474.

② Privacy Act 1988 of Australian[EB/OL].（2022-07-10）[2022-08-09]. https://www.legislation.gov.au/Series/C2004A03712.

亚隐私保护的 13 项基本原则。① 该文件分别从个人信息管理、收集、使用和披露、个人信息质量和安全、个人信息更正等五个方面确立了个人信息保护的基本原则。这 13 项基本原则分别是个人信息管理的开放和透明，匿名和使用假名，经请求的个人信息收集，处理非经请求的个人信息，个人信息收集的通知，个人信息的使用或披露，直销（direct marketing），个人信息的跨境披露，政府相关标识的采用、使用或披露，个人信息的质量，个人信息的安全，个人信息的访问，个人信息的更正。不同于 OECD 指南概括性的规定，APPs 制定了许多具体和细化的规定，例如规定个人健康数据属于敏感个人数据的范畴，在收集、使用、披露等方面采取更加严格的要求，一般情况下不得用于直销，且禁止进行跨境数据转移。

　　总的来看，为了保证与 OECD 指南的一致性，澳大利亚综合考虑了数据收集和使用过程中的数据开放和安全问题。② 在确立个人数据保护原则时考虑到了信息时代的要求，对个人信息处理等行为进行了全方位的规范。虽然澳大利亚《隐私法》和 APPs 在本质上仍然是对 OECD 基本原则的升华和细化，但不同于 OECD 基本原则的高度概括性和抽象性，澳大利亚政府对个人信息处理等行为的规定具有较强的可操作性，体现了澳大利亚政府的创新。

二、新西兰

　　新西兰于 1993 年颁布了《隐私法》（Privacy Act 1993），作为规范个人隐私处理的专门法。该法确立了 12 项原则，分别涉及个人信息收集目的、个人信息来源、信息主体告知事项、个人信息收集方式、个人信息存储与安全、个人信息访问、个人信息更正、个人信息使用的要求、个人信息存储的要求、个人信息使用限制、个人信息披露限制、身份标识特定化。其中，关于个人

---

① Compilation No. 79 of Australian[EB/OL].（2018-11-06）[2022-08-09]. https://www.legislation.gov.au/Details/C2018C00456.

② 伦一. 澳大利亚跨境数据流动实践及启示[J]. 信息安全与通信保密，2017(5)：25-32.

信息收集的规定就体现了 OECD 收集限制和目的特定化原则。尽管该法在 2011 年进行了修订，但只是就细节性规定做了完善，整体上依然保留了原有的原则性规定，显示了 OECD 原则持久的影响力。①

纵观新西兰《隐私法》，其首先明确了个人信息（personal information）等重要概念，认为个人信息是与可识别的个人有关的信息，规定了关于个人信息收集、存储、使用、修正、披露等的 12 项原则，确立起关于个人信息处理的基本准则。其中第 12 项关于身份标识特定化（unique identifiers）的规定，体现了新西兰《隐私法》对 OECD 基本原则的发展和创新。按照身份标识特定化的要求，数据使用者原则上不得对个人使用唯一的身份标识。即使在特定情形下不得不使用某唯一身份标识，数据使用者必须尽可能采取措施，确保该唯一的身份标识仅适用于那些身份已经确定的人。除了有关个人信息保护的原则性规定，新西兰《隐私法》还涉及隐私管理专员的相关规定，赋予了隐私管理专员执行相关法律、处理个人投诉、制定不同行业或部门具体行为准则的权力。此外，该法律还就个人自我保护做了规定，准许公民通过上诉至隐私专员和人权法院来维护个人隐私。

新西兰《隐私法》作为一部专门保护个人隐私的法律，与新西兰宪法性文件和其他法规共同构建起了本国的隐私保护法律体系。作为 OECD 的成员国，新西兰同样采纳了指南的基本原则，对个人信息的收集和使用做了限制性规定。此外，新西兰《隐私法》还增加了有关身份标识的原则性规定，体现了对 OECD 基本原则的发展和创新。

三、日本

早在 20 世纪 60 年代，日本进入政府自动化办公时期，对个人信息保护的意识也逐渐产生。OECD 颁布的《指南》确立了旨在促进个人数据跨境流

---

① Privacy Amendment Act 2011 of New Zealand [EB/OL]. (2011-07-22)[2018-11-20]. http://www. legislation. govt. nz/act/public/2011/0044/latest/DLM3558209. html # DLM3558208.

通和个人信息保护的八项原则，日本作为成员国随即也在保留容许根据本国情况进行个别条款调整的前提下，对该指南表示了赞同和认可。① 于2003年5月30日通过、2005年4月1日正式生效的日本《个人信息保护法》正是对《指南》八项原则的继承和发展。该法案由一组通用指导方针组成，规定了国家及地方公共团体的职责、个人信息保护的政策、个人信息处理业者的义务等。②

　　总体看来，日本的《个人信息保护法》继承了OECD《指南》的隐私保护原则，其所确立的原则可以概括为五项：目的限制原则、正当取得原则、正当性维持原则、安全管理原则、透明化原则。③ 此外，日本《个人信息保护法》在OECD基本原则的基础上做了更加细致和具体的规定，以第四章有关个人信息处理业者的义务为例。日本《个人信息保护法》第15条规定了个人信息处理业者在处理个人信息时必须告知利用目的的义务。该条规定遵循了OECD收集限制原则、目的特定化原则和使用限制原则的要求，规定了数据收集和处理的规则。具体说来，数据使用者在处理个人数据时，应当最大限度地告知个人数据的利用目的，并且在个人数据使用的整个过程中都遵循这一目的。

　　与OECD的概括性规定不同，日本《个人信息保护法》做了更加细致的补充说明。在第15条规定了个人信息利用目的特定化的基础上，日本《个人信息保护法》还在第16条就利用目的的限制做了补充。首先，本人事先同意是处理个人信息的前提。其次，当个人信息处理业者从其他个人信息处理业者处取得个人信息时，该个人信息的使用不得超出原有业务的目的范围。如果确实需要超出原有业务的目的范围，则必须取得本人同意。最后，是关于上述两条的例外。在下列四种情形下，个人信息处理业者可以不必取得本人同意：①法律另有规定；②出于保护基本人权且难以得到本人同

---

① 宇賀克也.個人情報保護法の逐条解説[M].2版.東京：有斐閣，2005：3.

② 孙继周.日本数据隐私法律：概况、内容及启示[J].现代情报，2016(6)：140-143.

③ 目的限制原则（第20、21、28条）、正当取得原则（第22条）、正当性维持原则（第24条）、安全管理原则（第25、26条）、透明化原则（第23、29、32条）。

意的;③出于保护公共利益需要且难以得到本人同意的;④出于协助公共机关特定任务需要而得到本人的同意有可能造成障碍的。①

四、各国基本原则内核的一致性

1980年《指南》始终致力于实现平衡个人数据保护和利用的初衷。OECD发布的1980年《指南》并不是完美的,但确实是成功的。不可否认,其所确立的基本原则已经成为当今世界各国个人数据保护立法的重要参考,其所确立的原则体系也得到了各国的认可。即使该原则在2013年经历了修订,但1980年版本中所确立的原则体系被完整地保留了下来。这些原则被OECD成员国,以及成员国之外的其他国家和国际组织所承袭,对全球个人数据保护的立法产生了深远影响。通过比较上述三个国家有关个人数据保护的规则可以看出,各国基本原则内核上具有一致性。它们都以八项基本原则为基石,并结合自身情况有所修订和拓展。

尽管各国在个人数据保护基本原则的内核上具有一致性,但受到本国国情与政策目标的影响,依然各有特色。具体而言,上述三个国家有关个人数据保护的立法分别体现了以下特点。澳大利亚政府通过APPs所确立的基本原则体系侧重强调个人数据的收集和使用,区别于OECD所确立的"收集限制原则",澳大利亚政府默认个人信息可以被收集,并对经请求的个人信息收集和非经请求的个人信息收集在原则上做了区分,从而保证了政府或企业在收集个人数据时不必承受过多负担。新西兰政府所确立的个人数据保护基本原则则是延续了OECD的做法,强调对数据主体的保护。有关数据主体身份标识特定化的要求,能够充分实现保护数据主体个人隐私的目标,但也对数据控制者提出了更高要求。日本的个人数据保护立法虽然也参照了OECD的基本原则,但更多还是吸收了美国的立法经验,考虑到技术和市场的发展,立法较为宽松。日本《个人信息保护法》所确立的基本原则对公共部门和非公共部门同等适用,并针对两种不同部门的特殊情况规

---

① 周汉华. 域外个人数据保护法汇编[M]. 北京:法律出版社,2006:370.

定了相应的特别法,注重解决个人数据收集和使用中面临的具体问题。此外,日本鼓励非公共部门在个人数据保护方面进行自律,专门规定了"民间团体对个人信息保护的推进"一节,同时还引入了各种民间纠纷解决机制。①

总之,各国所确立的个人数据保护基本原则,在核心内容基本是一致的。OECD《指南》所确立的八项基本原则作为目前影响范围最广、最具代表性的个人数据保护基本原则,也将继续对各国和国际组织的个人数据保护立法产生影响。

第四节　OECD 基本原则对我国的启示

一、我国学者对 OECD 基本原则的看法

美国法学家庞德曾说:"在法律史的各个经典时期,无论在古代还是近代世界里,对价值准则的保证、批判和合乎逻辑的适用,都曾是法学家们的主要活动。"②按照博登海默的观点:"有理性的人能够辨识一般性原则并能够把握事物内部、人与事物之间以及人与人之间的某种基本关系。"③迄今为止,尽管 OECD 确立了八项基本原则,但考察相关国内法和国际文件,对个人数据保护法的基本原则也并未形成共识。无论是基本原则的体系,还是具体原则的内容,以及概念表述,都各不相同。在制定有关个人数据利用和保护隐私的法律进程中,对基本原则的确立和法律价值的认同远比单纯制定法律规则更加重要。OECD 个人数据保护原则经历了形成、修订,得到了成员国的继承和发扬,对我国同样具有重要的借鉴意义。

---

① 洪海林.个人信息的民法保护研究[M].北京:法律出版社,2015:109.
② 庞德.通过法律的社会控制·法律的任务[M].沈宗灵,董世忠,译.北京:商务印书馆,1984:55.
③ 博登海默.法理学:法律哲学与法律方法[M].邓正来,译.北京:中国政法大学出版社,2017:454.

受到 OECD《指南》的鼓励和指导,我国学者也纷纷开始探索国内个人数据保护立法的基本原则。结合我国大数据的时代背景,相关政治、经济与科技的发展水平,我国学者也对 OECD 基本原则的内容有各自的借鉴和发展。谢永志认为,纵观世界各国的立法例及其实践经验,我国未来的《个人数据保护法》主要有以下 11 项原则:收集限制原则、收集个人数据的手段符合合法及诚信原则、收集个人数据告知原则、数据质量原则、目的明确原则、限制披露原则、公开原则、数据主体参加原则、安全保护原则、敏感数据的处理原则、责任原则。① 这 11 项原则基本上是以 OECD 原则为蓝本,结合我国实际情况做了细化和补充。

齐爱民教授认为,实现数据的保护与数据自由流通、合理利用两大利益的平衡是大数据保护的根本目的。有关个人数据保护和利用的基本原则包括数据主权原则、数据保护原则、数据自由流动原则和数据安全原则。其中数据主权原则是大数据保护的首要原则,必须强调大数据时代一国独立自主地占有、管理、控制、利用和保护本国数据的权力。数据保护原则和数据安全原则分别从数据权利人的角度和数据使用者的角度对数据收集、利用等环节做了规范,肯定了对数据主体的保护。数据自由流动原则强调不得对数据流通做出不必要的限制,应当确保数据作为独立客体能够在市场上自由流通,并在此基础上运用法律等多种杠杆实现数据在全球范围内的共享。②

有学者提出,应当将个人信息保护法的基本原则区分为共有原则和特有原则。所谓共有原则是指个人信息保护法的直接上位法,如民法和行政法所规定的基本原则,这些原则是指导个人信息保护立法和实践的基本原则。和共有原则相对的是个人信息保护法的特有原则,是仅适用于个人信息保护法的基本原则。我国的个人信息保护法基本原则应包括目的明确原则、知情同意原则、目的限制原则、信息品质原则、安全保护原则、政策公开

---

① 谢永志.个人数据保护法立法研究[M].北京:人民法院出版社,2013:259-262.

② 齐爱民,盘佳.数据权、数据主权的确立与大数据保护的基本原则[J].苏州大学学报(哲学社会科学版),2015(1):64-70,191.

原则、禁止泄露原则、保存时限原则和自由流通与合法限制原则等九项原则。①

事实上，上述不同学者所提出的基本原则在本质上并没有太大区别，都是关于规范个人数据处理行为的问题，即以原则的方式明确个人数据可以怎么处理。与OECD基本原则一样，这些原则还谈不上完善，也很难形成统一，却能够为构建个人数据保护规则提供基本框架，是讨论隐私保护与个人数据利用的起点。

二、个人数据保护法的利益平衡机制

随着人类社会步入大数据时代，政府和企业对个人数据的收集和使用更加频繁。虽然在此过程中个人数据可能被不当收集和利用，增加了数据主体权益遭受损害的风险，但大数据时代的内涵就在于数据的自由流动，个人数据保护规则的构建也必须考虑这一特点。OECD《指南》确立了个人数据保护的基本原则，影响了欧洲绝大多数国家的个人数据保护法律，但考虑到当下的时代背景，有必要引入利益平衡机制。利益平衡可以看作是知识产权制度所追求的价值目标，知识产权法的诸多原则和具体规则都是为了在利益平衡机制指导下解决权利人与社会公众之间的利益冲突。②

与知识产权保护类似，个人数据保护法同样是一种利益平衡机制。个人数据具有可识别性，与数据主体密切相关，个人数据的不当收集和利用将会侵犯数据主体的人身权利。同时，个人数据具有社会属性，通过数据收集和分析能够得到有价值的信息，有助于公共管理机构科学决策，也能为个人生活带来便利。正是因为个人数据所具有的个人属性和公共属性，利益平衡机制在个人数据保护法的构建中显得十分重要。从个人数据保护法的价值追求来分析，世界范围内有关个人数据保护的立法文件普遍包含两个立

---

① 张才琴，齐爱民，李仪.大数据时代个人信息开发利用法律制度研究[M].北京：法律出版社，2015：41-46.

② 冯晓青.知识产权法的价值构造：知识产权法利益平衡机制研究[J].中国法学，2007(1)：67-77.

法目的：一方面要保护个人隐私或个人权利，另一方面要确保个人数据的正当使用和自由流通。前者是对数据主体基本人权的尊重和保护，而后者则是顺应大数据时代的必然要求。这可以称之为个人数据保护法的二元价值目标。要想实现这一目标，必须构建以激励机制为基础，以利益平衡调节机制为手段的个人数据保护规则。

从法经济学的角度看，在个人数据保护法中引入并贯彻利益平衡机制，能够有效解决个人数据保护和利用中存在的冲突性利益，公正、权威地分配与个人数据相关的权利和义务，并且对围绕个人数据产生的各种利益关系进行选择、评估和衡量，最终保障个人数据保护法所调整的利益主体能够实现各自的价值，在总体上实现利益的最大化效用。受当时的环境和认知的限制，OECD《指南》所确立的八项基本原则更多地关注对数据主体的保护，而没有贯彻利益平衡机制。为此，本书认为应当从以下两个方面加以完善。

一方面，个人数据保护法应当确立合理、适当的激励机制，保护数据控制者合法收集和使用数据的权利，保障数据主体能够在必要限度范围内控制与自己相关的个人数据。这里所说的必要限度，是指不泄露数据主体的个人隐私。通过对数据主体和数据控制者之间的利益平衡，达到激励数据流动、实现数据价值的目的。另一方面，个人数据保护法还具有重要的公共利益价值目标。大数据时代的发展障碍，在于个人数据获取和流通过程中面临的阻碍。要想赶上这一场大数据变革，应当尝试公开数据。在保障数据主体必要权益的同时，应当考虑实现个人数据背后的巨大价值。正如工业革命时期强调要开放物质交易一样，大数据时代同样讲究数据流通，科技进步带来的改变或许远大于其带来的问题。

三、个人数据保护法的具体原则

按照实现利益平衡机制的要求，个人数据保护法应当在保障数据主体个人权利的前提下实现数据的自由流通。本书认为，个人数据保护的具体原则除 OECD 的八项基本原则之外，还应当包括个人数据区别保护原则、个人数据合理使用原则、个人数据使用诚信原则。

（一）个人数据区别保护原则

个人数据涵盖的内容十分广泛，有些是参与社会生活与他人建立交流所必须披露的，而有些则是单纯与个人隐私相关，不愿为他人所知的。个人敏感数据主要涉及民族、政治、信仰、基因、健康、性生活等信息，除敏感数据以外的数据就属于一般个人数据的范畴。这两类数据在法律保护上应当有所区别。

按照"收集限制原则"的要求，应当以合法、公正的手段对个人数据进行收集，且以适当的方式通知数据当事人及取得其同意。因此，取得数据主体的同意是个人数据的收集和利用的前提。由于个人一般数据与个人敏感数据的私密性不同，"同意"的达成也应当区别开来。就个人敏感数据而言，同意的意思表示必须是明确的，且有必要以书面形式做出。个人数据保护法原则上应当禁止这类数据的收集和使用，否则将苟以严格的法律责任。"明确"要求数据主体的同意是在充分了解个人敏感数据被收集和使用具体情况的基础上自愿做出的，包括个人敏感数据被收集和使用的目的、方式以及其他可能对个人产生影响的内容，涉及数据处理的所有环节和细节。"书面形式"要求数据主体在充分确认其个人敏感数据被收集和使用的相关情形后，通过签字确认的方式认可数据控制者对自己数据的获取和处理。为了保障数据主体的利益，这种"书面形式"的同意不应包含电子形式的同意书。

（二）个人数据合理使用原则

"合理使用"是著作权法上的概念，作为知识产权制度中对权利主体限制的最重要原则，合理使用原则有效解决了知识产权人的利益和社会公共利益之间的矛盾。从微观经济学的角度而言，合理使用制度可以看作是法律制度安排下作品创作者和使用者之间就信息资源分配所进行的交换。这一制度能够保障作品创作者的脑力劳动实现价值，也能够维护公众使用其作品的自由。[①]

---

① 冯晓青.著作权合理使用制度之正当性研究[J].现代法学,2009(4):29-41.

传统隐私权保护体系之下的个人数据规则侧重于强调保护个人隐私权，忽视了个人数据的利用问题。大数据时代的个人数据保护法的立法宗旨，除了为数据主体提供必要保护，更应当就个人数据的收集和利用做出规定。个人数据的合理使用能够为互联网技术发展创造条件，还能支持公共机构科学决策和管理。

（三）个人数据使用诚信原则

诚实信用作为民法的基本原则，在民商事活动中发挥着重要作用。事实上，诚实信用原则兼具道德规范和法律规范的双重调节功能，在民事诉讼法领域、行政法领域也发挥着重要的作用。[①] 大数据时代建立在互联网技术基础之上，网络空间成为人们社会交往的重要场所。网络空间虽然只存在于虚拟世界，但参与其中的主体是实实在在的人，同样应当受诚实信用原则的约束。正是因为网络空间中充斥着大量不诚信行为，才使得数据主体的合法权益受到侵害，个人隐私遭遇泄露。因此，要想为个人数据的保护和利用创造适宜的外部环境，有必要从网络空间治理的现状入手，引起大家对网络空间诚实信用的重视。诚实信用原则要求人们在社会活动中应当讲诚信，不损人利己，不恶意伤害他人。在互联网时代，人与人之间的联系更加密切。现实生活中的社会关系在网络空间得以复制和实施，网络开始由"虚拟性"向"现实性"过渡，网络空间的参与者应当在网络活动中承担起法律责任。[②] 鉴于诚实信用原则在现实民商事活动中所发挥的重要作用，当然可以考虑将其适用于网络空间。

具体到个人数据保护和使用这一问题，诚实信用原则主要针对对数据控制者行为的约束。要求数据控制者在收集和使用个人数据时，必须符合诚实信用原则，在特定目的范围内进行处理。按照诚实信用原则的要求，数据的处理必须是适当的，数据控制者在收集和利用个人数据时必须限定在

---

① 王琦.民事诉讼诚实信用原则的司法适用[J].中国法学，2014(4)：250-266；杨登峰.行政法诚信原则的基本要求与适用[J].江海学刊，2017(1)：133-140.

② 于志刚.信息时代和中国法律、中国法学的转型[J].法学论坛，2011(2)：37-40.

特定范围之内。例如,一般情况下,数据主体的个人敏感数据不得被收集和利用,所收集的数据必须严格按照特定目的进行使用。此外,当数据控制者需要向第三人转让数据时也应当受到限制,原则上必须取得数据主体的同意,不得擅自处理已经收集的个人数据。

第三章　个人数据保护与利用的平衡

如何平衡个人数据保护与利用的矛盾，是大数据时代个人数据保护规则必须回答的问题。面对大数据时代的挑战，美国和欧盟形成了截然不同的个人数据保护模式，前者注重维护数据自由流动，而后者则注重保障数据主体个人权利。随着国家和地区之间数字贸易的进一步展开，美欧也开始在个人数据跨境流动规则方面寻求合作，达成个人数据跨境流动的双边协议。

第一节　个人数据保护既有理论存在的不足

一、隐私泛化和隐私权保护

受到欧盟的影响，国内有关个人数据的研究，基本上是建立在人格权理论的基础之上，将隐私与数据保护问题视为一项基本人权。在此模式下，基本人权对于经济发展和社会选择具有绝对优先地位，其出发点是让主体拥有控制自己个人信息的自由。①

我国有关隐私权的研究起步较晚,大约在 20 世纪 90 年代,国内一些学者开始引进西方的隐私观。由于缺乏系统认识,学者们对美国隐私概念的理解存在偏差。虽然确立了"隐私权"的概念,但其内涵是欧洲隐私的内涵,导致隐私权的范围过大。这就使得国内学者对隐私的认识越来越模糊,分歧也越来越大。大数据时代,受到隐私泛化观念的影响,将个人数据视为隐私的做法越来越成为主流。基于这种认识,立法和理论对个人数据保护采取隐私权保护模式。事实上,这种模式难以适应大数据时代关于个人数据收集和利用的需求,且在立法上存在以下缺点。

首先,按照人格权和财产权区分的法理,人格权益受到侵害时,原则上是不能主张财产损害赔偿的,财产权益受到侵害时,则在通常情况下是以财产损害赔偿的方式予以补偿。倘若将个人数据视为隐私,按照人格权保护制度,对于非法买卖个人数据的侵权行为,被侵权人是不能主张财产损害赔偿的。人格权益遭到侵害的救济方式,诸如停止侵害、赔礼道歉、恢复名誉、消除影响等措施对于数据主体而言意义不大,且对于滥用个人数据的企业或其他组织难以形成有效威慑。因此,单纯将个人数据保护置于人格权保护模式之下,不仅不利于数据主体维护自身权益,也难以有效遏制滥用个人数据的行为。

其次,不加区分地对所有个人数据都采用隐私权保护模式将阻碍个人数据的使用和流动,甚至不利于公共利益的实现。大数据时代让一切行为有迹可循,在某种程度上也起到了舆论监督的作用。而要想实现舆论监督,离不开个人数据的正常使用。此外,数据分析和数据挖掘技术适用的对象是数量庞大的个人数据,目的是获取大量数据背后的规律,从而预测社会或市场的发展方向。正常的数据使用并非为了获取数据主体的个人隐私,也不会对数据主体的合法权益造成伤害。

---

① 艾布拉姆斯. 新兴数字经济时代的隐私、安全与经济增长. 温珍奎,译[M]//周汉华. 个人信息保护前沿问题研究. 北京:法律出版社,2006:14.

最后,不加区分地将个人数据视为隐私,不利于个人的正常生活和社会交往。在信息时代,个人数据或个人信息是正常社会活动和社会交往的基础。像家庭住址、工作单位、电话号码等个人信息是基于社会交往所产生的,其正常功能在于保证人与人之间社会交往活动的顺利展开。隐私权泛化必将导致那些未经许可向他人披露这些个人信息的行为被视为侵权,不利于社会交往活动的顺利展开。

《中华人民共和国民法典》第五章"民事权利"在第 111 条明确规定"自然人的个人信息受法律保护",将"个人信息"纳入民法保护的范围,确立了个人数据在私法层面的保护。有学者提出,鉴于对个人信息的保护主要集中在保护其中的敏感信息部分,而传统的隐私权只是一种被动保护,因此应当确立个人信息权的独立民事权利地位,填补因个人信息权缺失造成的体系空白。[①] 还有学者提出,大数据时代下个人信息权具有私法属性,唯有独立人格权能够恰当地阐释这一私法属性。[②] 个人信息权益兼有人格利益与财产利益双重内涵,其人格属性定位更符合大数据时代的要求,应当肯定个人信息作为一种新型人格权,依赖于民事基本法、单行法等私法进行保护。[③] 将个人信息权作为一项独立的民事权利确定下来,能够实现其所包含的价值层面和规范层面的双重价值,也才能够在现行民法规范体系中实现呼应与协调。[④]

我国学界关于个人信息权私权属性的探讨主要有以下四种观点。隐私权说强调个人信息是隐私权的客体,主张将其纳入隐私权的保护范畴。财产权说强调个人信息的商业价值,主张将个人信息财产化。独立人格权说认为,除了肯定个人信息权的人格权地位,还应当认定其作为一项独立人格权。双重

---

① 王崇敏,郑志涛.网络环境下个人信息的私法保护[J].海南大学学报(人文社会科学版),2017(5):125-132.

② 张里安,韩旭至.大数据时代下个人信息权的私法属性[J].法学论坛,2016(3):119-129.

③ 王晓芬.个人信息的法律属性及私法保护模式探究[J].河南财经政法大学学报,2016(5):64-70.

④ 郝思洋.个人信息权确立的双重价值:兼评《民法总则》第 111 条[J].河北法学,2017(10):128-139.

属性的新型权利说则是考虑到个人信息固有的人格利益和商业化运用产生的财产利益,认为个人信息兼有人格权和财产权的双重权利属性。①

也有学者指出,数据既不是物,也非智力成果或权利。其只是存在于计算机及网络上,由 0 和 1 组合的比特形式,无法脱离载体而存在。数据的这一属性决定了其不能作为民事权利的客体,无法被权利化。② 事实上,尽管数据是随着社会科技的发展而产生的新的事物,但并不是简单的代码,而是包含有个人信息的重要载体。出于保护数据主体权益和实现社会福利最大化的双重考虑,有必要在个人数据的使用过程中给予数据主体必要的保护。

总之,大数据时代固然存在个人数据泄露或被滥用的情形,对数据主体的权益造成了严重损害,但理论和立法不能因噎废食,一概否认个人数据利用的可能性。隐私权保护模式下,个人数据将失去其基于正常社会交往活动而产生的价值,不利于整个社会的发展。

二、个人数据在公法层面的保护

在大数据时代的背景下,个人数据涉及自然人的利益,也涉及数据企业和政府的利益。合理界定个人数据上的权利,对于协调数据主体权利保护与促进数据产业发展,具有至关重要的意义。进入大数据时代,电子政务迅速发展起来。事实上,互联网应用已经渗透到了公共管理、公共服务和公共政策等各个环节。③ 鉴于公权力领域的特殊性,一旦个人数据被泄露就会影响公民其他基本权利的实现,造成不可挽回的严重后果。近几年来,为了规范个人数据的收集和使用,各国和国际组织都在积极制定个人数据保护规则。在这些立法中,不乏关于个人数据权是一种基本人权的主张,例如 2000 年的《欧洲人权宪章》就规定了个人信息权。为此,国内有学者提出将个人信息权作为基本权利是信息时代的客观需要,我国宪法应当容纳且能够容

---

① 罗昆.个人信息权的私权属性与民法保护模式[J].广西大学学报(哲学社会科学版),2015(3):86-90.

② 梅夏英.数据的法律属性及其民法定位[J].中国社会科学,2016(9):164-183,209.

③ 李冬云.智慧政府 向以数据为中心转变[N].科技日报,2015-12-09(2).

纳这一基本权利。① 也有学者认为,在大数据时代通过民事赋权的方式保护个人数据存在很大问题。为了维护公共利益与公共安全并促进个人数据的自由流通和共享,应当否定个人对数据的民事权利,而是将个人数据作为公共物品完全交由政府通过公法加以规制。②

有学者指出,依靠传统的私法路径来为个人信息提供保护的做法是行不通的,究其原因在于隐私权益与个人信息的性质不同。个人信息不能简单等同于隐私,对个人信息的保护也不能简单阻隔其流通。随着大数据时代信息流通的便捷化,个人信息天然所具有的社会属性更加突出,限制个人信息的流通是对其本身的违背。再者,由于个人能力有限,很难应对信息流通过程中的风险,也有必要通过公法路径为个人信息提供必要保护。传统的私法保护模式限制了个人数据的收集和使用,与大数据时代要求相悖,而公法保护模式则能够为个人数据收集和使用构建合理秩序。③

也有学者认为,私法层面对个人信息的保护只能够防御他人对个人信息的不当收集和利用,但当个人信息收集和利用的主体是国家时,其所能提供的防御十分有限。随着城市化和信息化的快速发展,国家出于维护社会稳定、打击犯罪、加强社会管理等目的,逐渐在公共管理活动中引入公民个人信息的采集,身份登记、视频监控、实名注册等管理手段也越来越多地出现在我们的生活中。国家公权力所收集的信息往往与个人直接相关,能够轻易还原个人图像和个人行踪。比起信息泄露和数据操纵在私法领域引起的关注,人们对于公权力干预个人信息的行为显然没有给予足够的重视。信息化时代下,为了应对国家监控对个人信息产生的威胁,将个人信息置于公法层面的保护至关重要。④

---

① 屠振宇.宪法隐私权研究[M].北京:法律出版社,2008:176-187;王秀哲,等.我国隐私权的宪法保护研究[M].北京:法律出版社,2011:38-46.

② 吴伟光.大数据技术下个人数据信息私权保护论批判[J].政治与法律,2016(7):116-132.

③ 丁晓东.个人信息私法保护的困境与出路[J].法学研究,2018(6):194-206.

④ 赵宏.从信息公开到信息保护:公法上信息权保护研究的风向流转与核心问题[J].比较法研究,2017(2):31-46.

三、公私法整合保护

首先，按照传统观点来看，隐私权是一种绝对的"自治权"，即"不受别人干涉的权利"，隐私权的价值和目的在于保障"个人自治"，隐私保护属于私法层面的保护。而对公民个人数据的保护作为隐私权的延伸，自然也属于私法层面保护。但大数据时代，公民个人信息的私人属性减弱，与之相伴的是公共属性的增强。个人信息事实上向公共领域转移，引发了私法保护与现实需求的不一致。其次，面对网络科技等新事物的冲击，公民很难依靠自身力量保护个人信息。加上公共机构为了适应现代化管理和信息化产业的需要，必须搜集和使用大量公民个人相关信息，加强了对公民信息的支配。公民个人信息不再只是关乎自身权益的私人问题，而是与公共利益相关的公共问题。因此，在构建个人数据保护秩序时，有必要将公法保护纳入考量。最后，个人信息具有横跨"公私两域"的特征，其根本原因在于互联网信息技术将个人生活与公共事务紧密联系在一起。公民的个人信息毫无疑问是当事人的私益，但在某种情况下也关系到公共利益。基于公益与私益难以调和的对立与冲突，考虑到大数据时代两者的交融性，有必要构建公私整合的个人数据保护模式。公私整合模式强调实现公共利益和私人利益的平衡，构建公益诉求与私益诉求互不侵犯的个人数据保护框架。[①]

传统个人数据保护法强调数据主体对其个人数据的"控制"，而近年来互联网的迅猛发展和数据分析技术的革新正在逐步破坏数据主体对个人数据的控制能力，那种基于控制理论的个人数据保护规则已经很难适应现实的要求。[②] 换言之，在大数据时代过分强调数据主体对个人数据的有效控制已经显得不切实际。从根本上说，在注重数据价值的时代，数据主体虽然对个人数据享有权利，但毕竟不是数据利用的主角，无法对个人数据价值的发

---

① 王学辉，赵昕.隐私权之公私法整合保护探索：以"大数据时代"个人信息隐私为分析视点[J].河北法学，2015(5)：63-71.

② 孙清白，王建文.大数据时代个人信息"公共性"的法律逻辑与法律规制[J].行政法学研究，2018(3)：53-61.

挥产生决定性影响。大数据时代的个人数据保护规则不应着眼于限制个人数据的收集和使用,只需要防止个人数据被滥用于不正当目的。

无论是《95 指令》还是 GDPR,在制定个人数据保护制度时都是采用"基本原则＋具体行为规范"的做法。以 GDPR 为例,通过基本原则确立了数据保护的价值追求,即在保障数据主体合法权益的前提下,充分利用数据资源,进而通过具体的行为规则来落实基本原则的要求。虽然《95 指令》和 GDPR 在具体规范部分赋予了数据主体一定的权利,如知情同意权、持续控制权、被遗忘权等,但是数据主体并没有因此取得可以排他控制其个人数据的权利。此外,《95 指令》和 GDPR 也并没有将数据主体的同意作为个人数据处理合法性的唯一条件,而只是条件之一。OECD《指南》的基本原则也只是要求在"情况允许时应经过数据主体知晓或同意",表明并非在任何情形下,针对任何个人数据的处理都必须要事先征得数据主体的同意。事实上,只要不是侵犯个人隐私权的数据收集和利用行为都应当是被认可的。大数据时代的个人数据保护规则应当在保障数据主体合法权益的前提下,强调最大限度发挥数据资源的价值。规则应当更加强调个人数据收集和利用的科学合理,强调数据控制者各项义务的履行,确保数据主体了解自身数据的处理情况并在必要时拒绝处理。

第二节　大数据时代强调个人数据的利用

萨维尼曾指出,当一个国家无视社会规则的自然演变,却致力于把法律原理凝固为一个综合性的概念化体系时,这个自然演化过程就会衰萎。① 个人信息资源化带来信息流通的需求,这是不可否认的客观现象,是不应立法禁止的行为。在数据经济图景下,数据已不再是个人的附属品,而是成为一种战略性资源。随着个人数据社会属性日益突出,我们有必要探索保护个

————————
① 科特威尔.法律社会学导论[M].潘大松,等译,北京:华夏出版社,1989:37.

人数据的新思维。总体上看,对个人数据的保护模式应当由个人本位向社会本位转变,从个人控制向社会控制转变,应当转向以数据控制者的义务为核心,规范数据控制者的责任承担。

一、个人数据保护认知的变化

个人数据保护一直以来都是国内外学者研究的重点。传统研究大多从人格权角度出发,认为个人数据保护的核心是对个人隐私的保护。大数据时代的到来改变了以往数据应用的场景,数据产生于每个人生活的点点滴滴。以隐私权、财产权或者其他类型的私权利来对个人数据加以保护遇到了较大的问题。① 有学者指出,不论是以隐私权为基础还是以财产权为基础的个人数据保护,都未能脱离私权保护的固有范式。在大数据时代,合作共享的主题更加鲜明,较之私权利社会更有效率,也更富有竞争力。原有的私权保护模式已经很难适应时代要求。② 大数据时代的数据保护问题已经不仅仅是对数据主体个人权利的保护,还关系到数据分析和挖掘所蕴含的潜在价值,关系到社会公共利益。为了平衡数据保护和数据利用之间的矛盾,个人数据保护认知也有必要从传统的人格权保护向一般权利保护转变。

首先,按照《欧盟基本人权宪章》(Charter of Fundamental Rights of the European Union)的规定,数据保护权应当属于基本权利的层面。在此之前,欧洲人权法院也曾承认数据保护权属于《欧洲人权公约》(European Convention on Human Rights)基本人权的范畴。但随着时代的发展,数据保护权已经逐渐从隐私权中分离出来。而有关讨论也表明,"基本权利"和"人权"是同一内涵的不同表达方法,两者所保护的对象都是具有特殊道德价值、对整个社会和个人具有重要意义的价值追求。对个人数据的保护不应上升为一种基本权利,而应当作为普通用户权利(ordinary consumer

---

① 王秀秀.个人数据的法律保护模式形成逻辑[J].学术探索,2016(4):53-57.
② 吴伟光.大数据技术下个人数据信息私权保护论批判[J].政治与法律,2016(7):116-132.

right)来保护。①

其次,个人数据和隐私的边界虽然在实践中很难区分,但两者不能完全混同。只有区别对待个人数据保护和隐私保护才能发挥数据价值并有效利用数据。隐私保护的主要目的在于防范他人干涉私生活领域,而个人数据保护则是为了确保个人对与其相关的数据进行有效控制,确保不会因数据利用而侵犯自己的私人领域。与隐私相比,个人信息在内容上更加宽泛,涉及心理、生理、社会、经济、财产等多个方面。隐私权所保护的是个人生活中不愿意公开的各种私密信息。而如果一些信息不涉及隐私,信息拥有者完全可以通过一定方式将其公开。②

最后,随着大数据时代对数据收集和利用需求的增长,将个人数据简单等同于隐私并给予严格的保护已经很难适应现实要求。一方面,对数据控制者有价值的数据,往往是那些置于公共领域不包含隐私或敏感信息的数据。另一方面,如果按照隐私保护的要求来保护个人数据,数据主体应当享有单方面决定数据是否被使用以及使用程度的权利。显然,这一做法混淆了数据与隐私的界限,不利于数据价值的发挥。对于政府和企业而言,通过大数据分析得出的规律,能够作为决策的依据,提高决策的科学性和有效性。事实上,对于那些不含有隐私或敏感信息的个人数据,数据主体并不享有直接的个人利益。总之,处于公共领域的数据和不含有敏感信息的数据也属于个人数据的范畴。对于这部分数据,不应通过隐私权来严格保护,而是应当正确看待数据主体的控制权,确保数据能够被合理和正当地使用。

尽管按照欧洲个人数据的保护逻辑,可以得出应当在尊重人的尊严和基本权利的基础上建立个人数据保护理论。这一理论强调个人数据是人的延伸,必须保障数据主体对个人数据收集和使用的绝对控制,体现数据主体

---

① Leenes R,Brakel R,Gutwirth S,et al. Data Protection and Privacy:Invisibilities and Infrastructures[M]. Cham:Springer International Publishing AG,2017.

② 史卫民.大数据时代个人信息保护的现实困境与路径选择[J].情报杂志,2013(12):155-159.

的意志。① 但事实上，基于基本权利或宪法权利层面对个人数据权的理解，恰恰说明了个人数据保护的最终目的是实现个人所应当享有的所有基本权利和自由。有关个人数据保护的讨论离不开其在社会中的作用，必须考虑与其他人权和基本自由的协调。虽然承认数据主体对个人数据及其处理享有控制权，但考虑到其他基本权利的存在，这种控制权必须受到限制，即在保证其他基本权利得到充分保护的前提下方能行使控制权。

二、数据主体对数据不享有绝对性权利

德国学者将人格权分为一般人格权和具体人格权，并在法律中具体体现和保障。一般人格权受到宪法保护，为不容侵犯的人的基本权利。德国法院从两个方面发展了人格权的内容，包括行动自由和保障个人的私人领域。行动自由意味着个人能够按照自己的意愿行动，前提是不影响他人的正当利益，不对社会秩序构成负面影响；私人领域意味着个人可自行决定与谁接触以及如何与外界交往等，目的是保证个人能够专注于自我发展。德国法院以宪法为基础，不断充实人格权中的个人自决权的内容，将个人自决权界定为人格权的重要组成部分，并为个人信息自决权的确立奠定了基础。② 在 1983 年"人口普查案"中，法院指出个人信息是对个人生活事实的记录，同时也是对个人人格的勾画，是人格尊严的一部分。信息主体对其信息的收集和使用当然享有自主决定的权利，即个人信息自决权，对个人的限制程度必须以满足公共利益为限。③

个人数据保护的目的在于保护数据主体的基本权利不会因为数据的收集和使用而受到侵犯，而不是让数据主体绝对占有并控制自己的数据。换言之，现有的有关个人数据的使用规则只是将个人对数据的控制作为保护数据主体基本权利的手段，而不是为了排除对数据的收集和利用。由于数

---

① 高富平.个人信息保护：从个人控制到社会控制[J].法学研究，2018(3)：84-101.

② 杨崇蔚，廖志汉，廖志聪.澳门个人资料保护制度[M].北京：社会科学文献出版社，2015：40-45.

③ 孔令杰.个人资料隐私的法律保护[M].武汉：武汉大学出版社，2009：93-95.

据具有公共性,数据主体对数据并不享有绝对性权利。事实上,个人对数据的自决源于个人的自治,是人格发展不能缺少的。但与其他基本权利一样,个人对数据享有的权利并不是一项绝对的权利,个人数据保护规则必须强调数据的社会性和社会价值。

大数据时代,数据成为记录人们生活的方式。一个人只要生活在这个时代,他的行为就会被记录下来。可以说,个人数据是个人与社会连接的纽带。但同时,个人数据也成为科学决策的依据,成为重要的资源。由于个人数据既关系到个人利益,也关系到社会公共利益,如果不加限制地扩张数据主体的权利边界,必然会妨害数据的流动、分享和利用。因此,应当为数据主体提供防御性的保护措施,适当限制数据主体对个人数据享有的权利。只有当个人数据被违法收集、使用而侵害数据主体的合法利益时才提供法律救济,一般情形下则应当允许数据的收集和使用。① 《中华人民共和国民法典》在第五章"民事权利"中首先列举了自然人享有的与人格和身份相关的绝对权,而在第 111 条单独就个人信息做了规定,强调自然人的个人信息受法律保护。由此可以看出,在面对个人信息保护是否需要明确为一项基本人格权这一问题上,我国民法总则仅概括性地表明对个人信息提供法律保护,并未将其上升为民事主体享有的独立权利。

民法所解决的是平等主体之间的人身关系和财产关系,个人数据收集和使用过程中所涉及的也不外乎是这两种关系。按照现行民法框架,将个人信息单独作为权利客体,提供类似于所有权保护的绝对保护措施几乎是不可能的。即便是认可个人信息作为独立的权利客体,也只是基于政策考虑和利益衡量所做出的安排,目的是为数据主体提供权利救济的依据。按照个人信息保护的要求,个人信息一旦被权利化,法律将赋予其类似于所有权的权能。但事实上,从个人数据的特征来看,其不仅具有个人属性,还具有社会属性。数据本身有着很高的经济和社会价值,互联网产业、数据产业的发展都依赖于数据的分享和利用。在实践中,有的个人信息公开后个人

---

① 程啸. 论大数据时代的个人数据权利[J]. 中国社会科学,2018(3):102-122,207-208.

是无权要求删除的,比如依法公布的判决书。

从对个人数据保护的具体内容来分析,应当适当限制数据主体对数据的独占性权利。本书认为,数据主体对个人数据享有的权利主要有以下几方面:第一,知悉本人数据被他人使用和收集情况的权利。个人数据知情权就是数据主体享有的知悉本人数据各方面情况的权利。个人数据知情权的具体内容包括两方面,一是个人被告知数据利用情况,并做出同意或拒绝意思表示的权利,二是个人向数据控制者进行查询的权利,且在查询过程中提出修改请求的权利。第二,安全请求权。数据安全请求权是指数据主体有权要求数据控制者采取必要措施保障其个人数据安全的权利。第三,被遗忘权与删除数据权。按照 OECD 指南八项原则的逻辑,可以推出个人数据删除权。① 数据质量原则和目的特定原则要求个人数据与被使用的目的相关,且必须在该目的范围内使用,那么超出特定目的范围的数据自然应当被删除。个人参与原则规定个人有权质疑与其有关的数据,当数据超出特定目的范围时,数据主体有权要求对数据进行删除、更正、完善或者补充。欧盟 GDPR 第 17 条共计 3 款,就被遗忘权做了规定。从权利内涵上看,GDPR 所规定的被遗忘权强调用户有删除的权利,即当数据主体不再希望个人数据被处理并且数据控制者已经没有合法理由保存该数据时,数据主体有权要求删除该数据。从权利内容上看,一旦数据主体提出了要求,数据控制者不仅要删除自己所掌握的数据,还要确保已经扩散给第三方的数据也被删除。

三、从数据主体权利保护向数据控制者义务承担过渡

数据主体权利的实现离不开数据控制者对义务的承担。进行个人数据处理的机构,根据性质可以分为公共机构和私人机构。各国个人数据保护法调整的对象主要有三种情况:只调整公共机构、对公共机构和私人机构同样调整、对公共机构和私人机构都调整但适用不同的调整方法。② OECD 早

---

① 刘文杰.被遗忘权:传统元素、新语境与利益衡量[J].法学研究,2018(2):24-41.
② 郭瑜.个人数据保护法研究[M].北京:北京大学出版社,2012:141.

在 1980 年《指南》中就明确了"数据控制者"的定义："根据各国法律能够决定个人数据内容和用途的主体,无论该数据是由其本人还是由其代理人收集、存储、处理和传播。"但这一时期的数据控制者大多是政府等公权力机构,有关定义也不够细致。20 世纪 80 年代以后,信息网络迅速发展,数据总量呈爆炸式增长,数据控制者不再限于公权力机关,而是向企业和社会机构转变,其扮演着越来越重要的角色。

在大数据时代的背景下,当讨论数据主体和数据控制者之间有关权利义务的配置时,必须强调双方利益关系的协调。一方面,不能过分强调对数据主体权利的保护,无限制地扩张数据主体对个人数据的权利边界;另一方面,尊重数据控制者合法收集、存储和分析个人数据的权利,通过加强数据控制者承担的数据保护义务来做好事前预防,从而发挥数据流动的价值。

OECD《指南》虽然规定了约束数据控制者行为的八项原则,但并没有做具体规则的规定。法律的现实意义在于应用,抽象的原则显然不能满足现实需求。在个人数据保护法规变迁的过程中,人们不再局限于原则性义务的规定,而是注重具体规则的构建。2016 年 GDPR 明确将"数据主体的权利"和"数据控制者的义务"作为两个章节,构建起权利义务相对应的立法体例。没有无权利的义务,也没有无义务的权利。数据主体的权利需要通过数据控制者的义务来保障,从《指南》到 GDPR,数据控制者的义务逐渐从原则性规定向具体规则转变。而在具体规则的构建中,又从以数据主体的权利为中心逐步转向以数据控制者的具体义务的细化为重点。

无论是《指南》中大量的原则性规定,还是 GDPR 分设"数据主体的权利"和"数据控制者和处理者的义务"两个章节,个人数据保护规则的制定必然是以权利义务相对应的方式展开。大数据时代下,数据控制者的义务逐渐从原则性规定向具体规则方向演进。在具体规则的构建中,又从以数据主体的权利规定为主朝数据控制者承担具体义务的方向过渡。[①]

---

① 高楚南.欧盟数据控制者的义务:源起、变迁及其缘由[J/OL] 图书馆论坛,2019(3):1-6. [2019-01-24]. http://kns. cnki. net/kcms/detail/44. 1306. G2. 20180803. 1646. 004. html.

第三节　探索保护与利用相容的个人数据规则

个人隐私保护与数据利用的价值追求是在保护数据主体隐私的前提下，最大限度地利用数据，发挥数据的价值。我们生活在大数据时代，如果对个人数据过度控制，就会限制个人数据的流通和利用，失去大数据为经济和社会带来的便利。可以说，"个人数据保护法的成功，取决于在数据保护与数据流动这两种利益之间如何实现恰当平衡"[①]。

一、从信息自由到信息禁止：个人信息自决权理论评析

在民法上，对个人数据的保护最初是在人格权范畴内展开的。在德国学者提出"信息自决权"理论之前，个人数据保护秉承隐私权保护的理念，目的是实现个人自由。德国法在个人数据交流领域提倡"应当允许人们获知、刺探、收集、说出以及传播事实"，而只有"在一定情形下，应当阻止人们获知和传播他人的个人信息"，并且指出"当收集和传播事实的行为被更高的利益所正当化，这一例外又被进一步限制了"。[②] 事实上，传统隐私权对于个人数据的保护仍然遵从信息自由原则，认为并非所有的个人数据都应当受到保护，并非所有个人数据的收集和使用都具有违法性。"所谓隐私权，乃是指个人自由地决定何时、用何种方式、以何种程度向他人传递与自己有关的信息的权利主张。"[③]

随着大数据时代的来临，原有的以隐私权保护为基础的个人数据自由原则在某种程度上已经无法应对现实问题，人们迫切要求建立更加严格的

————————

①　齐爱民.拯救信息社会中的人格：个人信息保护法总论[M].北京：北京大学出版社，2009：207.

②　杨芳.隐私权保护与个人信息保护法：对个人信息保护立法潮流的反思[M].北京：法律出版社，2016：20，21.

③　奥平康弘.知情权[M].東京：岩波书店，1981：384-385.

个人数据保护模式。此时，个人对数据收集和利用的自主决定权越来越被重视。最早使用"信息自决权"这一表述的是德国学者施泰勒姆，其在 1971年为德国内政部提出联邦个人信息保护法的草案时说明了这一概念，他认为"人们有权自由决定周遭的世界在何种程度上获知自己所思所想以及行动"①。施泰姆勒之所以提出这一权利，是为了应对当时广泛采用个人信息自动化处理方式对于个人人格的威胁。

按照个人信息自决权的观念，所有的个人信息都与人格尊严相关，不存在一般个人数据和敏感个人数据之分。在个人信息自决权的理论主张中，自决是核心概念。只有信息主体有权决定自己个人信息的价值，任何违反信息主体意志的收集和处理行为都会被认为是对信息自决权的侵犯。信息自决权理论的目的是给予当事人充分的权利保障，以应对日益增多的个人信息收集、处理和利用行为。按照信息自决权构建的个人信息保护规则，首先强调原则上禁止对个人信息的收集和利用。只有在获得信息主体同意，且信息处理者具有法定事由或为了正当利益时，才能有限度地收集和使用个人信息。

有学者认为，信息自决权的经验对我国有相当大的启示意义，甚至能够作为一项基本权利被认可。该权利的提出是为了有效避免信息化时代下监控国家产生的风险，防止国家借由对个人信息的利用而侵犯私人领域。② 信息自决权的精髓在于信息主体的自我决定权，其作为一项基本权利已经被某些国家认可。我国宪法第 38 条的人格尊严条款足够证成信息自决权是一项基本权利。结合域外经验和我国宪法文本，信息自决权应当成为我国公民的一项基本权利。③ 有学者认为，信息自决权与人性尊严有着密切的联

---

① 周汉华.中华人民共和国个人信息保护法（专家建议稿）及立法研究报告[M].北京：法律出版社,2006:46.

② 赵宏.信息自决权在我国的保护现状及其立法趋势前瞻[J].中国法律评论,2017(1):147-161.

③ 姚岳绒.论信息自决权作为一项基本权利在我国的证成[J].政治与法律,2012(4):72-83.

系。在信息时代下,政府能够更全面地管理和控制个人生活,为了保证公民的人性尊严,应当为个人自主决定生活方式、决定个人信息利用方式创造条件。①

本书认为,将个人数据保护纳入公法保护体系,通过信息自决权来维护个人尊严的做法并不妥当。信息自决权是特定历史背景下的产物,德国联邦法院在 1983 年"人口普查案"中,认为个人不应当遭受政府对其信息的无限制收集和利用,其初衷是为了解决政府对个人信息不当使用的问题。德国联邦法院通过"人口普查案"判决,确认信息自决权的核心内容有以下三点:一是通过法律保护基于个人信息的人格权;二是只有法律能够对与个人信息有关的权利做出限制;三是严格限制个人信息的收集。② 个人信息自决权不仅要求保护个人在信息和信息处理上的正当利益,提高个人对信息的控制力,增进对信息流转过程的参与和了解,还强调信息的社会性和社会价值。③

事实上,信息自决权以及以信息自决权为基础的个人信息保护法都超出了大数据时代有关隐私保护和数据利用所追求的价值目标。在信息社会,个人隐私与社会隐私的边界模糊,个人的社会性增强,这种严格的个人信息保护方式过分夸大了个人信息的收集和处理对于隐私权或人格利益的威胁。就个人数据而言,一般个人数据显然并不属于个人控制的核心领域。倘若不加区分地一概予以限制,不仅不利于个人自由的实现,还会阻碍社会的进步。信息社会是建立在人与人之间相互联系的基础上的,信息交流是社会正常运作的前提。对个人信息的分享和对个人信息的保护一样都是正当的利益需求,不能以个人信息自决权为借口,简单认为对个人信息的保护更重要。个人信息自决权试图将个人信息的重要性、个人信息的收集和利用都置于信息主体的控制之下。这一做法显然不利于实现数据资源的价值,也与大数据时代有关数据收集和利用的初衷相悖。

---

① 张娟.个人信息的公法保护研究[D].北京:中国政法大学,2011.

② 张娟.德国信息自决权与宪法人性尊严关系述评:德国个人信息保护的法律基础解读[J].安徽农业大学学报(社会科学版),2013(6):45-49.

③ 孔令杰.个人资料隐私的法律保护[M].武汉:武汉大学出版社,2009:88.

二、从个人控制到社会控制：大数据时代的数据治理之道

从信息自决论的时代走来，个人数据保护规则难免带着个人控制的烙印，也始终充斥着一对矛盾，即数据主体对个人信息的控制与数据控制者对个人信息的使用。在大数据时代，个人隐私保护与数据利用之间的矛盾更加突出。信息自决论的影响难以消弭，归根结底，是对个人数据的社会属性缺乏重视。特别是在大数据时代，个人数据关系到社会公共利益，其公共属性更加突出，对个人数据的保护也应当从个人控制转向社会控制。

大数据的应用关系到国家、社会的进步和发展，其所蕴含的公共利益巨大，个人数据所具有的社会属性不容置疑。在私法领域，大数据技术发展与个人数据保护之间存在的冲突不可回避。离开个人数据的分享和利用，就谈不上大数据时代。此外，数字经济的发展同样离不开个人数据。通过个人数据的收集和利用，能够建立起可靠的信用体系，进而构建成熟的市场。不论是数字生活还是数字经济，都以个人数据的自由流动为前提，也是个人数据社会属性的体现。在智能互联网时代，面对"算法主导、数字生态"的主题，人们必须在大数据语境下找到新的生存方式。个人数据不再只限于个人控制，而是趋向于分享和使用。人们甚至愿意放弃个人隐私和丧失个人生活来换取大数据时代的诸多便利，例如可预测性、安全性、便捷性等。[①]　在国外，大数据运用领域十分广阔。具体到法律大数据的运用，也已经渗透到公权力与私权利中，有着丰富的实践经验。在公权力领域，法律大数据不仅被运用到警务活动中，作为犯罪趋势分析、案发情况预测和警力分配的依据，而且被运用到审判活动中，通过数据分析建立模型，为法官判断提供参考。在私权利领域，律师可以利用大数据进行律所管理、成本控制和诉讼费用的评估，而当事人也可以利用大数据选择对自己有利的陪审团或是对诉讼结果进行预测。[②]

---

① 马长山.智能互联网时代的法律变革[J].法学研究,2018(4):20-38.
② 左卫民.迈向大数据法律研究[J].法学研究,2018(4):139-150.

在大数据时代,个人数据分享不仅是政府科学决策、企业管理创新的资源,也是个人便利生活的动力。随着个人数据从私域向公域的扩张,那些原本产生于公共领域的数据当然可以被利用。倘若只是着眼于个人数据与数据主体的联系而使个人数据"私有化",必然不利于人类社会的进步和发展。① 因此,大数据时代下的数据治理之道在于抛弃信息自决论指导下个人数据由个人绝对掌握的观点,转向社会控制论指导下个人数据被视为社会的共同资源的观点。相较于个人控制,社会控制论更有利于发挥数据的价值,同时尊重数据主体的权利。当我们不再将个人数据视为个人绝对控制的东西,而是由法律来规范数据收集和使用的行为时,就能更好地平衡个人权利和社会利益。作为数据主体,既可以享受数据分享所带来的生活上的便利,也能凭借法律规定更科学地保护个人权益;作为数据控制者,一方面可以依法收集和利用那些与个人隐私无关的数据,另一方面也必须规范自身行为,避免侵害数据主体权益。

尽管现实的需要已经十分迫切,但法律制度的构建还很滞后。《中华人民共和国消费者权益保护法》(简称《消费者权益保护法》)第 29 条规定了经营者在收集和使用个人信息时应当遵循的基本原则。除了明确告知目的、方式和使用范围,特别强调必须取得数据主体的同意。《网络安全法》第 41 条规定了网络运营者在收集和使用个人信息时应当遵循的基本原则,同样强调数据主体的同意是合法收集和使用个人数据的前提。从上述两部法律的规定中可以看出,在我国取得数据主体的同意是收集和使用个人信息的先决条件。反观个人信息自决权,使用个人数据必须取得数据主体的同意,实质上是认可了数据主体对个人信息享有绝对支配权。我国是世界上唯一一个通过立法明确将"同意"的意思表示作为个人信息收集和使用合法性前提的国家。即使是 GDPR,也仅仅是将同意作为收集个人数据的合法性基础之一,并没有要求数据控制者必须事先取得数据主体的同意。

在制定个人数据保护规则方面,我们必须充分认识到个人数据保护从

---

① 　高富平.个人信息保护:从个人控制到社会控制[J].法学研究,2018(3):90.

个人控制到社会控制的转变。这一转变并非放弃对个人利益的保护,而是保护模式的改变。我国《消费者权益保护法》和《网络安全法》均将"同意"作为收集和使用个人数据的前提条件,意味着个人对数据是否被分享享有事先决定的权利。应当摒弃这一做法,建立"以一般允许为原则,以个人控制(同意决定)为例外"的个人数据使用规则。面对传统赋权模式保护数据所暴露的不足,有学者提出应当采用行为规制模式保护数据,实现公共利益与个人利益的平衡。① 在行为规制模式下,通过签订合同、不正当竞争制度等,数据控制者能够依法获取数据,有效防止数据市场的封闭。同时,行为控制模式还注重施加给数据控制者适当的义务,有效保护数据主体的权利。

大数据时代关于数据保护和数据利用的活动涉及多方主体,不能仅仅将数据看作个人的附属品,还应看到数据作为社会资源所蕴藏的巨大价值。弱化个人控制意味着对个人数据的收集和使用不再由个人决定,与此同时,社会习惯或法律对个人数据的影响加大。强调数据主体绝对控制的"知情同意"原则过于狭隘,不利于数据的收集和利用。而且,"知情同意"也并不能充分保障数据主体的个人隐私,对于那些不包含个人信息的数据,如果在使用时仍然要取得数据主体的同意,显然是增加了隐私泄露的风险。总之,大数据时代的数据治理应当从个人控制向社会控制转变,摒弃数据主体"知情同意"下的绝对控制。

三、从利用激励到保护激励:数据保护规则的转型

自古以来,法律就被看作一种激励机制。孟德斯鸠在《论法的精神》中曾经举过一个例子:"在中国,抢劫又杀人的处凌迟,对其他抢劫就不这样。因为有这个区别,所以在中国抢劫的人不常杀人。在俄罗斯,抢劫和杀人的刑罚是一样的,所以抢劫者经常杀人。他们说:'死人是什么也不说的。'"② 法律间接发挥激励作用,通过改变人们行为选择的激励,使得人们的行为实

---

① 张素华,李雅男.数据保护的路径选择[J].学术界,2018(7):52-61.
② 孟德斯鸠.论法的精神(上册)[M].张雁深,译.北京:商务印书馆,1961:92.

现立法者的目标。就实体法而言,法律或者规定某个行为主体在某种情况下不能做某种事情,或者规定某个行为主体在某种情况下做了某种事情时,会受到什么惩罚。基于法律事实的判断,法庭会相应地调整规则。惩罚的严重程度和受到惩罚的概率结合起来,就是法庭对人们行为能够做出的激励。① 传统法律理论认为,法是靠国家强制力保证实施、具有普遍约束力的行为规范。作为统治阶级意志的体现,法律是命令,是必须遵守的社会规范。因此,立法者在制定法律时,通常是以命令控制的方式,表现为禁止性规范和义务性规范。这种命令性规范存在很多弊端,诸如容易使被命令的对象产生抵触情绪、执法成本过高等。② 激励性监管不同于命令式监管,其能够实现法律监管与被管理者的激励相容,极大地降低了执法成本,提高了被管理者行为的合规性。③

在大数据时代,数据作为蕴含重要价值的资源,数据控制者利用数据的欲望很强。如果缺乏相应的保护激励规则,只是一味地施加强制性规定,必然会阻碍大数据的利用。探索激励式的保护规则,能够激励数据使用者保护数据,为大数据开发利用开辟可能的路径。事实上,不论是欧盟还是美国,近年来都在尝试平衡数据利用与数据保护之间的矛盾,探索激励相容的个人数据治理体系。周汉华在 2018 年数博会上发言强调,应当建立激励相容机制以保护数据安全。大数据时代数据安全失衡加剧——一方面数据时刻在产生,而数据控制者始终需要数据;另一方面保护数据的难度很大且增加了企业的成本,导致个人数据保护的内在动力不足,外在阻力很大。为了解决这一问题,必须把外在安全要求转化为数据控制者的内在发展需要,处理好数据控制者对内的安全保障和对外的措施合规两者之间的关系。强化数据控制者内部治理机制,激励数据控制者参与数据保护。事实上,数据控制者同样也承受着巨大的安全风险,从国内外近年来频繁发生的数据泄露

---

① 丁利.制度激励、博弈均衡与社会正义[J].中国社会科学,2016(4):135-158,208.

② 弗里曼.合作治理与新行政法[M].毕洪海,等译.北京:商务印书馆,2010:25.

③ 布雷耶.规制及其改革[M].李洪雷,等译.北京:北京大学出版社,2008:221-226.

案件及数据控制者承担的不利后果中可以看出,个人数据使用不当造成数据泄露时,数据控制者不仅要承担巨额罚款,还会遭受声誉、用户流失等影响。可以说,从短期来看,数据保护徒增数据控制者的利用成本,但从长远来看,数据保护也是数据控制者的内在安全要求。

随着《网络安全法》的正式实施和 GDPR 的出台,越来越多与数据安全相关的条例、法规开始实施。数据已经成为与物质资产和人力资本同等重要的基础生产要素,数据安全成为影响企业发展的重要因素。可以说,大数据时代,保证数据安全是一家企业发展的根本。在这一背景下,应当及时调整数据保护规则的制定方向,从利用激励向保护激励转变,协调好数据主体与数据控制者之间的利益关系。当然,尽管数据控制者关于数据保护内在机制的构建非常重要,但并非意味着只注重对个人数据的保护而放弃数据利用。不论是 OECD 指南还是 GDPR,都强调在保护个人隐私的前提下,尽量为数据利用开辟可能性。对数据控制者而言,只有将数据保护内化为自身安全要求,才能适应大数据时代的数据保护规则,实现长远发展。在大数据时代,数据流通成为社会发展的普遍需求。以往建立在人格权基础或隐私权基础上的个人数据保护规则很难适应现实需要,一些正确的立法原则也在实践中被不恰当地解释为妨碍数据流通的规定。我国现阶段的很多法律、规章和司法解释,虽然采纳了国际社会有关个人数据保护的基本原则和规范,但由于理解上的偏差,在实践中也暴露出了很多问题。只有适时转变思路,制定更加灵活科学的数据保护规则,才能适应大数据时代的要求。

第四节　美国和欧盟的个人数据保护模式

数据作为信息化时代的新兴战略资源,对于一国的发展至关重要。在缺乏个人数据保护法的环境下,个人数据要想得到保护,必须是个人隐私或是与其他人格利益相关的数据。为了规范个人数据利用行为,世界上大部分国家和地区都在构建个人数据保护制度。尽管都是为了平衡数据主体和数据控制者之间的关系,但由于各国法律传统不同,在实践中也形成了各具特色的调整模式,其中最有代表性的就是欧盟和美国。作为全球最具影响力的两大体系,美国和欧盟有关个人数据保护的法律制度存在很大差别。不论是在宏观层面的价值取向上,还是在微观层面的具体立法形式上,都呈现出各自不同的特点。

一、欧盟模式:关注个人权利保障

总体上看,欧盟重视数据主体的权利,将个人数据保护视为一项基本人权。这种基本人权专属于数据主体,与数据主体的人格尊严密切相关,不可转让、不可剥夺。甚至可以说,欧盟坚持的立场是"为人权宁肯牺牲技术进步"[①]。

在立法模式上,欧盟制定了统一的规则规范成员国个人数据的收集、传播和使用,并设立了专门的监督机构来负责监督法律的实施。欧盟的目的在于统一其内部的个人数据保护规则,具体做法是通过发布《95 指令》为欧盟各国划定了个人数据保护的基本框架。以欧盟《95 指令》为代表的欧盟立法及欧盟各成员国的国内立法被称为"欧盟模式"。

(一)欧盟的主要数据保护立法

1970 年,德国黑森州通过了世界上第一部关于个人数据保护的法律,主要涉及公共机构对个人数据的处理问题。[②] 此后,欧盟通过了一系列指令来指导各成员国有关个人数据保护规则的制定,以及对各成员国具有直接效力的规章。总体上看,欧盟现行的主要个人数据保护法律有:《个人数据自动化处理中的个人保护公约》(1981 年)、《欧盟基本权利宪章》(2000 年)、《95 指令》(1995 年)、《电子通信领域个人数据处理和隐私保护的指令》(简称《电子隐私指令》,2002 年)、《与第三方国家进行个人数据转移的标准合同

---

① 贺栩栩.比较法上的个人数据信息自决权[J].比较法研究,2013(2):61-76.
② 库勒.欧洲数据保护法:公司遵守与管制[M].2 版,旷野,杨永会,等译.北京:法律出版社,2008:14.

条款》(2004 年)等。①

　　尽管欧盟关于个人数据保护立法有着悠久的历史和众多的法律文本，但其中最重要也是最具影响力的主要有三个:《95 指令》、《电子隐私指令》、GDPR。鉴于 GDPR 的热度和影响力，本书将在第四章对其做全面阐述，这里主要介绍前两部法律。

　　欧盟《95 指令》共 7 章 34 条。从内容上看，既有原则性规定，也有与个人数据处理相关的司法救济措施和执行措施，还涉及向第三国转移个人数据的规定，以及监管机构的设置和职能等，为成员国的个人数据保护立法划定了基本框架。作为指导性文件，《95 指令》只是规定了个人数据保护的最低限度要求，各国可以结合自身实际情况确立具体的保护方法。《95 指令》有两大立法目标:一是实现欧盟境内数据的自由流动，构建欧盟内部统一市场;二是协调各成员国关于个人数据保护的法律规定，实现指令要求水平的数据保护。总体看来，《95 指令》作为欧盟在个人数据保护领域的重要尝试，在指导各成员国立法、保障欧盟公民基本权利、促进欧盟境内数据流动等方面发挥了积极作用。

　　随着互联网的普及，欧盟也开始关注电子通信领域的个人数据保护问题，启动了相关法律的修正工作。2002 年，欧盟颁布《电子隐私指令》，主要用于规范电信和互联网服务提供商的行为。相比于《95 指令》，《电子隐私指令》的规定更加具体。作为电子通信领域的特别法，《电子隐私指令》也享有优先适用的地位。该指令的目的在于调整电子通信领域有关个人数据处理的规则，保证各成员国提供同等条件下的隐私权保护，也保证这一领域数据能够在成员国之间自由流动。

　　大数据时代的到来使得个人数据保护面临更复杂的环境，原有的规则难以应对数据总量爆发和数据分析技术带来的冲击。2010 年，欧盟决定全面审查其个人数据保护法框架，并在两年后出台了《通用数据保护条例》。回顾欧盟关于个人数据保护的立法历程，可以看到欧盟积极应对新技术的

---

　　①　转引自王融.大数据时代:数据保护与流动规则[M].北京:人民邮电出版社,2017:50.

态度、完善个人数据保护体系的决心以及提高欧盟内部数据保护法一致性的追求。

（二）欧盟的数据保护机构

独立的个人数据保护机构是欧盟模式的法律执行的核心。按照《95 指令》第 28 条的规定，各成员国应当设立专门负责监督个人数据保护法实施的机构，可以是一个或多个公共机构。个人数据保护机构享有行政法规的立法监督权，成员国在起草有关个人数据保护的规定时，应当向数据保护机构咨询。①

数据保护机构主要享有以下权利：一是调查权。作为个人数据保护法实施情况的监督机构，数据保护机构能够依职权主动对违法行为展开调查，或者依当事人的申请而进行调查。二是有效干预权。如果数据保护机构认为数据使用者的行为不当，可以依职权要求数据使用者采取措施，也可以对数据处理下达禁令，对数据使用者提出警告或训诫等。三是参与诉讼的权利。当数据保护机构确认数据处理者有违法行为时，可以依职权参加诉讼，或将违法行为告知司法机关。

虽然称谓不同，但欧盟各国都按照《95 指令》的要求设立了各自的数据保护机构，例如英国信息委员会、西班牙数据保护署等。只是在实践中，个人数据保护机构的具体执法操作各不相同。例如，同样是有关个人数据在未经数据主体同意的情况下不当转移给第三方的问题，2001 年，某电视制作商没有对包含有个人数据的数据库采取适当的安全措施，也没有征得电视节目的参加者和候选人同意就将个人数据转移给了第三方广告公司，西班牙数据保护署对该电视制作商处以约 100 万欧元的罚款。而类似的情形发生在 2000 年一家门户网站公司身上，其将超过 1 万人的姓名、地址和密码不当泄露给了第三方，只被罚款 63 万欧元。②

---

① 库勒. 欧洲数据保护法：公司遵守与管制［M］. 2 版. 旷野，杨永会，等译. 北京：法律出版社，2008：342-349.

② 郭瑜. 个人数据保护法研究［M］. 北京：北京大学出版社，2012：228-229.

（三）欧盟模式的主要特点

欧盟模式以欧盟委员会和欧洲议会所制定的法律规范为指引，以欧盟各成员国的个人数据保护规则为内容，强调对数据主体权利的保障。欧盟模式经历了以成员国为先导，到欧盟内部个人数据保护规则的建立，进而在欧盟层面构建起了统一的数据保护体系。欧盟模式为其内部个人数据保护确立统一的标准，最大限度地保护数据主体权利并提供充分的法律救济。

首先，不论是《95 指令》还是各成员国国内立法，都坚持统一立法的模式，体现为综合性立法，通过制定专门的个人数据保护法来调整政府、企业、个人之间有关数据保护和利用的关系。其次，欧盟始终坚持保护基本人权的传统，认为个人数据保护具有宪法上的意义，具有优先价值。因此，虽然欧盟认为个人数据保护规则的价值追求是平衡数据保护与数据利用之间的矛盾，但在个人数据保护法相关规则的制定上仍然侧重对数据主体权利的赋予和保障。最后，设立专门的个人数据保护机构，负责个人数据法的执行。

从立法价值理念看，欧盟坚持对个人权利保障的立场，认为个人数据保护法的核心是保障人的自由。当人的自由价值与社会经济价值发生冲突时，欧盟模式选择将个人自由价值放在第一位。在立法模式方面，为了构建欧盟内部的统一市场，实现个人数据在各成员国之间的自由流动，欧盟坚持统一的立法模式，对个人数据保护的原则和具体规则做了统一。一方面明确个人数据的保护原则，例如收集限制原则、数据质量原则、责任原则等；另一方面将个人数据区分为一般个人数据和敏感个人数据，对后者提供特别的保护。此外，为了保证数据保护规则的统一性，欧盟还对个人数据跨境转移做出了限制。

二、美国模式：关注数据自由流动

面对互联网和信息技术的发展所带来的海量数据，美国官方认为尽管其可能对个人隐私造成威胁，但并不能因此否认其对跨境贸易和电子商务的积极作用。美国政府在制定个人数据保护规则时所坚持的价值取向是，既要保护个人数据，又不能因此阻断数据流通。美国政府在个人数据保护问题上倾向于采取平衡规制的方式，构建适宜数据自由流动的环境。

总体来看，美国个人数据保护规则关注数据自由流动，重视个人数据的经济价值，通过分散立法的方式，建立起以行业自律为主的个人数据保护模式。美国个人数据保护制度主要体现为判例法以及部门单行成文法。虽然个人数据滥用问题在美国同样存在，但是美国并没有采取统一立法的方式，只是就某些领域做了特别立法。对于一般领域而言，美国采取行业自律的方式，尽量减少公权力的干预，允许其行业内部通过自律规范来自我约束。

（一）美国主要的个人数据保护立法

美国有关个人信息的立法最早发生在公权力领域。1974年，美国政府颁布《隐私法》（Privacy Act），用于规范联邦政府部级、委员会以上级别的行政机关在行使职权的过程中可能侵犯公民个人信息的行为，其保护客体是政府机关在履行职务过程中掌握的个人信息记录。《隐私法》明确规定公民享有信息隐私权：一是决定是否公开自己资料的权利；二是访问自身信息的权利；三是修改个人信息的权利。① 此后，美国还在1980年通过了《隐私保护法》（Privacy Protection Act），确立了执法部门获取报社等类似公共传媒机构掌握的个人数据的程序。而在1988年，为了更好地监督联邦机构对个人信息的使用，美国政府还出台了《电脑比对和隐私保护法》（The Computer Matching and Privacy Protection Act），作为1974年《隐私法》的修正案。

随着信贷业务的繁荣和发展，消费者信用信息越来越被重视，也由此产生了大量消费者信用调查与报告机构。为了制作调查报告，这些机构一般通过合法渠道获取公民的消费信息，但通过非法渠道获取的情况也不胜枚举。美国联邦委员会于1971年制定《公平信用报告法》（Fair Credit Reporting Act，FCRA），严格限制信用报告机构所做出的个人信用报告的使

---

① 洪海林.个人信息的民法保护研究[M].北京:法律出版社,2010:101.

用范围。① 根据该法的规定,消费者的书面同意是信用报告机构向第三人披露消费者信用信息的前提,信用报告机构必须首先取得消费者的书面同意,否则不得向他人披露消费者的个人信息。此外,FCRA 还规定,消费者对自己的信用状况享有知情权。② 作为美国个人数据保护立法的开端,FCRA 制定的初衷并非为了限制个人数据的收集和使用,而是为了避免不准确信用报告给消费者带来的不利影响。

除了上述两部最为重要的立法,美国还就个人信息收集及处理风险较高的行业领域制定了专门立法,涵盖金融领域、通信行业、医疗行业、娱乐行业。作为联邦制国家,联邦立法只是美国立法体系的一部分。美国各州也制定了自己的隐私或个人数据保护法,共同组成了美国个人数据保护法律体系。

(二)美国的行业自律

尽管美国在个人数据保护领域有立法,但其在实践中一般采取行业自律的方式。1998 年,美国联邦贸易委员会要求互联网公司建立自律规则,由此引发了"在线隐私联盟"(the Online Privacy Alliance)的成立。该联盟不仅制定了适用于全体成员的《在线隐私权政策指南》,还要求成员制定"隐私政策"。联盟呼吁成员建立合理的个人数据保护和利用规则,涵盖个人数据的收集和使用。但在实践中,由于缺乏强制性措施,互联网公司的参与度比较低,实际取得的效果也并不乐观。在这之后,美国网络广告促进会(the Net-work Advertising Initiative)也曾尝试制定广告行业的自律原则,要求互联网广告公司在合并公开前的点击量数据与个人识别信息前,应当取得用户明确同意。尽管这一做法的初衷是为了保护用户隐私,但由于规范不够全面,并未限制用户信息的二次利用,所以没有真正实现保护用户隐私的效果。

---

① 王融. 大数据时代:数据保护与流动规则[M].北京:人民邮电出版社,2017:37-39.
② 宁金成.我国信用体系的构建与商法的完善[J].郑州大学学报(哲学社会科学版),2003(3):72-77.

除了制定行业自律规则,美国还成立有网络隐私认证机构,作为互联网行业对网络隐私认证的自治机构。微软、IBM、AT&T、Excite 和康柏(Compaq)等软件和计算机公司曾在 1997 年成立了 TRUSTe——美国第一家民间网络隐私认证机构,主要职责是监督会员采取的隐私保护措施,评估和审查会员网站的隐私政策。此外,美国商业促进局(the Better Business Bureau)也于 1999 年发起成立"BBB 线上隐私计划",对达到某种隐私标准的网站进行认证。网络隐私认证自治机构的成立作为个人数据保护的探索具有重要意义,但同样面临着困境。由于自治机构的要求没有强制性,是否加入全凭企业自愿,这就导致覆盖面较小,公信力不足。而自治机构的客观性也时常遭遇质疑,特别是对参与成立的企业,自治机构出具的认证结果往往不够客观。①

(三)美国模式的主要特点

美国模式以美国政府对个人数据隐私的保护为初衷,采取分散立法加上行业自律的模式。与欧盟采取的统一立法模式不同,美国区分不同领域或场景对个人数据保护制定单行法,针对不同性质的个人数据收集和使用行为加以规制,为个人数据提供了较为细致的保护。同时,美国对个人数据的保护更多地强调行业自律,给予企业充分的自主权,在一定程度上规避了个人数据保护法律的滞后性。

首先,分散立法。美国没有统一的个人数据保护法,而是针对不同部分分别制定了个人数据保护规则。这种做法更有针对性,能够满足不同领域的特殊需要,确保个人数据保护规则的灵活性和科学性。但是,由于缺乏统一领导,各个部门法之间往往会产生冲突,有关规则也十分零散,难以形成完备的法律体系。其次,重视数据自由流动所带来的经济价值,强调对个人数据的利用。美国十分重视数字经济的发展,认为对个人数据利用应当持乐观的态度。除非有不可避免的风险且必须通过立法才能规制,否则不会

---

① 张继红.大数据时代个人信息保护行业自律的困境与出路[J].财经法学,2018(6):57-70.

以立法来保护个人数据。最后,重视行业自律。美国没有像欧盟那样设立专门的数据保护机构,而是采取行业自律的方式解决问题。企业和行业自律机构在个人数据保护中发挥着十分重要的作用。

面对数据带来的巨大经济价值,美国政府希望通过适当放宽个人数据保护规则来激励数据的利用和价值的挖掘,但完全依赖行业自律显然存在较大风险。作为希望个人数据自由流动和分享的一方,数据使用者自行制定的行业规则大多体现其利益诉求,反过来就很可能是对数据主体权利的侵犯。行业自律尽管有着成本低、弹性大等优势,但只能作为个人数据保护的必要条件而非充分条件。

三、美欧关于个人数据跨境转移的合作

通过以上分析可以看出,欧盟模式为个人数据保护建立起了统一的标准,最大限度地为数据主体提供救济。与欧盟模式不同,美国针对不同领域的个人数据保护分别制定单行法,同时辅以行业自律。两者不论是在立法价值理念还是具体制度设计上都有着显著差异。当然,欧盟模式与美国模式也在相互借鉴中不断发展,主要表现在美欧双方关于个人数据跨境流动规则的合作与妥协。

(一)美国模式和欧盟模式的差异

从社会学的角度理解,法律并非保护个人数据的唯一手段,准则、市场或技术等都能作为个人数据保护的方法。个人数据的法律保护模式是有关法律与准则、市场、技术之间关系的研究。① 法律模式的构建离不开一定的社会情境,美国和欧盟不同的社会情境造成了它们不同法律模式的选择。欧盟和美国在数据隐私法方面的差异不仅仅体现为具体规则上的不同,更深层次的原因在于其价值上的分歧,并为现有的法律制度所固化。

总体看来,美国的分散立法模式灵活性更强,与其发达的数字经济和对

---

① 莱斯格.代码 2.0:网络空间中的法律[M].李旭,沈伟伟,译.北京:清华大学出版社,2018:138.

互联网技术的依赖相适应。美国自上而下的执行模式更容易促进行业自律和技术自治,有利于形成灵活高效的市场规则。美国模式对个人数据的保护较灵活,能够推动整个信息产业的发展。欧盟重视对人权的保护,顺应了其历史传统,更容易被人们所接受。其统一立法模式有助于构建欧盟内部统一市场,但其对跨境数据转移的严格限制又会阻碍数字贸易,不利于国际往来。

数据不是静止的,只有在流动中才能发挥其价值,这种流动不仅体现在国内,还体现在国与国之间、区域与区域之间。随着互联网技术的发展,数据在一国经济中扮演着越来越重要的角色。而随着经济全球化的推进,数据在国际社会中扮演的角色也更加重要。自 20 世纪 60—70 年代以来,跨境数据流动逐步发展,已经成为全球贸易和投资增长的主要途径。美国和欧盟结合自身的历史传统和价值追求,分别形成了"关注数据价值,主张数据自由流动"的美国模式和"关注权利保障,限制数据跨境流动"的欧盟模式。美欧模式构成了国际个人数据跨境流动规制的基本格局。

(二)美欧维持双边数据流动的妥协与合作

尽管美国和欧盟在个人数据保护的具体规则和价值追求上存在很大差异,使得统一两者之间的数据保护法不具现实性,但必须强调美国和欧盟"在价值和制度方面存在'深层次'差异并不妨碍它们在贸易自由化方面进行'浅层次'的合作"[①]。实现这一合作的关键在于找出双方均认可的共同点,以此为基础,在不危及双方隐私保护底线的前提下,实现数据跨境流动。美国和欧盟均承认个人数据保护规则的双重价值目标,即保护数据主体的合法权益与实现数据的自由流通。面对数字经济全球化的挑战,双方也存在规制协调与合作的空间。

欧盟以其先进的技术水平在互联网和电子商务领域向来占据领先地位,其所确立的个人数据保护模式也在很大程度上影响到了世界其他国家

---

① 彭岳.贸易规制视域下数据隐私保护的冲突与解决[J].比较法研究,2018(4):176-187.

和地区,而美国完善的行业自律机制也给予欧盟个人数据保护规则以新的启发。随着信息时代的到来,个人数据流通和共享成为经济发展的基础。与个人数据保护相关的问题也给各国贸易合作带来了巨大挑战。美国和欧盟向来重视对个人数据的保护和利用,并建立了各有特色的个人数据保护制度。在此背景下,如何求同存异,既保证个人数据跨境流通的顺利进行,也维护本国个人数据保护秩序,成为美欧在新形势下不可回避的问题。为了推动美欧关系平稳向前发展,两大经济体互谅互让,在一致努力下达成了重要共识。

由于《95 指令》过于严格,美国难以达到欧盟的数据保护要求。但美欧之间的商贸往来频繁密切,对个人数据的需求极大,使得欧盟不得不做出让步,为美国企业开展《95 指令》框架下的活动提供"安全港"(Safe Harbor)。2000 年,美欧之间达成《安全港协议》。《安全港协议》吸收了欧盟数据保护法的主要制度,在该协议下,自愿接受欧盟数据保护法约束的美国企业被视为处于"安全港",从而能够合法地接收欧盟个人数据。《安全港协议》充分反映出互联网和电子商务环境下个人数据保护的国际化趋势,在商业利益的驱动下,以美国为代表的以行业自律和市场调节机制为主的松散立法体制向以欧盟为代表的统一立法体制做出让步。[①] 2016 年 5 月,欧盟公布 GDPR 并于 2018 年实施。该条例肯定了个人数据保护是一项基本权利,意味着欧盟将个人数据保护与基本权利放在同等层面,被称为"史上最严的个人数据保护规定"。而 2016 年 7 月,美欧之间达成《隐私盾协议》,事实上为美国企业提供了"盾牌"。从《安全港协议》到《隐私盾协议》,美欧对个人数据跨境转移规则的探索填补了国际上有关这方面规则的空白,让我们看到大数据时代数据自由流通的可能性,是个人数据跨境流通规则发展的重要尝试。

1. 美欧跨境数据流动政策的差异

欧盟始终严格限制个人数据跨境流动。1981 年,欧洲理事会通过的《个

---

① Kambas W J. A safety net in the e-marketplace: The safe harbor principles offer comprehensive privacy protection without stopping data flow [J]. ILSA Journal of International & Comparative Law,2002(9):149-184.

人数据自动化处理中的个人保护公约》是欧洲第一个规制跨境数据流动的法律文件。鉴于当时数据流动影响的范围还比较小,该公约规定了成员国内部个人数据流动的规则,即一般情形下的允许和特殊情形下的例外。导言部分首先声明了协定的价值目标,即尊重隐私权和尊重信息自由流通。由此可以看出,这一时期欧盟认同实现个人数据在成员国间的跨境转移,积极立法推动成员国之间的数据共享,实现欧洲内部统一市场的建立。随着数字经济在全球范围内的发展,数据的流动性也大大增强。对于欧盟而言,不仅要解决数据在各成员国之间的跨境转移问题,还要解决数据向第三国转移的问题。

通过跨境数据的收集和分析,掌握国际经济动向,进而把握发展机遇,促进本国经济的发展,是大数据时代任何一个国家的现实需求。作为当今世界信息产业最发达的国家之一,在"得数据者得天下"的大数据时代,美国对数据资源的依赖性无须多言。然而,美国国内有关个人数据保护的规则难以满足欧盟的要求,阻碍了美国和欧盟的贸易往来。《95 指令》第 25 条的规定明确禁止成员国向不能提供"充分保护水平"的第三国转移个人数据,而美国的个人数据保护理念和制度构建不属于能够提供"充分保护水平"的国家,无形中在美国和欧盟之间造成了转移数据的障碍,阻碍了两者的贸易往来,严重限制了美国企业在欧盟开展业务。美国向来重视数据自由流动带来的经济利益,积极采取措施解决数据跨境流通问题:一是推进个人隐私政策;二是与欧盟对话;三是积极为数据跨境流动创造条件。

2.贸易利益驱动下的美欧双边合作

出于贸易合作的需要,美国和欧盟经过漫长谈判,在双方妥协让步的情况下于 2000 年达成了《安全港协议》。协议绕过《95 指令》关于"充分保护水平"的要求,约定只要美国的商业机构能够制定并遵守符合"安全港"原则的隐私保护政策,就可以加入"安全港"并被认定为达到"充分保护水平"。[①]《安全港协议》以双边协议的方式暂时缓和了欧盟模式和美

---

① 黄宁,李杨."三难选择"下跨境数据流动规制的演进与成因[J].清华大学学报(哲学社会科学版),2017(5):172-182,199.

国模式之间的矛盾,但两者关于个人数据保护的巨大差异仍然存在。2013年,斯诺登披露美国"棱镜"计划。这一事件的曝光直接导致美欧《安全港协议》无效,美国和欧盟之间的数据流动失去法律基础。①《安全港协议》的失效对美国和欧盟的贸易往来造成了严重伤害,导致大西洋两岸4000多家企业处于法律空白地带,引发了双方对美欧贸易发展的担忧。在经济利益的驱动下,美欧双方迫切需要新的合作途径,《隐私盾协议》的签订只是时间问题。② 2016年2月29日,为了应对《安全港协议》失效对美欧商贸往来造成的消极影响,欧盟委员会发布美欧《隐私盾协议》法律文本,主要目的在于增强数据主体权利。③《隐私盾协议》对《安全港协议》做了补充和更新,不仅扩大了协议规范对象的范围,还为数据主体提供了更多救济途径,甚至还对美国政府访问和收集欧洲公民数据的行为做出了明确限制。

由于美国灵活保护的策略与欧盟严格限制的做法大相径庭,双方自20世纪70年代开始就不断发生贸易摩擦,但从《安全港协议》到《隐私盾协议》,可以清楚地看到双方在追求贸易利益前提下的相互妥协和让步。数据自由流动和数据权保护作为跨境数据流动的价值目标,两者缺一不可。④《隐私盾协议》是美欧基于维护双方贸易往来做出妥协的结果,兼顾了跨境数据贸易中双方不同的价值追求。通过《隐私盾协议》,美欧填补了跨大西洋数据流动法律缺失的空白,为两大经济体之间的贸易合作提供了充分保障,有助于美欧数字经济的持续稳定增长。

① 王融,陈志玲.从美欧安全港框架失效看数据跨境流动政策走向[J].中国信息安全,2016(3):73.

② 桂畅旎.美欧跨境数据传输《隐私盾协议》前瞻[J].中国信息安全,2016(3):83-85.

③ 刘耀华,石月.欧美"隐私盾"协议及对我国网络数据保护的启示[J].现代电信科技,2016(5):12-16.

④ 许多奇.个人数据跨境流动规制的国际格局及中国应对[J].法学论坛,2018(3):130-137.

四、正确认识美欧个人数据保护规则的新发展

在全球数字经济的背景下,数据跨境流动是绝对的,而对数据跨境流动的限制是相对的。在信息领域,美国先天享有技术和产业优势,灵活的监管政策不仅能够维护这一优势,还能激发新的创造力。因此,美国对于个人隐私保护和数据安全问题并不是那么在意,故建立起了事后监管的机制。这一机制能够保证美国对外贸易的顺利进行,同时最大限度地避免了对数据跨境流动造成干预。然而,面对欧盟严格的个人数据保护政策,美国在推行数据自由流动政策时也遭遇了挫折,难以提出对"数据本地化"进行限制的合理标准。为此,在经历了互相妥协让步的漫长谈判后,《安全港协议》和《隐私盾协议》成为解决美欧个人数据跨境转移问题的突破口。这不仅关系到美欧之间的贸易与合作,还对世界其他国家和地区的数据保护立法和国际合作产生了重要影响。主要体现在以下方面:一是相较于美国和欧盟而言,世界上大部分国家和地区的个人数据保护才刚刚起步。美国和欧盟较为完善和先进的个人数据保护立法能够给其他国家和地区提供丰富的理论依据和实践经验,这对于大数据时代下急需建立个人数据保护规则的国家而言尤其重要。在学习和借鉴过程中,欧盟个人数据保护立法的人权保护价值理念以及美国始终推崇的数据自由流通理念,将会对其他国家产生潜移默化的影响。两国为实现贸易往来所达成的妥协,也让其他国家看到共同利益追求下合作的可能性。二是由于各国历史背景、社会环境、立法传统等方面的差异,个人数据保护规则呈现出复杂化和分散化的趋势,给不同国家和地区之间的合作增加了阻力。美国和欧盟为缔结双边合作协议做出的妥协和让步,为其他国家和地区进行数据保护相关的合作提供了有益经验。三是美欧个人数据保护法的发展也将对其他国家和地区产生一定的推动作用。随着个人数据保护高标准的落实,其他国家和地区要想参与数字贸易,也必须建立起完善的个人数据保护规则。

尽管美国和欧盟确立了个人数据保护的两种基本模式,美欧之间关于个人数据跨境转移的合作也对其他国家和地区具有溢出效应,但两种模式

的形成都有其深刻的历史原因,离不开其赖以生存的社会土壤。欧盟之所以如此看重对数据主体个人权利的保护,与其历史上人权遭受严重侵犯的事实是分不开的。在第二次世界大战中,犹太人因种族信息泄露而遭到迫害,导致欧洲范围内对于个人信息处于监控之下有着难以名状的恐惧。而美国模式之所以能够建立,与其政治体制密切相关。美国没有统一的个人数据保护立法,各个州按照传统立法模式各自处理,形成了较为松散和灵活的保护模式。我国相关立法的起因与美欧大相径庭,很难直接借鉴美欧的经验。事实上,我国互联网企业发展势头十分迅猛,近年来兴起的互联网企业出海浪潮,更是将众多中国企业推向了海外。美国和欧盟制定的法律固然是最适合其自身的,我国也应当结合自身特点,构建具有中国特色的个人数据保护模式。

第四章 个人数据保护新规则：GDPR

以往的个人数据保护规则都是基于个人对自身数据拥有绝对控制权这一出发点来构建的，体现了"个人本位"的思想。欧盟《通用数据保护条例》(GDPR)深受其影响，突出捍卫个人享有的权利。但这种个人本位的保护模式不利于数据的流通与利用，GDPR 在实际操作中暴露出了很多问题。在数据利用和保护研究匮乏的时代，GDPR 的出台和生效具有重要意义，是研究个人数据保护具体规则的重要素材。

第一节 GDPR 制定的历史背景

欧洲是第一个提出专门个人数据处理管理体系的地区，深入了解欧洲主要的法律文件和支撑该法律的制度，对于理解和掌握 GDPR 的内容具有重要意义。欧洲国家将隐私视为一项基本权利的传统由来已久。早在欧盟诞生之前，欧洲许多国家就已经通过立法将隐私作为基本权利进行保护。随着技术的进步、商业的发展，以往对私人生活严格保护的做法已经难以适应现实需要，开始产生以公约为主要表现形式的个人数据保护规则，即 1981

年通过的《个人数据自动化处理中的个人保护公约》。尽管该公约有关个人数据保护的规定存在很多不恰当之处，但其重要性仍然不容置疑。随着数据成为世界经济发展的新动力，对个人数据处理所产生的社会后果的关注也在不断增强，欧洲个人数据保护法始终在探索数据处理的经济收益与对个人隐私和自由的威胁之间的平衡。GDPR 的出台是对这一问题的回应，建立起了欧盟内部的个人数据保护规则，并影响着世界范围内个人数据保护规则的立法进程。

一、早期：隐私被视为一项基本人权

第二次世界大战结束后，为了尽快从战争创伤中恢复过来，欧洲六国先后联合并组成了欧洲煤钢共同体、欧洲经济共同体以及欧洲原子能共同体。1965 年，六国签署了《布鲁塞尔条约》，上述三个共同体机构融为一体，统称欧洲共同体（简称欧共体）。① 经过 40 多年的发展，欧共体的规模不断壮大，各国经济也得到了发展。1991 年，欧共体马斯特里赫特首脑会议通过了促进欧洲范围内合作的《欧洲联盟条约》，即《马斯特里赫特条约》。1992 年，各国外长正式签署该条约。1993 年 11 月 1 日，《马斯特里赫特条约》生效，欧洲联盟正式成立，欧洲三大共同体纳入欧洲联盟，这标志着欧共体从经济实体向经济政治实体过渡，同时发展共同外交及安全政策，并加强司法及内政事务上的合作。② 1993 年 6 月，欧洲理事会在丹麦首都哥本哈根制定了哥本哈根标准，作为衡量某一国家是否有资格加入欧盟的标准。按照该标准的要求，申请加入欧盟的国家必须表明其对个人数据安全提供了充分的隐私保护。③ 除此之外，欧盟成员国还被要求接受其他一系列有关人权、政治、经济等方面的各种协议。至此，接受与隐私保护相关的泛欧洲框架协议成

---

① 朱晓青.欧洲一体化进程中人权法律地位的演变[J].法学研究，2002(5)：136-151.

② 中国驻欧盟使团经济商务参赞处.对外投资合作国别（地区）指南[R].北京：商务部，2014.

③ Europa，Accession Criteria（Copenhagen Criteria）[EB/OL]. https://europa.eu/european-union/index_en.

为欧洲联合进程的重要环节。①

欧洲国家将隐私视为一项基本权利的传统由来已久。早在欧盟诞生之前，欧洲许多国家就已经通过立法将隐私作为基本权利进行保护。②《世界人权宣言》是二战后最早将隐私作为基本权利进行保护的法律文件。欧洲各国经历了二战的创伤，对人权的保护十分渴望。因此，欧盟也接受了《世界人权宣言》，承认任何人都享有不可分割、不能让与的基本人权。《世界人权宣言》第 12 条规定："任何人的私生活（privacy）、家庭、住宅和通信不得任意干涉，他的荣誉和名誉不得加以攻击。人人有权享受法律保护，以免受这种干涉或攻击。"《世界人权宣言》庄严地宣告了个人隐私受法律保护，也促使世界各国积极立法认可隐私权的地位。

受到《世界人权宣言》的启发，欧洲国家在欧洲联合的趋势下，为了实现作为欧洲国家共同的理想和原则，促进经济和社会的进步，在 1949 年成立了欧洲委员会。各成员国为了维护和进一步实现人权与基本自由，在 1953 年签订了《保护人权与基本自由公约》，即《欧洲人权公约》。由于当时十分重视对人权的保护，《欧洲人权公约》规定了较为宽泛的人权和基本自由。为了符合《世界人权宣言》有关基本人权的要求，该公约提出"各缔约国应当给予其管辖之下的每个人获得本公约第一章所确定的权利和自由"。此外，公约还提出设立欧洲人权法院，且任何个人、国家都有权向人权法院提出诉讼。公约第 8 条规定了个人隐私受法律保护，"人人有权享有使自己的私人和家庭生活、家庭和通信得到尊重的权利"，且在第 8 条第 2 款做了补充，规定公共机构原则上不得干预，但为了特定利益有必要进行干预的，应当允许。尽管如此，欧洲人权法院在实际运用中还是对"私人生活"做了扩大解

---

① Rotenberg M, Jacobs D. Updating the law of information privacy: The new framework of the European Union[J]. Harvard Journal of Law and Public Policy，2013(36)：605-647.

② 德国法院曾经就隐私权发表意见，认为法律"保护私生活不被侵犯，且不被国家权力所侵犯"，参见 Schwartz R G. Privacy in German employment law[J]. HASTINGS International Law and Comperative Law Review，1992(145)：125-141.

释。在 Niemietz v. Germany 一案中,法院认为将"私人生活"限定为"核心圈"的解释过于狭隘。所谓"核心圈"是指个人的私生活领域,是个人排除公共领域之外专属于个人所享有的。作为"核心圈"的私人生活领域与外部公共领域不存在包含与被包含的关系。在保护个人私生活时,必须跳出"核心圈",即对个人私生活的保护同时包含有某种程度上对个人与其他主体建立和发展的关系的保护。

在具体案件中,对隐私做扩张解释甚至使得个人有能力对抗政府的监管。在 Copland v. The United Kingdom 一案中,申请人丽奈特·科普兰(Lynette Copland)就职于公立学校卡玛森郡学院(Carmarthenshire College)。科普兰在 1998 年休年假期间,前往另一所大学拜访,随后却发现自己所工作学校的副校长联系该大学并询问自己的行程。之后,申请人发现在她工作期间,自己的电话、电子邮件以及网络使用记录都被工作的学校所监控。按照政府的解释,监控是为了确保学校的雇员不会私自使用学校资源,所监控的范围也只限于学校电话账单,包括电话的时间、次数、时长和费用。但申请人认为此种行为严重侵犯了自己的私人生活和通信自由。为此她向欧洲人权法院提出申请,理由是这种监控行为违反了《欧洲人权公约》第 8 条的规定。法院认为被申请人作为公立机构,政府应当按照公约的规定对其行为负责。双方的争议点之一在于学校的监控行为是否属于对私人生活和通信自由的不当干涉。按照先前 Amann v. Switzerland 的判例,商业机构内部的电话属于"私人生活"和"通信自由"。因此,工作往来的邮件也同样应当被视为第 8 条保护的对象。在本案中,申请人并没有被提前告知她的电话或通信应当接受监控。因此,申请人有足够的理由相信她的私人生活得到保护,而不论其私人通信是不是用工作电话进行的。同理,申请人对她的电子邮件和上网记录也享有同等程度的期待。最终,欧洲人权法院做出判决,认为政府的行为违反了《欧洲人权公约》第 8 条,要求政府赔偿申请人遭受的损失。

二、中期:以公约为主要表现形式的个人信息保护规则

随着技术的进步、商业的发展,以往对私人生活严格保护的做法已经难以适应现实需要。在数据保护立法方面,欧洲委员会与 OECD 在同一时期展开了工作。OECD 在 1980 年发布了《指南》,确立了有关个人数据保护和利用的基本原则。而欧洲委员会于 1981 年通过的《个人数据自动化处理中的个人保护公约》,作为第一个有关个人数据保护的国际公约,规定了个人数据保护的规则。①

该公约在前言部分声明了保护个人隐私的主张,并重申了各成员国对数据跨境自由流通的承诺,"鉴于共同渴望将个人权利和基本自由的法律保障,尤其是尊重隐私权的法律保障,延伸至不断增长的自动处理中个人数据的跨境流通领域"。按照这一目标,并结合《欧洲人权公约》第 8 条的规定,该公约对"个人数据"的保护也较为宽泛,一方面认为个人数据"是指任何与特定个人或者可识别的个人(数据主体)相关的信息"②,另一方面认为数据"自动处理"是指"通过全部或部分自动化方式进行的以下处理行为:数据的存储,数据的逻辑和/或算术上的处理,数据的转换、消除、恢复和传播"。③除此之外,按照第 3 条规定,该公约不仅适用于公共领域,还适用于私人领域,就数据质量而言,公约对自动处理的个人数据提出了以下要求:被公正和合法地获取和处理;基于特定和合法的目的保存,且其利用不得违背该目的;为保存的目的所必要、相关且不得超出该目的;是正确的,且在必要时保持更新;以可识别数据主体身份的形式保存,且不得超过保存目的所要求的期限。④而对于数据主体而言,其享有绝对性的保护权,能够始终了解数据

---

① 高富平.1981 年《个人数据自动处理中的个人保护公约》与 2012 年《个人数据处理中的个人保护公约》对照表[M]//个人数据保护和利用国际规则:源流与趋势.北京:法律出版社,2016:69.

② 参见《个人数据自动化处理中的个人保护公约》第 2 条 a。

③ 参见《个人数据自动化处理中的个人保护公约》第 2 条 c。

④ 参见《个人数据自动化处理中的个人保护公约》第 3 条。

的状况和确认数据的安全。除此之外,数据主体还享有修正或消除该数据的权利,以及在公约所规定的各项保障都不能满足时的其他救济。①

《个人数据自动化处理中的个人保护公约》还在第三章就数据跨境流通做了专门规定,首先肯定了自动处理的或被收集用于自动处理的个人数据跨境转移。尽管公约规定了缔约国不能仅仅基于隐私保护的目的而禁止一国的个人数据流通到另一国,或为此设置特别审批程序,但也规定缔约国有权做出例外规定。一方面,如果缔约国国内立法就有关某些类型的个人数据或自动化个人数据文档有特别规定,可以因此基于该数据或文档的性质排除公约的适用;另一方面,如果是为了规避某一缔约国有关数据跨境转移的限制,且该个人数据是从某一缔约国经另一缔约国的中介流向非缔约国时,也可以排除限制②。为了保证公约的实施,该公约在第四章规定了缔约国之间的合作,要求缔约国承诺为实施公约而相互提供协助。

三、当代:欧盟个人数据保护规则的建立

在各国数据保护立法进程差距扩大的背景下,早在 1976 年,欧洲议会就敦促欧盟委员会为协调各国之间的数据保护法律起草一份提案,改变碎片式数据保护立法的现状。随着成员国对数据保护立法多样性的关切加强,欧盟委员会最终决定起草一个指令提高法律统一性。1990 年,欧盟委员会提交了一份草案,并于 1995 年正式颁布《95 指令》。按照《95 指令》的要求,欧盟各成员国均制定了相应的法律来落实指令中的规定。2012 年 1 月27 日,欧盟委员会向欧盟理事会提交了《通用数据保护条例建议案》,自此开始了对《95 指令》的修改并使其最终转变为欧盟单一数据保护法的历程。经过 4 年的努力,欧盟议会和欧盟理事会于 2016 年 4 月通过了 GDPR,实现了欧盟境内数据保护规则的统一。

---

① 参见《个人数据自动化处理中的个人保护公约》第 8 条。
② 参见《个人数据自动化处理中的个人保护公约》第 12 条。

（一）《95 指令》（1995/46/EC）

作为唯一有权起草法令的机构，欧盟委员会始终致力于构建个人数据处理的规则。由于《个人数据自动化处理中的个人保护公约》效力的发挥必须依赖于成员国国内法的制定，其作用始终受到限制，为此，欧盟委员会意识到制定统一规则来协调各成员国之间法律冲突的必要性，《95 指令》也就自然而然制定了。①

《95 指令》设定了欧盟内部个人数据跨境流通的基准，对数据存储、传输和使用过程中的安全保护提出了要求。指令明确了要实现个人数据在成员国之间自由流通的目标，以及保护自然人基本权利和自由的目标，但对向第三国进行个人数据转让做出了限制。在实践中，很难确定数据转移是否符合《95 指令》的要求，特别是涉及使用互联网的情形。在 Bodil Lindqvist 一案中，欧洲法院发现，把资料存在位于欧盟的服务器里，从全世界任何地方通过互联网获得该服务器上的数据，并不属于《95 指令》第 25 条所要限制的跨境数据转移，理由如下：①服务器里的信息没有自动发送给互联网上的其他用户；②为服务器上传信息的个人和从服务器下载信息的个人之间不存在直接的数据转移；③第 25 条对数据转移的限制规定可能不适用于上述情况；且④如果上述情况属于跨境转移，那么第 25 条对数据转移的限制就适用于所有通过互联网上传和下载的信息，这将使欧盟法律适用所有互联网。

《95 指令》同样参照了《欧洲人权公约》第 8 条的规定，认为个人数据处理中的隐私权是自然人的"基本权利和自由"，其在第 1 条首先肯定了个人数据处理中的隐私权。虽然指令的初衷是统一欧盟的个人数据保护规则和保护水平，但是通过立法转化为国内法之后，各国的个人数据保护规则仍然存在很多差异。由于受到本国文化传统的影响，各国数据保护立法或者是具体方式不同，或者是程序性规定不同，难以实现内部统一。这种成员国之间立法的差异严重阻碍了欧盟内部个人数据保护规则的构建，偏离了《95 指

---

① 库勒.欧洲数据保护法：公司遵守与管制[M].2 版.旷野，杨会永，等译.北京：法律出版社，2008：164.

令》的最初目标。此外,由于《95 指令》仅仅施加给成员国依据指令制定国内法的义务。当成员国没有国内立法时,欧盟公民也不得依据指令认定数据控制者滥用个人数据的行为,使得指令在实践中难以发挥效力。

尽管存在诸多不足,指令在探索个人数据保护规则的道路上仍然具有不容忽视的作用。《95 指令》较为详尽地规定了合法处理个人数据的一般规则。首先,对数据处理行为做了规制,规定了数据控制者的一系列义务。按照《95 指令》的要求,成员国应当要求数据处理者正当、合法地处理个人数据。[1] 作为一般情形,只有在数据主体明确表述同意的情况下才能处理个人数据。[2] 指令还规定了数据处理的特殊类型,禁止泄露有关个人种族、政治、宗教等敏感信息。[3] 此外,指令还规定了数据处理在保密和安全方面的义务,规定任何接触个人数据的人都负有保密义务,以及数据控制者负有保证数据安全的义务。其次,对数据主体进行保护,赋予了数据主体一系列权利,规定了数据控制者或者代表人从数据主体处收集数据时的告知义务。即使不是从数据主体处获得数据,也必须按照规定向数据主体提供相关信息。《95 指令》还授予数据主体访问数据的权利,包括对与自身数据相关信息的确认,对数据的修改、删除或者屏蔽等。当然,对数据主体权利的保护也应当受到公共利益的限制。当与公共利益相冲突时,数据主体应当做出让步,成员国可以适当限制数据主体的权利。最后,《95 指令》还规定了数据主体的拒绝权,当涉及公共利益或其他合法目的时,尽管可以对个人数据进行处理,但数据主体仍然有权根据自身特定情况以正当的理由提出拒绝。而对于那些用于直销目的的数据处理,数据主体有权无偿行使拒绝权。[4]

(二)《电子隐私指令》(2002/58/EC)

制定《95 指令》时,互联网还没有全面普及。随着信息化时代的到来,欧

---

[1] 参见《95 指令》第 6 条第 1 款(a)。

[2] 参见《95 指令》第 7 条(a)。

[3] 参见《95 指令》第 8 条第 1 款。

[4] 参见《95 指令》第 10-14 条、第 16-17 条。

盟原有的个人数据保护规则也面临新的挑战。2002年,欧盟颁布了《电子隐私指令》,对电信和互联网服务提供商的行为做了规范。总体而言,《95指令》的规定过于粗线条,虽然构建了个人信息的保护框架,但很多细节还不够完善。《电子隐私指令》比《95指令》的规定更加详细,且针对公共通信领域的个人数据保护做了具体规定,旨在使各成员国保证电子通信领域个人数据处理时对数据主体权利和自由的尊重。

首先,关于通信秘密。《电子隐私指令》要求成员国保障公民的通信秘密。按照该指令的规定,电子通信服务提供商必须采取措施保证用户的数据安全,包括事前提供与数据共享危险相当的安全保护水准,以及发生危险后采取的救济。① 成员国必须立法来保证电子通信服务和相关数据的机密性,还必须确保只有在为用户提供充分信息的情况下,才允许获得或使用该用户的信息。② 为了与《95指令》相衔接,《电子隐私指令》还就《95指令》特定规定的适用做了说明。除非符合《95指令》第13条第1款的规定,禁止使用者以外的其他人在未得到使用者同意的情况下对通信及相关数据进行收听、窃听、存储,或者以其他方式拦截或监视。③

其次,关于未经请求的通信。《电子隐私指令》采用"未经请求的通信"这一概念来描述垃圾信息,主要是指那些用于直接推销的自动呼叫系统、通信设备或电子邮件的使用。为了避免用户遭受这类信息的干扰,只有在征得用户事先同意的情况下才能使用用户的个人信息。④ 此外,根据《电子隐私指令》的规定,发送者不得伪装或隐瞒身份发送以直销为目的的电子邮件,也不得发送未包含收件方可以请求停止通信的有效地址的电子邮件。指令第13条还规定了发送"未经请求的通信"的例外情形,即企业可以向已经建立了商业关系的用户发送未经请求的通信。

---

① 2002年隐私和电子通讯指令（欧盟）[M]//周汉华.域外个人数据保护法汇编.北京:法律出版社,2006:71.

② 参见《电子隐私指令》第5条。

③ 参见《电子隐私指令》第15条。

④ 参见《电子隐私指令》第13条。

最后,关于对储存在用户本地终端上的小型文本数据(cookie)信息的规范。《电子隐私指令》在前言部分提到对 cookie 信息的规范,认为 cookie 可以当作合法有用的工具。该指令认为电子通信网络用户的私人领域涵盖了终端设备和任何存储在此类设备上的信息。按照《欧洲保护人权与基本自由公约》的要求,必须为这类信息提供保护。因此,任何未经用户同意进入用户计算机终端的行为,如间谍软件、网络漏洞等应当受到限制。该指令指出 cookie 具有合法性,其不同于上述被禁止的软件或漏洞。只要用户明确知晓 cookie 使用的目的和投放的位置,这种使用就应当被允许。当然,用户有权拒绝将 cookie 放置在自己的计算机终端,即便会因此无法享受某项服务。欧盟于 2009 年对《电子隐私指令》做了修改,明确了 cookie 的收集和使用,要求服务提供商在用户终端上存储和访问信息时,应当事先向用户提供准确和完整的相关信息。①

第二节　GDPR 的出台

一、大数据时代为 GDPR 的制定创造机遇

随着欧盟各成员国数字产业的发展,个人数据保护法在欧洲大数据时代背景下显得越来越重要。2010 年,欧洲委员会向欧洲议会和欧洲理事会提交《为欧洲公民传递自由、安全和公正:实施斯德哥尔摩行动计划》,明确提出要制定一个综合性的欧洲个人数据保护计划。2012 年 1 月,欧洲委员会发布《关于个人信息处理保护及个人信息自由传输的条例(草案)》,意味着欧盟个人数据保护立法改革正式开始。② 2015 年,欧洲议会、欧洲理事会

---

① 王融.大数据时代:数据保护与流动规则[M].北京:人民邮电出版社,2017:55.
② 刘云.欧洲个人信息保护法的发展历程及其改革创新[J].暨南学报(哲学社会科学版),2017(2):72-84.

和欧洲委员会共同对欧洲个人信息保护法改革及建立单一数字市场达成一致协议,于当年5月出台《数字单一市场战略》,力图打造统一的数字商品、服务和资本市场,加强数字领域互联互通。① 2016年4月,欧洲理事会和欧洲议会分别表决通过了《关于个人信息处理保护及个人信息自由传输的条例》,其官方名称为"General Data Protection Regulation"(GDPR)。2016年5月,该条例正式对外发布,并于2016年5月24日生效。为了给予各成员国足够时间来适应条例,该条例的正式实施时间定为2018年5月25日。

GDPR取代了《95指令》,作为欧盟境内统一的个人数据保护规则,直接约束欧盟境内的数据主体和数据控制者。总体上看,GDPR的制定主要有以下几方面的原因。

第一,欧盟单一市场建设需要统一法律。

欧盟在2015年提出"数字单一市场"(Digital Single Market)战略,指出在互联网和数码科技对当今世界产生巨大影响的今天,欧盟必须顺应这一潮流,发挥自身优势构建单一数字市场,促进欧洲数字经济增长潜力的最大化。该战略有三大支柱:一是就个人和企业而言,能够享受更好的数字产品和服务;二是就整个氛围而言,能够有利于数字网络和服务的繁荣发展;三是就发展前景而言,能够最大化发掘数字经济的增长潜力,推动欧盟境内数据的自由流通。② 《95指令》以指令的形式确立了欧盟个人数据保护的最低标准和目标,为欧盟数据保护奠定了基础。但由于成员国在将指令转化为国内法的过程中,受到各自不同法律制度和文化传统差异的影响,各国立法和实施的水平各不相同。这种差异化和不协调法律实施机制严重影响了欧盟内部个人数据的自由流通,而且使得企业在收集和使用个人数据时面对极大的不确定性。可以说,数据保护立法不统一成为阻碍欧盟单一数字市场建立的首要因素。

---

① 董一凡,李超.欧盟《数字单一市场战略》解读[J].国际研究参考,2016(3):5-9.

② A Digital Single Market for Europe:Commission sets out 16 initiatives to make it happen[EB/OL].(2015-05-06)[2018-12-15].http://europa.eu/rapid/press-release_IP-15-4919_en.htm.

第二，数字经济对个人数据保护提出了更高要求。

《95指令》制定之时，互联网发展才刚刚起步。随着互联网技术的日新月异和智能终端的普及，个人数据以指数级的速度增长。网络的开放和包容改变了数据流通的环境，数据挖掘和分析技术使得个人数据面临着更大的风险。原有的仅立足于计算机自动处理个人数据背景下的个人数据保护规则已经很难适应当下互联网丰富的应用场景和大数据的时代背景。伴随着电子商务的发展，企业对个人数据的收集和利用能力在加强，而个人对数据的控制能力却在减弱。通过统一欧盟的数据保护规则，立法者想要建立统一的行为规范，从而鼓励创新和开拓新的商业机会。事实上，GDPR蕴藏着五种设想：其一，"同一大陆，同一法律"，统一欧盟个人数据保护规则，进而建立数字单一市场；其二，一站式服务，通过精简监管机构和简化程序，为企业节省开支；其三，适用于欧洲本土的欧洲规则，即使是欧洲以外的企业，要想在欧洲范围内开展商务活动，都必须遵守GDPR；其四，基于风险的方法，根据不同风险设置不同规则，避免以往"一刀切"的方式；其五，适应创新的规则，注重构建激励与保护相容的规则，确保在产品和服务开发的较早阶段就融入数据保护机制。通过假名化等隐私友好型技术的应用，实现在保护隐私的前提下最大限度地获取大数据创新的收益。[1]

第三，保护个人数据事关公民的基本权利。

《世界人权宣言》规定了任何人的隐私不受任意干涉，《欧洲人权公约》移植了这一做法，规定"私人和家庭生活获得尊重的权利"。在欧盟委员会2012年发布的《关于数据保护规则改革中增强用户数据控制能力和缩减商业成本》的公告指出，有超过90%的欧洲公民希望在整个欧盟范围内享有相同的数据保护权利。[2] 尽管个人数据保护作为公民的一项基本权利已经被欧洲国家广泛接受，但仍然需要通过统一的法律形式将其确定下来。个人

---

[1]　高富平.个人数据保护和利用国际规则：源流与趋势[M].北京：法律出版社，2016：122.

[2]　Commission proposes a comprehensive reform of data protection rules to increase users' control of their data and to cut costs for businesses[EB/OL]. (2012-01-25)[2018-12-15]. http://europa.eu/rapid/press-release_IP-12-46_en.htm? locale=en.

数据保护作为一项基本权利在欧盟享有很高的法律地位,甚至被认为是欧盟规范数据保护领域必须履行的法律义务。同许多其他基本权利或权益相比较,数据保护正变得更为重要。在欧盟法院早期判例中,就已经将数据保护视为基本权利,甚至将其等同于尊重私人生活的权利。尽管欧盟委员会在制定该条例的时候也强调有必要对数据保护权施加一定限制,但在欧洲法院的判决和立法措施的推动下,作为基本权利的数据保护权仍然呈现出效力增强的趋势,具体表现为适用对象和效力范围的扩张。①

二、GDPR 制定的目的

《95 指令》作为指导性规范,为欧盟成员国的个人数据立法确立了基本方向。通过欧盟成员国立法的转化,建立起了广泛适用于公共和私人领域的个人数据保护规则。② GDPR 在《95 指令》的基础上进一步完善,是数据保护领域对数据收集和利用等处理行为进行规制的基本法律,其直接适用于欧盟成员国,是一部适应信息时代要求和大数据开发利用的个人数据保护法。结合 GDPR 制定的外部环境,其主要目的体现在以下几个方面。

首先,继续强调对数据主体的保护。

面对大数据时代日益多样化的利益诉求,来自保护公民权利、保障经济自由发展、维护数据主权、保证公共安全等多方面的压力,通过在不同情境下的思考,GDPR 仍然坚持强化数据主体权利内容这一价值目标。通观该条例的条文设计,欧盟个人数据治理规则不仅适用于欧盟公民,还将有可能对欧盟以外的国家和地区产生约束。为了应对数字经济发展、大数据应用和分析给欧盟公民隐私造成的威胁,GDPR 还为欧盟公民提供了一系列新型的权利。此外,GDPR 还引入了极为严格的数据保护合规要求,通过严格处罚规则来强化对数据主体权利的保护。GDPR 为了强化数据主体的个人

---

① 陈炜权,赵波.论数据保护权作为一项基本权利[J].西南政法大学学报,2018(6):48-60.

② 任晓玲.个人数据保护立法推动技术创新:欧盟拟修订《数据保护指令》[J].中国发明与专利,2011(1):100.

数据保护,应对大数据时代由数据挖掘和分析带来的风险,在进一步确认和完善数据主体既有权利的基础上还增加了许多新的权利,如被遗忘权、数据便携权等权利,目的在于使数据主体能够更有效地对数据进行控制。为了提高数据控制者对数据处理的理解程度和保护意识,GDPR 确保个人数据被处理时,数据控制者必须履行通知义务。当发生数据泄露时,控制者必须在 24 小时内通知数据监管机构,并积极配合监管机构以减少损失。此外,通过强化被遗忘权能够使数据主体对数据的留存拥有更多的决定权,数据便携权使得个人数据更容易在不同服务提供者之间转移。相对于以往的数据保护规则而言,GDPR 通过程序上的简化增强了执行力,也在一定程度上强化了当事人的权利。

其次,促进个人数据在欧盟境内的自由流通。

数字单一市场是欧盟建立统一内部市场的重要内容。所谓单一市场,指的是欧盟内部人、货物的自由流动。大数据技术进一步丰富了单一市场的内涵,将数据的自由流通也纳入考虑。数字领域互联互通是大数据时代的必然要求,也是构建单一市场和欧洲一体化的要求。欧盟《数字单一市场战略》首先强调要破除法律和行政壁垒,实现数字商品服务自由流通。[①]GDPR 所要保护的是个人数据收集和使用过程中所涉及的自然人的基本权利与自由,尤其是个人数据权利。而 GDPR 的另一个目的在于促进个人数据在欧盟境内的自由流通。尽管这两个价值追求在某种程度上相互对立,但欧盟希望通过 GDPR 实现对这两大价值的平衡,在促进个人数据自由流通的同时兼顾对数据主体基本人权的保障。随着跨境贸易的发展,《95 指令》的分散性使得企业在开展业务活动时不得不同时关注和遵守多个国家及监管机构制定的数据保护规则,极大地增加了企业的成本。GDPR 采用"一站式"监管,能够简化程序提高效率。此外,GDPR 还为欧盟公司参与全球竞争提供了优势。GDPR 结束了欧盟成员国之间分散数据保护规则的现状,为个人和企业创造了数据保护的公平标准,消除了欧盟内部市场的

---

① 董一凡,李超.欧盟《数字单一市场战略》解读[J].国际研究参考,2016(3):5-9.

障碍。

最后,考虑到数据在信息时代具有作为全行业基础的意义,GDPR 仍然坚持个人数据处理的合法性原则。

该条例赋予数据主体的权利,并非绝对的支配权,易言之并非在任何情形下使用个人数据均需要取得数据主体的同意。事实上,GDPR 赋予个人的权利总体上是为了防御,旨在增强数据主体抵御和防范他人对自己基本权利和自由的侵犯。不论是《95 指令》还是 GDPR 都只是将"同意"作为个人数据处理的合法性基础之一,没有将其上升为权利。基于数据处理行为的正当性、风险评估等因素来确定个人数据处理是否需要取得数据主体的同意,这样既保证了数据主体的基本权益,也不会妨碍数据价值的发挥。

三、GDPR 的效力和适用范围

欧盟之所以制定 GDPR,是为了解决《95 指令》框架下各成员国立法不统一、执法分散且成本高昂的问题。相比于《95 指令》,GDPR 在欧盟范围内具有直接的法律效力,能够适用于数据主体、数据控制者和数据处理者。[①]为了加强对欧盟范围内的个人数据保护,避免其他国家和地区的数据控制者规避欧盟法律,GDPR 的管辖范围在一定程度上还扩张至非设立于欧盟境内的数据控制者。

(一)适用主体

GDPR 在第 4 条提到了参与处理个人数据行为的两种类型主体,分别是数据控制者(controller)和数据处理者(processor)。数据控制者是直接确定个人数据处理的目的和方式的主体,数据处理者则是代表数据控制者处理个人数据的主体。

区分行为人是数据控制者还是数据处理者的意义主要在于两者的责任承担不同。数据控制者直接对数据主体负责,承担 GDPR 所规定的大部分

---

① 张敏,马民虎.欧盟数据保护立法改革之发展趋势分析[J].网络与信息安全学报,2016(2):8-15.

数据保护义务。当发生个人数据泄露或其他损害数据主体合法权益的行为时,数据控制者需要向数据主体承担赔偿责任。而数据处理者并不直接与数据主体接触,只是代表数据控制者处理个人数据,因此所承担的责任相对较轻。①

但在实践中,由于商业领域的数据处理通常由法人实体进行,其复杂的组织结构使得数据监管机构很难区分清楚数据控制者和数据处理者的身份。虽然按照 GDPR 的规定,两者最大的区别在于是控制数据处理的一方还是代表他人控制数据处理的一方。但随着商业模式的发展和技术的变革,当事各方之间的关系也发生着变化,导致两种类型主体的身份认定十分困难。

(二)适用范围

GDPR 第 3 条规定了地域管辖原则,以数据控制者或数据处理者的营业场所为基准,只要该营业场所在欧盟境内,也不管其是否具备欧盟成员国国籍,都应当受该条例的管辖。这一规定实际上扩大了 GDPR 的管辖范围,目的自然是在更大限度上保护欧盟境内数据主体的权益。②

此外,为了避免欧盟成员国以外的国家和地区规避法律,GDPR 的管辖范围一定程度上还扩张至非设立于欧盟境内的数据控制者。按照该条例第 3 条第 2 款规定,条例甚至可以适用于非设立于欧盟境内的数据控制者。按照 GDPR 的要求,不考虑数据主体的国籍和惯常居住地,主要数据主体"位于欧盟境内",那么其在个人数据处理中的相关权利就可以受到 GDPR 的保护。对于欧盟成员国以外其他国家和地区的数据控制者而言,即使只是通过网络收集欧洲用户的个人数据,也有可能受到 GDPR 的约束。

GDPR 大大扩张了其适用范围,旨在更充分和全面地为欧盟境内数据主体提供保护。但有关规定的实施仍然不尽如人意,如何界定某一数据主

① 郑令晗.GDPR 中数据控制者的立法解读和经验探讨[J].图书馆论坛,2019(3):147-153.

② 金晶.欧盟《一般数据保护条例》:演进、要点与疑义[J].欧洲研究,2018(4):1-26.

体居住于欧盟境内的事实，如何证明所提供的货物或服务是指向欧盟境内的数据主体等问题，均需要进一步解决。虽然 GDPR 在适用性上仍有待完善，但不可否认其可以适用于非设立于或运营于欧盟境内的数据控制者和数据处理者，这也为欧盟以外的企业提出了巨大挑战。

第三节　GDPR 的主要变化：兼与《95 指令》比较

2018 年 5 月 25 日，GDPR 正式生效。[①] GDPR 称得上是个人数据保护立法的里程碑式法规，为大数据时代数据保护提供了新的方向。近十年来，世界局势瞬息万变，不论是政治格局还是经济格局都已经发生了深刻变化。大数据、人工智能等新技术的应用，智能手机和移动终端的普及，使得我们的一言一行都可能被记录、存储和利用。GDPR 的出台可谓恰逢其时，为个人数据保护和利用打开了新的局面。

一、GDPR 的价值取向和立法方向

现有的国内有关 GDPR 的中文翻译仅仅涉及其正文部分，没有序文部分的翻译。而作为整个条例的指导，序文部分直接决定了这部法规的价值取向和立法方向。

一方面，GDPR 在序文中首先肯定了个人数据保护是一项基本权利（fundamental right[②]），意味着欧盟将个人数据保护与基本权利保护放在同等重要的地位。而另一方面，序文中也强调了数据自由流动（free flow）的重要性。该条例序文第 6 段称："在当前的科学技术背景下，不论是公司还是公共机构都能利用个人数据来实现自己的目的，而自然人也不可避免地将

---

① General Data Protection Regulation[EB/OL].（2018-05-25）[2018-11-02]. https：//eur-lex. europa. eu/legal-content/EN/TXT/PDF/？ uri＝CELEX：32016R0679.

② GDPR，Paragraph 1.

自己的个人数据暴露出来。在强调对个人数据更高层面的保护的同时，科技也改变了经济和社会生活，还将加快欧盟境内个人数据的自由流动以及与第三方国家间的跨境数据转移。"第 55 段也提出："各成员国有权对下列事项保留或提出进一步条款，包括限制性条款，基因数据的处理，生物数据或与健康相关的数据。但是，当这类条款适用于跨境数据处理时，这类条款不得有碍于欧盟境内个人数据的自由流动。"

二、数据主体的权利

GDPR 对个人数据保护的立法定位于欧洲委员会制定的《个人数据自动化处理中的个人保护公约》与其对个人数据保护的定位一脉相承。欧洲委员会制定《公约》将个人数据保护定位在保护基本人权的高度，以保护个人基本权利和自由为基础建立起一整套个人数据保护行为规范。数据的自由流通和使用是社会运行的基本要素，倘若允许个人对个人数据的绝对支配，就不利于信息的自由流通和使用。GDPR 仍然十分重视数据主体的权利保护，总体趋势是不断强化数据主体的各项权利，但其最终目的是促进个人数据的自由流通和使用。具体而言，GDPR 既完善了《95 指令》已经赋予的权利，又新设了一系列新的权利。

（一）数据主体获知必要信息的权利

关于数据主体获取必要信息的权利，GDPR 第 12 条要求数据控制者在利用个人数据时必须保证利用行为对数据主体的透明，即数据主体知情，同时严格按照法律规定的形式要求来利用数据。例如，数据控制者应当采用简洁明了的形式告知数据主体有关个人数据被处理的事宜，一般情况下应当采用书面形式。当数据主体要求获取有关个人数据的使用情况时，数据控制者应当毫不迟延地自收到数据主体请求之日起一个月内告知数据主体相关信息。[①]

---

① GDPR，Article 12.

除此之外,GDPR 第 13 条详细规定了数据主体能够获取的必要信息的范围。① 为了确保数据主体充分了解个人数据被收集和使用的情况,数据控制者必须明确告知数据主体自己的身份和联系方式,确保个人数据能够始终处于数据主体的监控之下。当数据控制者需要向第三人转移个人数据时,数据主体同样有权被告知数据接收者的身份。② 除了前述基本要求,GDPR 还在第 13 条第 2 款就数据控制者应当提供的信息做了补充规定,进一步扩大了数据主体可能获得的信息范围;数据主体对个人数据持续控制的权利,如请求访问、更正、清除个人数据,限制、拒绝对个人数据的处理等;数据主体享有的投诉权;要求数据主体提供个人数据的理由,是基于法律规定、合同要求还是为订立合同所必须。③

GDPR 第 14 条则是就并非自数据主体处获得个人数据的情形做了规定。即使数据控制者不是从数据主体处获得个人数据,仍然不能免除其告知数据主体相关信息的义务。数据控制者需要提供的信息与前述第 13 条规定的范围基本是重合的,当然,数据控制者还必须告知数据主体其获得数据的来源。GDPR 保证数据主体获知自己数据被收集和使用的情况,体现了欧盟对个人数据保护一视同仁的态度。

(二)数据主体的同意

GDPR 序文部分第 32 段对数据主体的同意做了阐释,"同意"(consent)应当是数据主体在自主、知情、明晰的情况下,明确、肯定地做出的,表明数据主体认可对与他/她有关的数据进行处理。④ 序文还规定了数据主体做出同意的意思表示的形式。一般情况下可以采用书面形式,包括电子方式,也可以采用口头形式。具体而言,可以是在浏览网页时自主勾选对话框,或是接受信息社会服务时选择相应的技术性设置,也可以是其他能够明确表示

---

① GDPR,Article 13(1).
② 吴穗峰. 论个人数据使用的"通知—同意"规则[D].湘潭:湘潭大学,2018.
③ GDPR,Article 13(2).
④ GDPR,Paragraph 32.

数据主体接受个人数据处理的形式。此外，序文部分明确指出，默认（silence）、事先勾选对话框（pre-ticked box）或无作为（inactivity）等形式不应被认为是"同意"。

尽管《95 指令》和 GDPR 都把数据主体的"同意"作为数据利用行为合法性的基础，但后者的规定显然更加全面。首先，GDPR 对同意的条件做了更严格的规定，强调同意必须是基于数据主体自由意志做出的，且数据控制者负有证明其已经取得数据主体同意的责任。[①] 如果数据主体所做出的书面声明不仅包括对处理个人数据的同意，还包括其他事项，那么应当做出明确区分。[②] 此外，数据主体享有最大限度的自由，可以在任何时候撤销其已经做出的同意，且该撤销不具有溯及力。[③] 其次，GDPR 所说的同意仅指明示同意。按照第 7 条的规定，同意必须是明确（unambiguous）做出的，且第 9 条第 2 款规定，对于特殊类型的个人数据，必须取得数据主体的明确同意（explicit consent）。最后，GDPR 特别提出对儿童个人数据的保护。在提供信息社会服务时，如果需要利用儿童个人数据，对年龄不满 16 周岁的儿童，处理行为只有在获得该儿童的监护人同意或授权的前提下才是合法的。

（三）数据的持续控制权（Right to data portability）

GDPR 为数据主体创设了持续控制权[④]，进一步加强了数据主体对个人数据的控制。数据控制者就有义务将处理后（例如结构化或可机读的个人数据）的个人数据提供给数据主体，而数据主体有权将这些数据转移给其他数据控制者，并不受原先数据控制者的阻碍。[⑤]

持续控制权使得数据主体对个人数据的控制在时间上延长了，体现了对数据主体权利的保护和重视。对于将个人数据从某一数据控制者处直接

---

① GDPR，Article 7(1).

② GDPR，Article 7(2).

③ GDPR，Article 7(3).

④ 也有学者译为"数据可携权"，参见胡嘉妮，葛明瑜. 欧盟《一般数据保护条例》[J]. 互联网金融法律评论，2017(1)：28-120.

⑤ GDPR，Article 20.

转移到另一数据控制者的情形，数据主体在技术可操作的情况下可以直接做出干预。所谓"技术可操作的情况"，应当结合个案相应做出考量。通常情况下，如果数据控制者在转移个人数据时采取了协同操作的形式，但另一数据控制者没有义务保证必须采用某一特定操作形式，那么在实践中两者之间的数据转移很有可能会有丢失或毁损。在这种情形下，如果由于技术上的阻碍导致个人数据不能正常转移，则数据控制者必须向数据主体说明这种技术阻碍。①

尽管有争议表示为了能够更全面地定义持续控制权，应当将那些从用户日常活动中（例如网页搜索和浏览记录）获取的个人数据也纳入其保护范围。但本书认为持续控制权能够行使的对象，应当仅限于由数据主体提供给数据控制者的数据。用户在日常活动中产生的记录，并非必然涉及个人隐私，且数据控制者在利用这些数据时，也并非为了获取用户的隐私。数据控制者通过海量数据的分析获得规律，进而作为决策依据来提高行为的科学性和有效性，从长远来看是有利于社会发展进步的。

持续控制权的主要目的在于对数据主体的持续授权，从而保证数据主体能够更好地控制其个人数据，使得数据主体能够自由地对个人数据进行转移、复制等操作。相应地，数据控制者必须提供必要的措施来满足数据主体关于对数据持续控制的请求。但是，数据的持续控制权也有例外。数据主体在行使持续控制权时，不得限制其他数据主体的权利或自由。因此，当个人数据为公共利益所需时，数据的持续控制权要受到限制。② 且数据主体在行使持续控制权时，不应对他人权利和自由产生不利影响。③

（四）清除权/被遗忘权（Right to erase/Right to be forgotten）

在 2012 年最初制定的 GDPR 中，第 17 条的标题表述为"被遗忘权和删

---

① 　Article 29 Data Protection Working Party. Guidelines on the right to data portability [EB/OL]. (2018-05-25) [2018-11-02]. https://eur-lex. europa. eu/legal-content/EN/TXT/PDF/? uri=CELEX：32016R0679.

② 　GDPR，Paragraph 3 and 4.

③ 　GDPR，Article 20(4).

除权"。但 2014 年经修改后,该条的标题仅保留了"删除权",用括号注明"被遗忘权"。尽管标题发生了变化,但从权利内容上看,新修订的版本并没有做出删减,反而做了更细致和完善的规定。本书认为,虽然第 17 条名为"删除权",但其本质还是包含有被遗忘权的意思。事实上,国内很多学者关于这部分的研究大都采纳的是"被遗忘权"的表述。相对于原先提出的"删除权",被遗忘权更像是其升级版,能够直接对抗互联网领域侵犯个人隐私的行为,也体现了 GDPR 加强个人数据保护的思想。[1]

大数据时代的一大特点就是数据总量爆炸式增长,而"删除权"的引入能够有效应对数据被大量存储的隐患。[2] GDPR 第 17 条规定了删除权,当数据主体基于该条例规定的理由提出个人数据清除的请求时,数据控制者有义务立即清除相关的个人数据。数据主体提起数据清除请求的理由有[3]:认为自己的个人数据对于收集和处理时的目的已经不再必要,或者自行撤销关于个人数据处理的同意,或者数据主体已经表示拒绝其本人的数据处理,或者数据控制者存在非法处理个人数据的情形;数据控制者基于法定义务应当清除个人数据;个人数据的收集是基于提供社会服务信息。当数据主体依清除权提出清除个人数据的请求时,数据控制者应当采取合理措施,将数据主体的有关要求告知正在处理该个人数据的数据控制者。[4]

与传统纸质信息有限的传播范围和容易遗失的特点不同,大数据时代背景下产生的数据传播速度很快且能够长期保存。删除权的引入就是为了解决保护数据主体隐私与保护表达、传播自由两者之间的矛盾。2014 年,欧洲法院对谷歌及谷歌西班牙诉西班牙数据保护局及冈萨雷斯案做出裁决,确定当时的个人数据保护规则《95 指令》适用于互联网搜索服务提供商,搜索引擎应负有对"不适当、不相关、过时的数据信息"的删除责任,否则将被

---

[1]　王瑞.欧盟《通用数据保护条例》主要内容与影响分析[J].金融会计,2018(8):17-26.

[2]　胡嘉妮,葛明瑜.欧盟《一般数据保护条例》[J].互联网金融法律评论,2017(1):28-120.

[3]　GDPR,Article 17(1).

[4]　GDPR,Article 17(2).

认为是侵犯了公民在网络领域所享有的删除权，或者说是被遗忘权。① 隐私权作为典型的私权利，是公民民事权利的最基础部分；数据的公开与自由流通则是表达和传播自由这类公权力的体现。GDPR 赋予数据主体删除权，实际上是为了解决大数据时代有关数据保护与利用中的私权利与公权力的冲突。数据主体在享有个人权益的同时，必须尊重他人权利，并不得损害公共利益。冈萨雷斯案中，欧洲法院之所以裁决谷歌删除"不适当、不相关、过时的数据信息"，实际上体现了对个人隐私的重视，认为隐私权比公众获取信息的权利更加重要。但为了平衡双方的利益关系，保护新闻媒体的言论自由，法院也在裁决中免除了网络出版商删除有关信息的义务。当然，删除权在根本上还是倾向于对个人权利的保护。欧洲国家历来重视隐私权，将其作为一项基本权利加以保护，而删除权的引入正是对这一法律传统的延续和发扬。

三、数据控制者的义务

放眼欧洲个人数据保护规则的发展历程，不论是早期的 OECD，还是后来的欧洲委员会以及欧盟的立法，都有涉及数据收集和使用方相关义务的问题，但并未就其给出具体概念。《95 指令》将参与处理个人数据的行为人划分为"数据控制者"和"数据处理者"。虽然两者的称谓有所区别，但都是有关个人数据收集和处理的主体。本书所提及的数据控制者，其实就是有关个人数据收集和使用的主体。

以 GDPR 为研究对象，可以看出其有关数据控制者义务的规定呈现以下特点：首先，数据控制者承担的义务种类逐渐增多。对数据控制者而言，该条例提出了更严格的要求。新增的数据处理者义务主要有四个方面：数据保护义务、数据泄露报告义务（第 33—34 条）、数据系统保护和默认保护的义务（第 25 条）、数据保护影响评估义务以及实现咨询义务（第 35—36

---

① 漆彤，施小燕.大数据时代的个人信息"被遗忘权"：评冈萨雷斯诉谷歌案[J].财经法学，2015(3)：104-114.

条)。不仅如此,GDPR还就每一类型的义务做了详细规定,以数据保护义务为例,具体体现为以下情形:保存数据处理活动记录的义务;安全保障义务;进行数据保护影响评估的义务;事先咨询与事先授权的义务;任命数据保护官的义务;跨国数据转移时保持合规的义务;与数据监管机构合作的义务。其次,明确数据处理者未切实履行义务时的惩罚措施。对于数据处理者没有按照GDPR的要求切实履行义务的情形,其规定了严格的惩罚措施,即处以1000万欧元或在数据处理者是企业的情况下处以其上一年财政年度全球营业总额2%的行政罚款。GDPR的规定看似给数据控制者带来了经济上的负担,但这些负担显然也能够督促数据控制者构建起良好的内部管理体系,所带来的长远效益也是不容轻视的。最后,重视事前防范。GDPR在履行义务阶段就对数据控制者提出了许多要求,在数据处理过程中采取适当措施,旨在通过加强数据控制者承担的数据保护义务,构建数据控制者主动自觉地完善自身数据保护的体系。

(一)数据保护官(The data protection officer)

GDPR第37条规定了数据控制者和数据处理者指定数据保护官的义务,要求行政机关或公共团体、核心业务为数据处理的数据控制者和数据处理者,在进行符合第37条规定的数据处理行为时(大规模特殊类型的数据处理、与犯罪记录和违法行为有关的数据处理),应当指定一名数据保护官。[①] 当成员国认为必要时,也可以通过国内立法规定GDPR要求以外的数据保护官。但在这些情形下,数据保护官的设定并非数据控制者必须履行的义务,数据控制者或数据处理者可以根据自身情况自主决定是否设立。

GDPR第37条要求数据控制者或数据处理者设立数据保护官,作为维护个人数据的专业机构。但按照该条的规定,并非所有数据控制者或数据处理者都负有这一义务。只有当数据控制者或数据处理者满足第37条所规定的三种情形之一时,才必须履行该项义务。事实上,第37条的规定仍

---

① GDPR,Article 37.

然不够细致和准确，对很多概念没有进行清晰的界定。一是关于"核心业务"（main activity）的范围，GDPR 主要指的是数据控制者和数据处理者为达到特定目的所从事的关键性业务，是其所从事的不可分割且始终存在的业务主要部分。例如，医疗机构针对病患的健康状况所做的数据分析和处理能够被认为是其"核心业务"之一，因此医疗机构应当设立数据保护官。而医疗机构对其职工的工资有关数据所做的分析和处理则应当被认为是辅助性而非核心业务。除判断"核心业务"外，还涉及判断数据控制者和数据处理者有关特定类型的数据处理是否构成"大规模"。二是关于"大规模"（on a largescale）的认定标准，GDPR 并没有给出明确规定，可参考数据保护官的规定做出解释。可以推断，构成"大规模"特定类型的数据，应当考虑以下因素：数据主体的数量；被处理的数据的总量；处理数据行为的持续时间；数据处理活动在地域上的覆盖范围。三是关于"定期的、系统化监控"（systemic and periodic monitoring）的理解，GDPR 也没有给出明确界定。从 GDPR 关于数据保护官的规定来看，这种"定期化、系统化监控"应当指的是以任何形式通过互联网对个人进行数据追踪和数据收集的行为，包括以人作为自媒体而进行的行为广告形式，例如通过移动应用追踪定位、通过可穿戴设备进行健康状况的监控等。①

GDPR 第 38 条对数据保护官的定位做了规定。数据保护官作为个人数据保护的专门机构，有权参与所有有关个人数据保护的事务。数据控制者和处理者必须支持数据保护官履行义务，包括提供必要的资源，保证访问途径的畅通等。此外，数据保护官享有独立地位和自主权。数据控制者和处理者应当确保数据保护官不会收到任何有关执行其工作任务的指示，且不会因为执行任务而被解雇或处罚。数据保护官直接对最高管理层负责，向最高管理层报告工作。此外，数据保护官对其执行的工作负有保密义务，

---

① Article 29 Data Protection Working Party. Guidelines on the data protection officers (DPOs) [EB/OL]. (2017-05-04)[2018-12-18]. https://ec. europa. eu/newsroom/article29/item-detail. cfm? item_id=612048.

不得泄露其在工作期间获取的个人数据。

当然,数据保护官在享有权利的同时,也负担相应的义务。在任命数据保护官时,需要考虑其专业素养。① 数据保护官全面监督数据控制者和处理者的个人数据保护事宜,包括对欧盟数据保护规则的执行和遵守情况、责任的分配、数据保护意识的提升、参与处理行为的员工的培训以及相关的审计等。此外,数据保护官还有义务监督数据保护影响评估工作的实施,协助监管机构完成工作。② 除了日常工作,数据保护官还必须灵活应对数据处理行为中可能伴随的风险,关注个人数据保护。③

(二)数据保护影响评估(The data protection impact assessment)

GDPR 首次引入了"数据保护影响评估"的概念。这里"评估"的对象不是结果,而是数据处理的过程,是对数据处理过程的可行性和必要性进行的评估,目的是降低数据处理的风险,保护数据处理过程中数据主体所享有的权利和自由。④ 按照该条例第 35 条的规定,当处理行为可能引起自然人的权利和自由遭受高风险时,数据控制者应当在处理前对数据主体可能造成的影响进行评估。在进行评估时,应当考虑数据应用的领域、数据处理目的、数据处理的背景等。⑤ GDPR 列举了应当进行数据保护影响评估的几种情形:①对自然人个人进行的系统和广泛的评估;②处理大规模特殊类型的数据或大规模的有关犯罪记录和违法行为的个人数据;③对公共区域大规模的系统化监控。⑥

关于对哪些情形下的数据处理行为应当进行数据保护影响评估,可以考虑以下因素:①评分或评级(evaluation or scoring)。对涉及数据主体的工

---

① GDPR,Article 37(5).

② GDPR,Article 39(1).

③ GDPR,Article 39(2).

④ 程莹.风险管理模式下的数据保护影响评估制度[J].网络与信息安全学报,2018(8):63-70.

⑤ GDPR,Article 35(1).

⑥ GDPR,Article 35(3).

作、经济状况、健康状况、个人偏好、可信度或行为方式、地理坐标或行动等相关的个人数据进行处理时，通过数据的敏感度对数据处理行为进行评估。例如，一家从事基因检测的公司直接面对顾客开展业务，通过基因检测来分析和预测患某种疾病的风险。由于这家公司完全掌握了顾客的个人信息和敏感数据，该公司应当接受数据保护影响评估。②自动决定（automated decision making）。对数据主体可能产生某种法律效果或类似的能够显著影响数据主体的自动决定行为，例如在没有人为干预的前提下，线上贷款申请书或线上招聘请求的自动拒绝。③系统化监控（systemic monitoring）。包括作为标准、系统化地对公共领域进行的监控。所谓"标准"，指的是这种监控为公众所普遍接受，是指数据主体在不确切了解数据控制者的身份以及数据被收集的目的的情形下，按照通常的标准或理解，数据主体必须接受这种监控。换言之，这种系统化监控是基于公共管理需要，不能被数据主体所避免的。④敏感数据（sensitive data）。包括特定种类的数据和与犯罪记录和违法行为有关的数据。例如，医疗机构所保存的关于病患的医疗记录和律师所掌握的关于犯罪嫌疑人的数据，都可以被认为是敏感数据。⑤大规模处理（processing on a largescale）。正如前面所提到的，构成"大规模"特定类型的数据，应当考虑数据主体的数量、被处理的数据的总量、处理数据行为的持续时间、数据处理活动在地域上的覆盖范围这几个因素。⑥经匹配或联合的数据集（datasets which have been matched or combined）。来自两个或以上数据处理机构的数据，该数据收集的目的虽然不同，数据控制者也不同，但如果这些数据放在一起构成数据集合，该集合有可能能够识别数据主体的身份或涉及敏感信息，此时该数据集也应当接受评估。⑦关于不同的敏感主体的数据（data on different vulnerable data subjects）。考虑到数据主体和数据控制者之间关于数据保护和利用的能力不均衡，关于此种类型的数据处理也有必要进行评估。这类涉及敏感主体的数据主要有由雇主掌握的雇员个人数据、儿童个人数据、精神病人的个人数据、老年人以及病人的个人数据等。⑧关于技术性或组织性解决方案的创新运用（innovative use or application of technological or organizational solutions）。例如，关于指纹和面部识别相结合的授权进入机制。关于这一问题，GDPR 认为当涉及新技术的处理行为时，考虑到行为的高风险，数据控制者应当在处理前完成评估。① ⑨向欧盟以外转移数据(the transfer of data outside EU)。数据跨境转移的对象，即数据接收国或地区也应当作为考虑因素之一。在特定情形下，数据再次转移的可能性或转移过程中对数据的持续控制，是否会对数据造成毁损等，都应当纳入考虑。②

必须强调，数据保护影响评估不是一劳永逸的，而是一个持续的过程。按照该条例的规定，当出现风险变化时，在必要情形下数据控制者应当进行复审。③ 因此，数据控制者必须确保评估在数据使用期间始终保持更新。

作为做出数据保护影响评估的主体，本书认为可以是数据控制者，也可以是数据控制者约束下的其他主体。如果数据控制者任命数据保护官做出评估，那么应当征询数据保护官的建议，并严格记录数据保护官的意见。如果有数据处理者参与，则数据处理者应当协助数据控制者完成评估，双方可以通过合同来约定有关的责任划分。此外，在适当情况下，数据控制者还应当征求数据主体或其他利益相关者的意见，确保数据处理行为不会危害到公共利益。最后，为了保证评估的科学和专业，数据控制者还应当广泛采纳意见，例如来自律师、工程师、社会学家、互联网专家等的意见。

GDPR 还规定了评估的内容，主要涉及以下方面：①预想的数据处理行为及其目的；②数据处理行为与其目的的相称性；③可能产生的风险；④预想的处理风险方案。④ 由于 GDPR 在第 40 条规定了有关数据控制者或处理者的行为准则，要求相关主体制定行为准则作为约束自身行为的标准，因此在对数据控制者或处理者进行评估时，还应当参照相应的行为准则。通过

---

① GDPR，Article 35(1).

② Article 29 Data Protection Working Party. Guidelines on data protection impact assessment (DPIA) and determining whether processing is "likely to result in a high risk" for the purpose of Regulation 2016/679[EB/OL]. (2017-04-04)[2018-12-20]. https://ec. europa. eu/newsroom/article29/item-detail. cfm? item_id=611236.

③ GDPR，Article 35(11).

④ GDPR，Article 35(7).

评价其对行为准则的遵守情况,对数据保护影响进行评估。

对于那些经评估认定为可能导致高风险的情形,GDPR 规定了解决办法,数据控制者或处理者必须在处理数据前向监管机构咨询,监管机构按照该条例规定提出书面建议。但必须注意,GDPR 允许成员国在本国法律中规定数据控制者应当事先咨询的其他情形,且当数据控制者为了执行与公共利益有关的任务而进行数据处理时,成员国法律可以要求数据控制者向监管机构咨询并且征得其事先授权。①

（三）个人数据泄露的报告义务(the notification of breaching personal data security)

按照以往数据保护规则的规定,违反数据安全的通知义务仅适用于特定类别的数据控制者。例如,公共服务网络提供者和电子通信服务提供者应当在知道个人数据泄露事件发生之时起 24 小时内向监管机构报告。GDPR 同样规定了这一报告义务,并扩大了这项义务的覆盖范围,要求所有数据控制者在发生个人数据泄露事件时,都必须向监管机构报告。当然,数控控制者的报告期间被延长到了 72 小时,未能在 72 小时内报告的,需要说明未及时报告的理由。此外,数据处理者也负有通知义务,在发现个人数据泄露后应当立即通知数据控制者。②

作为对数据主体获知必要信息的权利的补充,当个人数据泄露可能对自然人的权利和自由产生较高风险时,数据控制者还对数据主体负有通知义务。③ 考虑到个人数据在被收集之后,数据主体很难对其行使权利,GDPR 在规定数据控制者通知义务的考量上,更多鼓励数据控制者积极采取措施对个人数据泄露进行挽救和弥补。如果数据控制者在前期已经采取了保护措施,或者在后续采取了一定措施降低了数据泄露可能对数据主体造成的风险(例如加密技术、数据去身份化),或者由数据控制者告知数据主

---

① GDPR,Article 36(1)(2)(5).
② GDPR,Article 33(1)(2).
③ GDPR,Article 34(1).

体成本高且效率低(例如通过大众传媒来告知数据主体更高效),则在这些情形下,数据控制者可以免除项向数据主体告知数据泄露的义务。①

总之,GDPR 规定了当不可避免发生个人数据泄露时,数据控制者首先要关注的是保护数据主体的权利。如果数据控制者没有向数据主体告知数据泄露,监管机构在充分考虑个人数据泄露可能造成的风险的基础上,应当要求数据控制者履行告知义务。相应地,数据控制者和数据处理者在日常处理数据的活动中,也应当做好预警和防范,一旦发生数据泄露数据,必须及时履行告知义务,将可能对数据主体造成的危害降到最低。②

四、跨境数据转移

伴随着电子商务的出现,跨境数据转移的概念也变得更加丰富。2001年,欧洲委员会成员国签订了《个人数据自动化处理中的个人保护公约有关监管机构和跨境数据流通的附加协定》。该附加协定作为对 1981 年《个人数据自动化处理中的个人保护公约》的补充,规定了跨境个人数据流通的处理规则。该附加协定要求各缔约国只有在某国家或非公约缔约方的组织确保为预期的数据转移提供适当的保护水平时,才能将个人数据向受该国家管辖的接收者或组织转移。有如下例外情形:一是如果缔约国国内法基于数据主体的特定利益或更优先的合法利益,尤其是重要的公共利益做了规定,则也可以向成员国以外的接收国或地区转移个人数据;二是如果数据控制者为数据转移提供了保障措施,且被认为是充分的,则也可以转移个人数据。

对个人数据跨境转移的控制是欧盟个人数据保护立法的一大特色,GDPR 同样严格限制欧盟境内的个人数据转移到欧盟以外的第三国或国际

---

① 赵淑钰,伦一. 数据泄露通知制度的国际经验与启示[J]. 中国信息安全,2018(3):74-75.

② Article 29 Data Protection Working Party. Opinion 03/2014 on personal data breach notification[EB/OL]. (2014-03-25)[2022-09-14]. https://ec. europa. eu/justice/article-29/documentation/opinion-recommendation/files/2014/wp213_en. pdf.

组织。在原有规则的基础上,GDPR 进一步提出了"充分保护水平"的基本原则,规定只有"在适当的个人数据保护水平得到保证的情形下"才能进行转移。[①] 此外,还规定了遵守"适当保障措施"的转移和特殊情形下的例外规定。

GDPR 规定了数据跨境转移的总体原则,即接收国或地区的"充分保护水平",并规定了欧盟委员会评估保护水平是否充分所应当考虑的因素:①法律规则。为了保护欧盟内部公民的个人数据,接收国必须提供具有相同保护水平的个人数据保护规则。从价值追求上看,应当注重对人权和基本自由的尊重和保护;从具体规则构建上看,应当注重相关立法及立法的实施。此外,还必须制定关于个人数据跨境转移的规则,以及关于数据主体权利的救济措施等。②监管机构。第三国或国际组织应当设有一个或多个监管机构来负责确保数据保护规则的遵守,且该监管机构享有独立地位,能够充分执法。③国际协定、公约、多边体系。第三国应当就个人数据保护与其他国家或地区缔结有国际协定,或者参加了具有法律约束力的公约,或者个人数据保护的多边或区域体系。[②]

为了保护欧盟公民的个人数据权利,欧盟通过 GDPR 确立了较高水平的个人数据保护规则。[③] 欧盟委员会有权认定数据转移的第三国、第三国的某一地区、某个或多个特定的部门或国际组织是否已经达到充分的保护水平。经欧盟委员会确定已经达到"充分保护水平"的第三国或国际组织,可以接受来自欧盟的数据转移,且无须再经过事先授权。此外,即使已经欧盟委员会评估确定为达到"充分保护水平"的国家或地区,仍然要接受至少每四年一次的定期检查,且根据自身发展状况进行调整。[④]

就个人数据跨境转移而言,在"充分保护水平"这一基本原则之外,

---

① GDPR,Article 44.

② GDPR,Article 45(2).

③ 石月.数字经济环境下的跨境数据流动管理[J].信息安全与通信保密,2015(10):101-103.

④ GDPR,Article 45(3).

GDPR 还规定了遵守"适当保障措施"的转移。如果第三国或国际组织未达到充分保护水平,则不能进行数据转移,只有在提供了适当的保障措施并且满足欧盟要求时才能进行数据转移。这种保障措施的证明可以通过多种形式来提供:公共机构可以提供具有法律约束力和执行力的文件;公司则可以提供制定好的约束规则;或者证明采用了符合欧盟要求的标准数据保护条款、审查程序;以及做出适当保障措施的承诺。① 如果数据控制者或处理者能够提供适当保障措施并且能够满足数据主体行使权利、能获得有效法律救济的条件,那么该第三国或国际组织可以转移来自欧盟的个人数据。

此外,欧盟 GDPR 还就数据跨境转移规定了例外情形。如果不能达到"充分保护水平"也没有"适当保障措施",但符合特殊情形下的例外规定时,也能够将个人数据转移到第三国或国际组织。按照该条例的要求,这种"特殊情形下的例外规定"指下列情形之一:①数据主体同意,即数据主体被明确告知第三国或地区缺乏充分的保护标准和适当的保护措施,仍然明确表示同意转移的。②合同义务,基于数据主体与数据控制者之间的合同约定,数据转移是必须履行的合同义务。③基于数据主体利益,数据转移虽然是数据控制者与其他自然人或法人的约定,但该合同是基于数据主体的利益;数据主体由于自身原因不能做出同意的情况下,转移是为了保护数据主体或他人的重要利益。④基于公共利益,转移是为重要公共利益所必要的;是确立、行使或抗辩法定请求权的必要条件……②作为补充,GDPR 还在 49 条第 2 款概括性地规定了"追求合法利益目的,且不涉及数据主体利益"的个人数据跨境转移。作为补充条款,这一规定十分模糊,要求所转移的数据"没有重复进行""只关系到有限数量的数据主体",且对数据转移已经进行了充分评估,能够为保护个人数据提供适当的措施。关于何为"有限数量"、何为"充分评估"等,GDPR 都没有做详细说明。

总体上看,GDPR 限制个人数据流向欧盟成员国以外的其他国家和地

---

① GDPR,Article 46(1)(2).
② GDPR,Article 49(1).

区,虽然保证了欧盟公民的个人数据权利,但实际上将对开展跨境业务的公司产生不利影响。[①] 考虑到企业为了达到欧盟要求的数据保护水平,毫无疑问将增加企业的合规成本。对于充分性决定的实际效果,也存在一些问题。公司为数据转移设立的分支机构,在随后的充分性决定面前是否仍然有效?一家公司为了将数据转移到第三国,签署了合同文本,提供了适当的保障措施,而欧盟委员会随后做出关于该公司所在国家充分性决定后,这些合同文本是否还有效? 在这种情况下,因为整个国家的数据保护水平都已经达到了欧盟的要求,合同赋予的数据保护责任失去了存在的必要,当事人双方或许都会倾向于希望终止合同,但 GDPR 并没有就这一问题给出答案。

五、数据监管机构的职责

考虑到必须保证 GDPR 在整个欧盟境内的适用效力,其第 77 条规定了数据主体向监管机构投诉的权利,数据主体可以在其惯常居住地、工作地或侵权行为主张地所属成员国投诉。 此外,针对数据控制者或数据处理者的诉讼,除了可以向该数据控制者或处理者营业场所所在成员国的法院提起,还可以向该数据主体惯常居住地所在成员国的法院起诉。[②] 因此,即使数据控制者身处其他成员国,数据主体所在国的监管机构仍然有权受理投诉。数据控制者所在国的监管机构应当接受并执行数据主体所在国监管机构的决定,以确保对数据主体权利的救济。

按照 GDPR 的规定,监管机构享有以下三类权力:一是调查权力(investigation powers);二是矫正权力(coercive powers);三是授权和建议的权力(authorization and advisory powers)。[③] 首先,调查权力主要涉及相关信息的搜集和审查,是对数据控制者实施监管的重要手段。 作为监管机构,其有权命令数据控制者或处理者提供必要的所有信息、以审计的形式进

---

①　石月. 新形势下的跨境数据流动管理[J]. 电信网技术,2016(4):48-50.

②　GDPR,Article 79(2).

③　GDPR,Article 58(1)-(3).

行审查、进入营业场所进行审查等。其次,矫正权力则是指监管机构向数据控制者或处理者发出警告、训斥等的权力。当监管机构认定某数据处理活动可能违反该条例的规定时,可以向数据控制者或处理者发出警告,避免该数据处理活动可能造成的伤害;如果该数据处理活动已经在进行中,则可以发出训斥,要求停止该数据处理行为。为了保证数据主体权利,数据控制者还有权命令数据控制者或处理者遵从数据主体的请求、及时告知数据泄露的情况、更正或消除个人数据等。最后,监管机构享有授权和建议的权力,建议数据控制者在数据保护影响评估表明可能会导致高风险时,向监管机构进行事先咨询;授权 GDPR 所规定的关于数据处理、认证机构、认证标准、约束规则等事宜。

第四节　GDPR 生效后的影响和启示

欧盟 GDPR 从酝酿到出台建议案,再到最终文本的面世,显示了欧盟在大数据时代对个人数据保护规则的探索,也标志着全球范围内数据保护迈入全新的阶段。相比于《95 指令》,GDPR 更加注重规则的适用性,在适用范围、数据主体的权利和数据控制者的义务、监管体系、救济范围、惩罚措施等方面都进行了完善。总体看来,GDPR 涵盖个人数据保护的各个方面,确立了严格的监管措施,创立了高额的惩罚制度,堪称史上最严的数据保护法,其对世界范围内个人数据保护的影响已经在各个方面显现。

一、脸书公司(Facebook)遭遇罚款事件

2018 年 3 月,"全球最大社交网站 Facebook 或将遭遇灭顶之灾 被处罚款 2 万亿美金"的新闻刷遍了各大网站。超过 5000 万脸书用户的数据被泄露,使得这个社交媒体巨头陷入了史上最大规模的数据泄露丑闻。短短几天时间,脸书股价暴跌 11.4%,市值更是蒸发了 600 亿美元。按照 GDPR 的

处罚规定，脸书很可能面临巨额罚款。①

　　事件经过比较简单。由于脸书允许用户在自家平台上发布程序，美国一家名为"剑桥分析"的数据分析公司发布了一个心理测试的程序。借助这个程序应用，每个用户可以将其在脸书上的行为数据以 5 美元的价格转让给数据分析公司。尽管这个转让是在用户自愿的情况下完成的，且脸书也允许在用户同意的情况下转让该数据，但由于社交网络人际关系的交织，用户在转让信息的过程中将自己好友的信息也一并转让了。虽然只有不到 3 万人下载了这个应用，但由于每个人又有好几百个好友，于是就产生了大量用户信息非经同意而被转移的问题。②

　　2018 年 7 月，脸书数据泄露巨额罚款事件终于尘埃落定，英国信息监管机构对其开出了一份数额不大但是十分具有象征意义的罚单。脸书由于在未经用户同意的情况下，允许政治咨询公司——剑桥分析公司——收集大量用户数据，且未能确保剑桥分析公司删除用户数据以保护用户隐私，为此遭到英国信息专员办公室开出 50 万英镑的罚单。尽管对于一家市值近6000 亿美元、2017 年净利润 160 亿美元的公司而言，这点罚金显得微不足道，但这已经是监管机构在现行法律规定下所能开出的最大限度的罚款。③虽然欧盟对脸书的处罚并没有最初宣扬的那么夸张，但也深刻地反映了欧盟对于个人数据保护的决心。在大数据时代，企业在任何时候都不得存有侥幸心理，必须在保护个人数据的前提下收集和利用数据。

　　脸书事件表明，在大数据时代，公民个人数据具有重要意义。我们每个人每天都在创造数据，数据已经成为这一时代最重要也最具有价值的资源。在这一背景下，GDPR 不仅体现出欧盟试图通过简化和统一数据保护法律

---

　　①　腾讯科技.欧盟数据保护新规生效　Facebook 和谷歌或面临巨额罚款[EB/OL].(2018-05-25)[2018-12-25]. http://tech. qq. com/a/20180525/035094. htm.

　　②　杨延超.解读欧盟《通用数据保护条例》的几个核心问题[EB/OL]. (2018-06-12)[2018-12-25]. http://www. sohu. com/a/235269958_465968.

　　③　辰花溪石.泄露千万用户数据　Facebook 面临英国监管部门最大力度罚款[EB/OL].(2018-07-26)[2022-08-16]. https://www. sohu. com/a/243480163_100192062.

规则来构筑简明的单一市场法律环境的野心,还反映出大数据时代对个人数据保护的新要求。大数据利用首先要建立在保护个人权益前提下的数据利用秩序之上,进而最大限度地利用数据、发挥数据资源的价值。为此,GDPR 率先建立起了与大数据应用相匹配的数据保护和利用法律制度体系,并将对其他国家和地区的个人数据保护立法和实践产生影响。

二、对全球数字经济的影响

公安部第三研究所副所长李建瓴在 2018 年 9 月举行的国家网络安全宣传周"大数据安全和个人信息保护"分论坛上谈到,大数据时代数据的商业价值和社会价值逐渐得到重视,但数据安全问题也引发了多方关注,欧盟GDPR 的出台正是对大数据时代的回应。欧盟作为当今世界最具影响力的主体之一,凭借高标准的个人数据保护规范抢占了全球数据保护规则的制定权,不仅构建起了欧盟境内个人数据保护规则,还影响到了全球范围内的个人数据保护立法。① 不论是实体经济还是虚拟经济,都与数据紧密联系在一起,也必将受到 GDPR 的影响。②

GDPR 是对《95 指令》的提升,也有内容的全面更新。在数字经济时代,互联网已经成为发展商务的基础设施,数据更是成为关键的竞争资源。掌握足够多的数据并分析利用这些数据以做出最优的决策成为政府实现社会治理、企业参加市场竞争的关键因素。GDPR 通过抬高个人数据在欧盟内的保护水平并建立统一执法的路径来构建欧盟内部单一数字市场,增强欧盟内部企业和公民相互之间的信任,从而为欧盟企业带来制度红利。此外,通过 GDPR 宽泛的管辖规则,即使是位于欧盟境外的企业也要接受管辖。而 GDPR 关于个人数据跨境转移的规则,更是保证了欧盟内数据主体的个人数据只会流通到欧盟认可的具有同等保护水平的国家或国际组织。

---

① 网络传播.找到最大公约数 画出最大同心圆:聚焦 2018 年国家网络安全宣传周[EB/OL].(2018-12-27)[2022-08-15].http://www.cac.gov.cn/2018-12/27/c_1123907701.htm?ivk_sa=1024320u.

② 王瑞.欧盟《通用数据保护条例》主要内容与影响分析[J].金融会计,2018(8):17-26.

GDPR 除了有推动欧盟内部市场一体化、加快欧盟数字经济发展的效果，对欧盟外的市场参与者而言，其更承担着贸易和投资新壁垒的角色。国际经济新壁垒，是指那些阻碍国家和地区之间有关商品、服务、资金、数据自由流动的新型壁垒，包括技术壁垒、绿色壁垒和社会壁垒等。根据 GDPR 第五章的规定，欧盟内的个人数据只允许流入经认可的能够提供"充分保护"或"适当保障措施"的国家或地区，实质上就是对个人数据跨境转移的限制。由于各国个人数据保护整体水平不同，数据跨境转移的现实需要不同，以及与欧盟的政治、贸易关系不同，各国所秉承的价值观也不尽相同，对于大部分国家而言，GDPR 的要求十分严苛。可以说，因为 GDPR 限制欧盟境内的个人数据与其他国家、地区之间的转移，其可以被看作是一种新型经济壁垒。①

三、为收集和使用个人数据创设了新规则

2018 年是数据安全和隐私保护法密集出台的一年。随着 GDPR 的正式实施，世界各国也加紧了个人数据保护的立法步伐。新加坡、澳大利亚、印度、巴西都纷纷通过了各自的个人数据保护法。② 随着中欧经济合作的进一步开展，我国互联网企业也不可避免地要接受 GDPR 的规制。电商、互联网、金融等必须依赖个人数据使用的行业，亟须提高自身的合规能力，以应对 GDPR 收集和使用个人数据的新规则。

GDPR 为个人数据的收集和使用创设了许多新的规则。一方面，GDPR 对数据控制者和处理者提出了更加严格的义务要求；另一方面，GDPR 加强了数据主体的权利保护，并创设了一些新的权利。从数据控制者的角度出发，本书将 GDPR 提出的要求总结为以下几方面：一是列举清楚其即将实施或正在实施的数据处理类型，并说明其数据处理行为的目的；二是在处理数

---

① 许可.数字经济视野中的欧盟《一般数据保护条例》[J].财经法学,2018(6):71-83.

② 张维.2018 年是数据泄露年还是数据保护元年[EB/OL].(2018-12-29)[2018-12-26]. http://news.cctv.com/2018/12/29/ARTIfPDCs3l7XfxGLKMkCsWm181229.shtml.

据的过程中，始终保证数据处理行为不会偏离或超出既定的目的，在必要情形下还必须再次取得数据主体的同意；三是应当向数据保护官寻求建议，在必要情况下还必须进行数据保护影响评估，确保所实施的数据处理行为不会危害到数据主体的权利和自由；四是当涉及数据跨境转移的情形时，应当充分考量第三国或地区的个人数据保护水平。此外，GDPR 规定了严格的处罚措施，对违规行为可处高达 2000 万欧元或企业全球年营业额的 4％ 的罚款（二者竞合取较高值）。总之，GDPR 填补了当前个人数据保护规则关于公司内部合规机制的规定空白，要求公司将个人数据保护内化于自己的内部程序和人事管理。

GDPR 通过加强个人数据的保护以促进个人数据在欧盟境内的自由流通，因此采取赋予数据主体更多权利、施加数据控制者更多义务的做法。如前所述，该条例向数据控制者施加了多项新的义务，这些规定必将对欧盟境外其他国家产生影响。那些已经制定个人数据保护法的国家必然会对照 GDPR 的规定调整本国个人数据保护规则，而那些尚未制定个人数据保护法的国家也必然会引用和借鉴 GDPR 的相关规定。欧盟已然走在了个人数据保护领域的前沿，GDPR 赋予数据主体的新权利和数据控制者的新义务，必将成为各国修法或立法需要考量的重要因素。

四、对公司合规提出了更高要求

互联网的出现意味着信息可以不受地域限制地自由流动，进而成为主导世界经济的力量。对于从事国际商务的公司而言，任何对信息流动加以限制或附加条件的管理制度，都将对其产生深远影响。欧洲是世界上最大的货物和服务市场之一，数据保护法律显然会成为影响公司商务业绩的主要法律障碍。近几年来，我国互联网企业兴起出海浪潮，开始踏出国门走向世界。面对 GDPR 所引领的日益严格的个人数据保护规则，我国企业必须尽早适应和转变。对于在欧盟设立机构的中国企业或者向欧盟境内提供产品或服务的中国企业而言，至少应当从以下几个方面完善公司合规工作。

首先，GDPR 采用概括加列举的形式，将有关数据处理行为都纳入了规

制范畴。相比于国内的个人数据保护规则，例如《网络安全法》而言，GDPR
的覆盖范围更大。因此，企业在处理涉及欧盟地区的个人数据时，应当了解
并掌握该条例的规定。一些按照国内法规定不会被认定为侵犯个人数据权
利的行为，很有可能落入欧盟规制的范围。

其次，在跨境电子商务往来中，企业不仅要关注本土的数据合规，还要
关注海外的数据合规。随着数字经济成为全球经济发展的新动力，世界各
国都将目光投向了这一领域。为了保证数据资源的合理利用，各国纷纷更
新隐私保护规则或制定个人数据保护规则，有关要求也越来越高。对此，企
业必须及时更新观念，在对外贸易中采取更高的合规标准，降低违规的风险
和成本。

最后，互联网企业必须在了解东道国个人数据保护制度的基础上，适当
改变自己的营销习惯。对于那些涉及欧盟业务的互联网企业，应当严格按
照 GDPR 的要求使用个人数据进行直接营销，并在前期为数据主体行使拒
绝权和撤回同意权等权利提供便利。总之，应当将保护数据主体权利这一
价值追求内化到公司的管理理念当中，并按照 GDPR 的要求，设置数据保护
官，适时进行数据安全影响评估。

第五章　我国个人数据保护法律制度构建

《吕氏春秋·察今》有云:"世易时移,变法宜矣。譬之若良药,病万变,药亦万变;病变而药不变,向之寿民,今为殇子矣。"[1]当世道和时势都已经发生改变,国家的法令制度也应当随之变化。在大数据时代,个人数据保护制度的构建已然成为现实需要,甚至可以说是不可逆转的时代潮流。如何在促进数据流通和有效保护数据之间找到平衡,是构建个人数据保护制度时不可回避的问题。

第一节　我国个人数据保护现状

在互联网时代,个人数据泄露似乎是一个无法回避的话题。中国互联网协会发布的《中国网民权益保护调查报告 2016》显示,2015 年,国内 6.88 亿网民因垃圾短信、诈骗信息、个人信息泄露等遭受的经济损失为人均 133 元,总体造成经济损失约 915 亿元。其中,9% 的网民由于各类权益侵害遭

---

① 吕氏春秋[M]. 长春:吉林文史出版社,1993:281.

受的经济损失在 1000 元以上。[①] 此外,360 互联网安全中心发布的《2017 年中国手机安全状况报告》显示,饱受诟病的垃圾短信和垃圾电话现象仍然十分严重。仅 2017 年 360 手机卫士便为用户标记各类骚扰电话约 2.24 亿个,拦截骚扰电话 380.9 亿次;为全国用户拦截各类垃圾短信约 98.5 亿条,平均每天拦截 2698.6 万条。[②]

一、个人数据泄露灰色之年

大数据时代,一方面是数据的爆炸式增长,另一方面是数据信息的收集和利用,数据安全问题日益突出。大数据时代,数据不仅成为重要的社会资源,还关系到用户的隐私安全。随着各行各业与云计算、物联网的不断融合,数据泄露的风险甚至不再仅限于互联网行业。2017—2018 年正值信息产业飞速发展的时期,而有关网络安全和个人数据保护的规则尚未建立起来,使得这一时期数据泄露事件屡屡发生,堪称"数据泄露灰色之年"。

(一)数据堂被查涉侵犯公民个人信息案

2017 年 5 月有媒体报道称,数据堂因泄露客户隐私,公司多位高管和业务人员被警方带走调查。数据堂当时发布了澄清公告,称该消息只是传闻,与事实不符,不存在"公司高管被抓"的情形,公司业务运作正常。[③] 7 月,新华社"新华视点"发布一则视频消息称,山东省近日成功破获一起特大侵犯公民个人信息案,共抓获犯罪嫌疑人 57 名,打击涉案公司 11 家。在被查获的公司中,最引人关注的就是数据堂。该视频报道显示,涉案的数据堂公司在 8 个月时间内,日均传输公民个人信息 1.3 亿余条,累计传输数据压缩后

---

① 厦门电视台.新闻观察:《2016 中国网民权益保护调查报告》发布[EB/OL](2016-06-25)[2022-08-26].https://www.sohu.com/a/86086443_362254.

② 通文.360 发布 2017 年度中国手机安全状态报告[EB/OL].(2018-04-08)[2022-08-16].http://www.ccidcom.com/baogao/20180408/5MRdXHmFMeuxjIB8C15nrsoa 47vcs.html.

③ 新浪财经.数据堂被查涉侵犯公民个人信息案:累计传输数据 4000G[EB/OL].(2018-07-10)[2018-12-30].http://finance.sina.com.cn/spread/thirdmarket/2018-07-10/doc-ihezpzwu8601594.shtml.

约为 4000G。①

(二)华住酒店陷数据泄露风波

近年来,连锁酒店接连陷入用户信息被泄露的风波。2015 年,有媒体报道称,某消费者在 7 天连锁酒店的账户莫名出现了 700 多个订房信息,积分变成负数,用户信用变差。2016 年,凯悦酒店集团遭遇支付卡数据等信息泄露事件,波及了全球 50 个国家的 250 家酒店,约占凯悦运营酒店数量的 40%。2017 年,洲际酒店集团在北美地区服务器遭到恶意软件入侵,造成数据泄露的事件,涉及多达 1200 家酒店。2018 年,华住旗下酒店用户数据疑遭泄露,泄露数据涉及人数多达 1.3 亿。

8 月 28 日,全球酒店 20 强的华住酒店集团遭遇信息泄露,有人在境外网站公然兜售华住旗下酒店数据,涉及其旗下全部酒店品牌,数据脱库时间为 8 月 14 日,所泄露的数据涉及身份证、手机号、邮箱、账号、登录密码、入住登记身份信息、酒店开房记录等。本次泄露数据总量高达 141.5G、4.93亿条,涉及约 1.3 亿人信息。这些数据信息被黑客挂到暗网黑市售卖,标价8 个比特币约合人民币 30 万元,售卖者甚至还声称提供持续更新的售后服务。此消息一经发出,立即引起重视。2018 年 8 月 28 日,华住集团运营负责人向上海市长宁公安分局报案,警方立即介入调查。长宁警方表示,将始终严厉打击非法获取、买卖、交换、提供公民个人信息等违法犯罪行为,切实保护公民合法权益。②

(三)万豪酒店数据泄露事件

2018 年 11 月 30 日,万豪国际集团官方微博发布声明称:喜达屋旗下酒店的客房预订数据库被黑客入侵,有超过 3 亿人次的个人信息被泄露。相比于华住酒店数据泄露事件而言,万豪事件还暴露出企业自身对数据安全

---

① 安全内参.干得漂亮!涉嫌侵犯数百亿条公民个人信息 大数据知名企业被查[EB/OL].(2018-07-08)[2022-08-16].https://www.secrss.com/articles/3799.

② 大数据追踪.华住酒店信息泄露事件背后,你所不知道的"暗网"与"黑产"[EB/OL].(2018-08-30)[2018-12-30].http://www.sohu.com/a/251017332_100258333.

管理方面不够重视。根据万豪的通报,其数据库已经被黑客入侵长达 4 年时间。4 年时间都没有发现,足以表明万豪在数据安全管理方面存在的巨大漏洞。①

在互联网和大数据时代,网络平台成为人们日常生活和交流的重要途径,也为企业收集个人数据创造了条件。当前许多国家和地区尚未建立完善的个人数据保护规则,企业和用户的数据安全保护意识也十分薄弱,导致用户数据泄露事件频发。甚至可以说,互联网时代的用户隐私保护已经成为当前迫切需要解决的重大社会问题和法律问题。不论是脸书的数据泄露事件,还是华住和万豪的数据泄露事件,都是大数据时代背景下的必然产物。当然,随着个人数据保护规则的完善,数据的收集和利用行为也必将更加规范。

二、个人数据保护立法元年

当前,我们已经跨入 ABC 时代(AI、Big Data 和 Cloud Computing,即人工智能、大数据和云计算),数据已然成为重要的资源。在过去的几年间,围绕数据泄露发生的几起事件无不引发全世界的关注,也牵动着政府、企业和个人的利益。脸书数据泄露事件才刚刚趋于平静,华住和万豪酒店顾客数据库泄露事件又再次引发热议。GDPR 的正式生效,更是奠定了 2018 年作为"数据保护元年"的地位。对我国而言,这一年同样具有重要意义,称得上是数据保护元年。

(一)《中华人民共和国网络安全法》

《网络安全法》是为保障网络安全,维护网络空间主权和国家安全、社会公共利益,保护公民、法人和其他组织的合法权益,促进经济社会信息化健康发展而制定的。该法由全国人大常委会于 2016 年 11 月 7 日发布,自2017 年 6 月 1 日起施行。

---

① 中新经纬.万豪:喜达屋旗下酒店数据库被黑,5 亿用户开房信息或外泄[EB/OL].(2018-11-30)[2022-08-16]. https://www.thepaper.cn/newsDetail_forward_2693756.

《网络安全法》对于我国个人数据保护具有重要意义。首先,将信息安全保护上升到法律层面,体现了国家对个人信息保护的重视,保障了公民的根本利益。通过明确网络产品和服务提供者的安全义务和个人信息保护义务,进一步加强对数据主体权利的保护。其次,强调关键信息基础设施的特殊性,并与一般个人信息做了区分,确保了个人信息保护规则的科学性。最后,将网络实名制纳入网络安全防护体系,要求网络运营者积极协助有关机关维护网络安全。坚决打击个人信息窃取和泄露行为,明确建立国家统一的预警机制。

总体上看,《网络安全法》就网络信息安全的规定可以总结为三大原则。一是保密原则,包括网络运营者对所收集用户信息的保密义务(第 40 条),采取必要措施确保所收集的个人信息安全的义务(第 42 条),不得非法获取、出售或者向他人提供个人信息的义务(第 44 条),网络安全监督管理部门及其工作人员对履行职责期间获得的个人信息保密的义务(第 45 条)。二是合法性原则。网络运营者在收集、使用个人信息时应当遵循公开原则,采取合法、正当的方式,明确告知被收集者相关信息并取得被收集者同意(第 41 条)。三是内容监管原则。要求网络运营者加强对其用户发布信息的管理(第 47 条)。国家网信部门和有关部门发现法律、行政法规禁止发布或传输的信息的,应当要求网络运营者及时采取措施(第 50 条)。

《网络安全法》作为我国网络空间安全管理的基本法律,整体上是一部框架性法律,构建了网络安全保护的制度层面,但缺乏相关配套法规和实施细则的支撑,使得许多制度落实起来十分困难,一些重要制度的实际效果并不尽如人意。

(二)《个人信息和重要数据出境安全评估办法(征求意见稿)》

早在 2017 年 4 月 11 日,国家互联网信息办公室就已经公布了《个人信息和重要数据出境安全评估办法(征求意见稿)》(简称《评估办法》),提出网络运营者在我国境内运营中收集和产生的个人信息和重要数据,因业务需要向境外提供的,应进行安全评估。

《网络安全法》首次以法律形式确立了对个人信息及重要数据出境的安全评估制度,并授权国家网信部门会同其他监管部门制定详细的安全评估实施办法。在安全评估的使用范围上,《评估办法》已经超出了《网络安全法》第 37 条规定的范围。按照对该办法第 2 条的理解,"境内收集境内存储"仍然是个人信息和重要数据存储的一般性要求,例外情况下确实需要向境外提供的,应当事先进行安全评估。《评估办法》通过所谓自行评估及监管机构评估的方式对数据出境进行监管。具体说来,网络运营者需要自行对数据出境进行评估,而对满足相应条件的数据出境,网络运营者需报告行业监管部门或国家网信部门进行评估。[①]

相比于《网络安全法》,《评估办法》扩大了数据本地化及安全评估义务适用对象的范围,并且对网络运营者施加了广泛的评估义务,但仍然缺乏明确、具体的标准、程序和要求。面对数字化迅速发展的时代,《评估办法》对跨境运营公司产生了广泛的影响。2017 年 4 月以来,国家互联网信息办公室一直在努力推进中国跨境数据传输制度的构建。但由于涉及的范围广、问题多,我国跨镜数据流动监管制度仍有争议尚未解决。例如,按照《评估办法》的要求,只有关键信息基础设施的运营者负有数据出境安全评估的义务,是否有必要将这一义务的承担范围扩大到一般的网络运营者?对于数据出境的合法性认定,《评估办法》仅采用安全评估制度是否有些单一?有没有必要借鉴 GDPR 的认证或充分保护等制度设计?2019 年 6 月 13 日,国家网信办发布关于《个人信息出境安全评估办法(征求意见稿)》公开征求意见的通知,正式对外征求意见。

为了进一步规范数据出境活动,保护个人信息权益,维护国家安全和社会公共利益,促进数据跨境安全、自由流动,国家互联网信息办公室在听取各方意见的基础上,随后又起草了《数据出境安全评估办法(征求意见稿)》,并于 2021 年 10 月 29 日开始向社会公开征求意见。2022 年 7 月 7 日,国家

---

① 网信办.个人信息和重要数据出境安全评估办法(征求意见稿),第 7、9 条[EB/OL].
(2017-04-11)[2019-02-18]. http://www.cac.gov.cn/2017-04/11/c_1120785691.htm.

互联网信息办公室正式公布《数据出境安全评估办法》,自 2022 年 9 月 1 日起施行。

(三)《关键信息基础设施安全保护条例》

《网络安全法》规定了"关键信息基础设施"提供者的相关义务和规则,对其在网络运营者义务的基础上提出了更高要求。但仍然只是原则性规定,缺乏具体细化的措施。为此,国家互联网信息办公室于 2017 年 7 月 10 日发布了《关键信息基础设施安全保护条例(征求意见稿)》(简称《安全保护条例》)。作为《网络安全法》的下位法和配套规定,该条例就关键信息基础设施领域做了具体细化的规定。

《安全保护条例》并没有直接给出"关键信息基础设施"的定义,只是在第三章用列举的方式做了规定。本书认为,所谓"关键信息基础设施"是指那些关系到国家安全、国计民生、公共利益,主要涉及通信、能源、金融、交通、医疗卫生、教育等领域的政府机关或重点单位。鉴于这些领域的特殊性,一旦发生数据泄露事件,其后果不堪设想,因此有必要对其做出严格要求。

考虑到"关键信息基础设施"的重要性和特殊性,《安全保护条例》还规定了识别程序。要求国家网信部门会同国务院电信主管部门、公安部门等部门制定关键信息基础设施识别指南。该识别指南作为识别"关键信息基础设施"的指导文件,具有重要的参考价值。

一旦被认定为"关键信息基础设施",企业就必须负担起更严格的义务。作为关键信息基础设施运营者,企业必须首先确保相关业务稳定和保证持续运营,一旦发生新建、停运或重大变化时,应当及时将相关情况报告国家行业主管或监管部门。其次,应当制定安全管理制度和规程,采取技术措施防范病毒和攻击,按照规定留存网络日志不少于 6 个月,做好数据分类、备份和加密。再次,企业必须设立专门机构和专人负责网络安全的管理和维护,并对重要系统和数据库进行容灾备份,制定网络安全事件应急预案并演练。最后,《安全保护条例》还对企业提出了建立安全检测评估制度的要求,每年不得少于一次检测评估。除了前述要求,条例还对关键信息基础设施领域的数据跨境转移做了限制,提出一般情况下"境内存储",确需向境外提供的则必须"按照个人信息和重要数据出境安全评估办法进行评估"。①

(四)《网络安全等级保护条例(征求意见稿)》

2018 年 6 月 27 日,公安部正式发布《网络安全等级保护条例(征求意见稿)》(简称《等保条例》)。此前,《网络安全法》在第 21 条已经确立了网络安全等级保护制度,《等保条例》的出台有力地落实了这一制度。早在 2007 年,公安部就曾经发布了《信息安全等级保护管理办法》,确立了等级保护 1.0 体系。《等保条例》是我国适应现阶段网络安全新形势、新变化以及新技术、新应用发展所做出的尝试,标志着等级保护正式迈入 2.0 时代。

《等保条例》确立了五级安全保护等级体系,并进一步强化了对公民、法人和其他组织合法权益的保护。② 条例首先将受侵害客体分为三类,即公民、法人和其他组织的合法权益,社会秩序、公共秩序,国家安全。再针对所受侵害的严重程度区分为一般损害、严重损害和特别严重损害。两项分类交叉之后就得出了五级安全保护等级,其中最轻的一级是对公民、法人和其他组织合法权益的一般损害,而最重的一级是对国家安全的特别严重损害。

安全等级的确认是《等保条例》顺利实施的保障,条例第 16—19 条规定了网络运营者确定安全保护等级的程序性要求。除在规划设计阶段就确定网络安全保护等级之外,网络运营者还应当在发生重大变化时及时变更网络安全保护等级。针对不同的级别,定级评审的机构也做了区分。对于安全保护义务,除《网络安全法》第 21 条已经明确的内容外,一般网络运营者还必须对照《等保条例》第 20 条履行相应义务,且第三级以上网络的运营者除履行前述两类义务之外,还必须履行《等保条例》第 21 条规定的"特殊安

---

①　网信办. 个人信息和重要数据出境安全评估办法(征求意见稿),第 20—24、28—29 条 [EB/OL]. (2017-04-11) [2019-02-18]. http://www. cac. gov. cn/2017-04/11/c_1120785691. htm.

②　公安部. 网络安全等级保护条例(征求意见稿),第 15 条[EB/OL]. (2018-06-27) [2019-02-20]. http://www. mps. gov. cn/n2254536/n4904355/c6159136/content. html.

全保护义务"。

作为保障《网络安全法》所确立网络安全等级保护制度的配套法规之一,《等保条例》更加科学地就网络运营者做了等级区分,使相关工作的落实有了切实可行的依据。但是,相关法律法规之间的衔接还不到位,有关概念、范围和认定程序等也有待进一步厘清。

(五)《中华人民共和国个人信息保护法》

继《网络安全法》重磅出台后,一部更加严厉的数据保护法也开始酝酿。2018 年 3 月 15 日,在中国人民大学举办的"2018 新技术与消费者保护峰会暨中国人民大学国发院金融科技与互联网安全研究中心年会"上,张新宝教授作为第三部《中华人民共和国个人信息保护法(专家建议稿)》的起草人发言称:"制定《个人信息保护法》已经是大势所趋、民心所向。该法的出台有利于提升个人信息保护法治水平,推动数据产业发展和国家信息化进程。"[1]在第十三届全国人大常委会 2018 年 9 月公布的立法规划中,《个人信息保护法》(以下简称《个人信息保护法》)被列入第一类项目,即全国人大认为立法条件比较成熟,在本届任期内拟提请审议。[2]

我国有关个人信息保护的立法可以追溯到 2009 年的《中华人民共和国侵权责任法》,首次以立法的形式确立了隐私权。随后,出售、非法提供公民个人信息罪与非法获取公民个人信息罪纳入刑法修正案(七),加大了对倒卖个人信息行为的处罚。2012 年,全国人大常委会《关于加强网络信息保护的决定》发布,界定了个人信息的内涵和范围。2013 年,《消费者权益保护法》进行修订,明确将保护个人信息作为消费者的一项基本权利。2015 年,刑法修正案(九)在原有基础上进一步加强了对个人信息的保护,设置个人信息罪以及拒不履行信息网络安全管理义务罪。2016 年,《网络安全法》获

---

① 　OBT 商业科技观察. 更严厉的数据保护法来了,《个人信息保护法》(专家建议稿)即将发布[EB/OL]. (2018-03-21)[2018-12-30]. https://www. sohu. com/a/226016805_453795.

② 　冯群星. 个人信息保护法列入十三届全国人大常委会 5 年立法规划[EB/OL]. (2018-09-07)[2022-08-26]. https://www. sohu. com/a/252591164_161795.

得审议通过,明确要求网络运营者建立健全用户信息保护制度,是迄今为止对个人信息保护规定最为全面的立法。《中华人民共和国民法典》第 111 条规定,自然人的个人信息受法律保护,再次肯定了个人信息保护的重要性。

尽管我国在个人信息保护方面有过探索且取得了一定成果,但随着社会信息化进程的深入,个人数据成为整个大数据时代最重要的数据类型,对个人数据保护规则也提出了更高的要求。个人数据的保护和利用不仅关系到公民的私权利,还关系到公共利益,如何妥当地进行个人信息保护与利用的利益衡量,是我国信息化进程中必须解决的重要问题。以往的个人信息保护规则多为不同部门的单独立法,虽然数量上很多,但实际效果并不理想。面对个人信息保护这一共性问题,仅依靠某一行业的监管很难形成规模效应,必须通过统一立法实现顶层设计。现有的有关个人信息保护的法律法规基本都是末端治理的制裁性规范,而不是源头治理的指引性规范。《网络安全法》侧重于规范网络上信息的收集和使用,其立法目的是网络安全,而不是个人信息保护。刑法修正案则仅仅规定了信息犯罪与惩罚的规则,在打击犯罪方面确实发挥了巨大作用,但仍然不是从数据主体角度出发的个人数据保护规则。

经过多次审议,《个人信息保护法》于 2021 年 8 月 20 日通过,并于 2021 年 11 月 1 日起正式实施。作为我国首部针对个人信息保护的专门性立法,该法在《中华人民共和国民法典》等有关法律的基础上进一步细化、完善个人信息保护应遵循的原则和个人信息处理规则,明确个人信息处理活动中的权利义务边界,健全个人信息保护工作体制机制,给信息处理者的法治合规工作提供了方向性的指导。《个人信息保护法》作为个人数据保护的基础性和原则性规定,能够引导信息产业的发展方向。如果最开始没有这样的基础性原则,政府可能会管得太严,束缚产业的发展,也可能管得太松,使得企业为所欲为。对信息产业进行规范的目的是使其更好发展。个人数据的非法获取或买卖,不仅侵害了数据主体的合法权益,还将对企业和社会造成不可估量的负面影响。

三、个人数据保护立法存在的不足

通过制定个人数据保护相关规则的努力，我国初步形成了维护网络安全的法律格局，对于促进互联网产业的健康发展具有重要意义。然而，通观上述我国有关个人数据保护的立法，其数量固然十分可观，但在内容和体系上仍然存在一些不足之处。

首先，多为原则性规定，缺乏具体实施规则。客观来说，近年来的分散立法一定程度上回应了公众对个人数据保护问题的关切，但在改善法律环境方面发挥的作用十分有限。2012 年发布的《全国人大关于加强公民个人信息保护的决定》，作为我国个人数据保护领域的奠基性制度，该决定首次在法律层面部分引入了国际上通行的个人数据保护原则，例如收集个人数据的合法正当性原则、知情同意原则等。但该决定全文仅 12 个条文，其中仅有 4 个条文具体涉及个人数据保护，且规定表述过于宏观，难以对市场产生实际规范作用。对于数据主体而言，这种分散、原则性立法条款很难帮助个人建立起完整的权利意识，也很难对数据控制者形成有效约束。

其次，分散立法，不够统一。在《网络安全法》《个人信息保护法》出台之前，我国涉及个人数据保护的法律、行政法规、部门规章林林总总已有近几十部，具体规定各不一致。《网络安全法》的出台对于统一网络运营、服务领域的个人数据保护法律规则具有积极作用，但对于网络服务领域以外的其他行业的规制仍然鞭长莫及。此外，《中华人民共和国电子商务法》对于个人的查询权、删除权、"知情同意"机制、匿名化处理等规定，与《网络安全法》规定均有所出入，必然会造成将来法律适用上的冲突。

最后，过分强调行政和刑事责任，偏离了个人数据保护的初衷。面对频繁发生的个人数据泄露和个人数据买卖事件，我国采取了加大刑事责任打击力度的做法，力求对违法犯罪行为起到威慑作用。刑法修正案（九）显著提高了量刑幅度，最高刑从三年增至七年。近期有关司法解释的讨论也有将"非法获取"做扩大解释的倾向，目的在于通过刑事打击来遏制数据滥用行为。刑事责任固然是个人数据保护法体系的重要组成部分，但通观各国个人数据保护的立法经验,针对个人的处罚和刑事打击并不是个人数据法律保护的最主要路径。

第二节　个人数据保护相关制度思考

一、告知同意模式

大数据时代有关个人数据的利用需求增大,对个人数据的威胁也随之而来。数据主体往往难以注意或正确评价其个人数据被收集、处理或分享的方式,削弱了数据主体对于个人数据的控制能力。[①] 鉴于数据控制者与数据主体之间存在严重的信息不对称,导致个人数据泄露或滥用行为时有发生,有必要采取措施来缓解信息不对称所造成的个人数据保护和使用中的问题。《95 指令》中一直规定了"告知同意模式",认为当事人的同意是指任何出于自由意志、目的特定及基于告知后所表示的期望,是指当事人对个人数据被处理的同意。

早在应用于个人数据保护领域之前,告知同意模式已经在医疗领域得以发展,要求医生从事医疗行为前必须先告知患者相关事项并取得患者的同意。事实上,告知同意模式有着古老且深厚的理论基础。"同意"的概念数个世纪以来一直在法律思想体系中占据重要地位,尤其是在契约法理论体系中,"同意"甚至基于核心的地位。当事人可以透过同意的机制体现其个人价值体系的偏好顺序,当事人不能且不应受其非自愿性及非有所认识下所为的承诺之拘束。按照新古典经济学理论,同意的机制虽然有助于提高效率,但只有在当事人被告知后自愿性地选择所为的交易才能直接或间接增进当事人或社会的福祉。因此,"告知同意"模式强调当事人所做出的

---

① 万方.隐私政策中的告知同意原则及其异化[J].法律科学(西北政法大学学报),2019(2):61-68.

同意必须基于告知后或有所认识的情形才具有意义。①

（一）以"同意"为基础的个人数据保护体制

学者艾伦·F. 威斯汀（Alan F. Westin）在其著作《隐私与自由》（*Privacy and Freedom*）中将隐私视为个人享有的一项权利，具体指的是个人能够决定其资料于何时及以何种方式提供给他人的权利。② OECD 在1980 年《指南》中确立了个人数据保护的八项基本原则，其中的"收集限制原则"和"目的特定化原则"表明，个人数据的收集应当取得数据主体同意或通知数据主体；个人数据使用目的变更时，也应当取得数据主体同意或法律另有规定。参照欧盟关于人权保护的规定，每个人都有保护其个人数据的权利。当个人数据被处理时，应当有特定目的以及经当事人同意或经法律赋予其他正当化基础。《95 指令》第 7(a)条有关使数据处理合法化的标准中指明，只有在数据主体明确表示同意的情况下，才能处理个人数据。2000 年，美国与欧盟为了解决个人数据保护标准不一致的问题而达成了《安全港协议》，要求对于将个人数据披露给第三人或用于与原始收集目的或随后的授权目的不相符的用途时，应当给予数据主体做出是否同意的权利；而对于敏感数据的披露或用于与原始收集目的或随后授权目的不相符的用途时，则应给予数据主体明确选择的机会。

（二）不经数据主体同意而使用个人数据的情形

如前所述，各国或国际组织在制定有关个人数据保护和利用的法律规则时，大多要求数据控制者收集、处理、使用或分享个人数据时必须经过数据主体同意。这一做法实质上是将是否同意个人数据被收集、处理、使用或分享的控制和决定权交到了数据主体的手上。为了取得数据主体的同意，数据控制者往往需要提供相当条件的个人数据保护措施。大数据时代对个人数据的使用成为常态，数据主体降低了对个人数据的控制，以数据主体同

---

① Schuck P H. Rethinking informed consent[J]. Yale Law Journal，1994(103)：870-901.

② Cate F H. Protecting privacy in health research：The limits of individual choice[J]. California Law Review，2010(6)：1765-1803.

意为核心所构建的个人数据保护体制显然能够将被大数据时代所夺去的个人数据控制权返还给数据主体。同意的要求赋予数据主体得以排除他人接近其个人数据的权利，数据主体能够以此为据选择授权他人收集、处理、使用或分享其个人数据。然而，这种"由下而上"的市场机制并非完美无缺。将决定权交给数据主体固然能够充分保障数据主体的个人利益，但会导致对整体社会利益的忽略。① 因此，有必要在特定情形下排除数据主体同意的适用，借助政府"自上而下"的立法进行调整，兼顾个人数据保护和使用的双重价值目标。

欧盟《95 指令》第 7 条（b）－（f）项补充规定，有下列情形之一时，即使数据主体没有明确表示同意，也能够处理个人数据：①基于合同事先约定；②为了履行法定义务所必需；③为了保护数据主体重大利益；④为了履行涉及公共利益的任务，或者官方授权的任务；⑤为了合法利益目的，但数据主体的基本权利及自由显得有更值得保护的重大利益时，则排除此种情形下的优先适用。

（三）告知同意模式与个人数据利用

"告知同意"模式主要包含"告知"和"同意"两个方面。按照这一模式，数据控制者应当首先以合理方式向数据主体揭露其收集个人数据的原因，使数据主体充分了解其何种个人数据将被收集以及将被如何利用。而"同意"应当以当事人对于其与数据控制者之间意思表示一致有充分了解为前提。②

《网络安全法》第 41 条规定网络运营者收集、使用个人信息，应当公开，明确告知使用目的、方式和范围，并经被收集者同意。这一规定确立了我国个人数据收集和使用的前提，即告知数据主体相关信息并取得数据主体的

---

① Warner R. Surveilance and the self: Privacy, identity and technology[J]. DePaul Law Review. 2005(54):823-861.

② Teh J. Privacy wars in cyberspace: An examination of the legal and business tensions in information privacy[J]. Yale Symposium on Law and Technology，2002(4):61-82.

同意,称为"告知同意模式"。为了履行告知义务,我国互联网企业在提供网络服务时普遍采取事先向用户发送隐私保护声明的方式,而用户只有勾选"同意"选项,认可该互联网服务提供者关于自身数据收集的行为,才能够享受该项服务。这种"隐私保护声明"的方式简化了数据控制者与数据主体之间关于使用个人数据的协议,能够有效降低数据控制者的合规成本,但在实际应用中也存在一些问题。

一方面,互联网服务提供者所采取的隐私保护声明作为告知数据主体的主要方式,很难保证数据主体对其个人数据被收集和使用的情况有充分理解了。实践中,这一做法门槛最低,数据控制者需要付出的成本最少,往往流于形式,成为数据控制者合规义务的保护伞。理想的"告知同意模式"要求互联网服务提供者主动将其收集和使用个人数据的情形告知数据主体,且保证数据主体充分理解所告知的内容,进而自愿做出是否准许的允诺。然而实践中的告知同意没有对数据主体知情的保证,仅仅凭借网络服务提供者履行告知义务就认定其责任的免除,显然不利于数据主体权利的保护。

另一方面,互联网服务提供者在隐私保护声明之后仅提供给用户两种选择的可能性,要么接受隐私保护声明从而换取该服务的使用权,要么拒绝隐私保护声明而丧失该服务的使用权。这一做法没有给数据主体进一步了解和追问的机会,也是导致隐私保护声明流于形式的重要原因。实践中,数据主体很少愿意花费时间和精力去阅读冗长的隐私保护协议,更不用说有些内容过于专业和晦涩让一般人很难理解了。这种全有或全无的处理方式,使得其难以应对复杂和多变的局势,也难以平衡数据控制者与数据主体之间的矛盾,告知同意模式已经很难适应大数据时代大规模的个人数据使用行为。

二、数据泄露通知制度

数据泄露通知制度(Data Breach Notification,DBN)是指在数据主体个人数据丢失、被盗或者以其他方式泄露后,数据控制者应当及时通知数据监管机构及数据主体。① 数据泄露是威胁网络安全的重要原因。人类社会进入大数据时代以来,个人数据泄露事件频繁发生,严重损害了数据主体的个人权利,也阻碍了数据应用的发展。② 由于数据泄露的原因多种多样,很难从根本上一概予以消除,因此有必要加强对数据泄露问题的管理,最大限度降低数据泄露所造成的损失,切实维护和保障数据主体的权利。为此,数据泄露通知制度得以建立并发展起来。

（一）数据泄露通知制度的内容

数据泄露通知制度最早在美国立法中提出,第一个对此做出规定的是加利福尼亚州,2002 年加州制定《州数据安全泄露法案》,首次以立法的形式确立了这一制度。截至 2012 年 1 月,美国 46 个州的相关立法中都引入了数据泄露通知制度。③ 但由于各州有关数据泄露通知的理解存在差异,导致立法内容上也各不一致,例如关于个人数据的定义并不一致,虽然其中大部分州达成了共识,但仍然有部分州关于个人数据的定义标准是相对狭窄的。总体上看,美国数据泄露通知制度主要包含以下内容:适用范围、个人数据的定义、数据泄露事由、做出通知的方式等。

一是适用范围。数据泄露通知制度给数据控制者施加了通知数据监管机构和数据主体的义务,其推出之初主要适用于特殊行业、敏感领域,例如健康医疗部门、金融部门、联邦公共部门、退伍军人（老兵）事务部等实施。相关政策及法律有:联邦预算管理办公室（OMB）的“泄露通知政策”、《健康保险责任法案》（HIPPA）、《经济与临床医疗信息技术法案》（HITECH）和《金融服务法现代化法案》（GLBA）等。二是个人数据的定义。尽管美国各州关于个人数据的定义各不相同,但大致包括:构成社会安全号码（SSN）的姓、名、中间名,驾照号码,部分州的居民身份证号码,银行账号,以及其他通

---

① 王融.大数据时代:数据保护与流动规则[M].北京:人民邮电出版社,2017:214.

② 何波.数据泄露通知法律制度研究[J].中国信息安全,2017(12):40-43.

③ Heitzenrater J A. Data breach notification legislation: Recent developments[J]. Journal of Law and Policy for the Information Society, 2009(4):661-680.

过结合能够识别个人身份的信息。三是数据泄露事由。也就是引起数据泄露通知的情形,主要有:发现未经授权的侵入;信息泄露,尤其是那些机密信息、敏感信息;信息泄露导致被存放于同一机构或主体的某信息的完整性被破坏。四是做出通知的方式。通知的方式主要有手写的书面文件、电子邮件、大众媒体刊登三种。

为了保证数据控制者在发生数据泄露情形时自觉履行通知义务,美国各州还立法规定了一定程度的罚款。各州规定有所不同,有的按照数据主体的实际数量计算,要求数据控制者承担民事赔偿责任,具体赔偿数额从500美元/人到5万美元/人不等。也有一些州规定按天计算,每天最高1000美元,连续的另行计算,但延续30天的最高5万美元,延续180天的最高50万美元。还有按次计算的,泄露一次处罚2500美元。①

(二)欧盟对数据泄露通知制度的发展

随着个人数据利用场景越来越多样化,数据泄露通知制度也得到了新的发展,其中以欧盟的发展最为典型。2009年,欧盟对2002年《电子隐私指令》进行了修订,通过了2009/136/EC指令,引入了数据泄露通知制度。按照2009指令的规定,电信运营商和互联网服务提供商必须采取有效的安全措施保护用户的个人数据,包括用户姓名、电子邮箱地址、银行账户、拨打电话信息和上网信息,以确保个人数据不会被有意或无意地落入他人之手。同时,指令要求一旦发生安全侵害事件或者个人数据丢失或被盗,运营商应当及时向数据保护机构和用户报告。为了确保这项制度能够在欧盟各成员国得到一致的实施,2009指令还要求欧盟委员会提出进一步的具体执行规则。欧盟委员会为此进行了大量的公众咨询,并在2013年以条例的形式通过了数据泄露通知的具体规则。②

按照欧盟委员会的要求,电信运营商和互联网服务提供商要想充分履

---

① 崔聪聪,巩姗姗,李仪,等.个人信息保护法研究[M].北京:北京邮电大学出版社,2015:74-75.

② 王融.大数据时代:数据保护与流动规则[M].北京:人民邮电出版社,2017:215-216.

行数据泄露通知义务,应当符合以下要求:一是披露时间。在发现泄露事件的 24 小时内通知主管机构。如果难以在 24 小时内完成披露,则应当在 24 小时内提供一份初始信息,并在之后三天内补足其他信息。二是披露内容。要求电信运营商或互联网服务提供商明确哪些信息受到了泄露事件的影响,并说明准备采取的措施。三是披露对象。涉事的电信运营商或互联网服务提供商应当首先向主管机构进行披露,待进一步评估之后再确定是否需要向用户个人披露。公司应当结合所泄露数据的类型,评估该泄露是否给用户带来负面影响,并决定是否向用户披露。四是披露方式。应当采用标准格式向主管机构报告。

(三)对完善我国数据泄露通知制度的启示

数据泄露通知制度早在大数据时代到来之前就已经被应用于线下数据流通领域,近几年来,由于云计算等信息技术的发展带来了新的安全威胁,这一技术再次被人们关注。[①] 与美国相比,欧盟的数据泄露通知制度更加严格,例如要求在 24 小时内向主管机构披露数据泄露事件。虽然这一规定加重了数据控制者的义务,但能够确保数据泄露事件第一时间得到控制,将损失降到最低。

近年来,我国也开始意识到数据泄露通知制度的重要性,加快了这方面的立法进程。按照《网络安全法》第 42 条的规定,网络运营者应当保证其所收集的个人信息安全。尽管这一规定不够细致,但也在一定程度上填补了我国有关个人数据泄露通知制度的立法空白。从设计思路上看,我国的个人数据泄露通知制度借鉴了美欧的经验,明确了以下几点:一是引发数据泄露通知的前提条件是个人数据泄露事件,且不论是已经发生个人数据泄露事件还是可能发生数据泄露事件的情形,都必须进行披露;二是数据控制者应当承担起数据泄露通知义务;三是数据泄露通知的对象是涉事数据主体和数据监管机构;四是数据控制者除了披露数据泄露事件,还必须积极采取

---

① 郭冠廷.大数据时代防范信息泄露的策略研究[J].科技经济导刊,2018(26):181-182.

补救措施,减少损失。

实践中,虽然《网络安全法》表明要构建信息泄露通知制度,但具体到数据泄露通知的情形、通知的流程、通知的时限等都没有详细说明。数据泄露通知中制度对于监督数据控制者行为和保证数据主体权益具有重要意义,有必要通过个人数据保护法或相关立法做进一步的规定,明确数据泄露通知义务履行的具体环节,提高该制度的可操作性,切实加强数据安全保护。

三、个人敏感数据特殊保护

放眼世界各国有关个人数据保护的立法,对个人敏感信息做出规定的国家占据主流地位。① 个人敏感数据由于其客观存在的特殊性,有特别保护的必要。现实中要想解决个人数据保护和利用的矛盾,就应当区别对待不同类型的个人数据。通过列举的方式明确敏感数据的范围,并对其收集和利用做出严格规定。而敏感数据之外的一般数据,则应当放宽对其使用的限制,发挥数据的价值。

(一)"特殊数据类型"的提出

1981 年欧洲理事会《数据保护公约》第 6 条首次明确规定了"数据的特殊类型",将该类数据与一般个人数据区分开来。对于"特殊类型的数据"原则上不得自动处理,除非国内法提供充分的保障。这类数据包括:种族、政治观点、宗教或其他信仰的个人数据,以及与健康或性生活相关的个人数据。为了沿袭这一做法,《95 指令》第 8 条和 GDPR 第 9 条同样就数据的特殊类型做了规定。

2013 年 2 月 1 日,工业和信息化部颁布的《信息安全技术　公共及商用服务信息系统个人信息保护指南》(简称《个人信息保护指南》)正式实施,将个人信息分为个人一般信息和个人敏感信息,并提出默许同意和明示同意

---

① 除 GDPR 以外,欧盟的《个人数据保护指南》、奥地利的《联邦个人数据保护法》、保加利亚的《个人数据保护法》等也都就一般数据和敏感数据做了区分,参见汪全胜,方利平.个人敏感信息的法律规制探析[J].现代情报,2010(5):24-27.

的概念。前者按照默许同意的原则,只要个人信息主体没有明确表示反对,便可以收集和利用;而后者则必须首先取得数据主体的明示同意。按照《个人信息保护指南》的规定,个人敏感信息是指那些与信息主体密切相关,一旦泄露将会造成严重后果的个人信息。

国内学者大多赞同区分一般个人数据和敏感个人数据,但对于是否应当在个人数据保护法中规定敏感个人数据仍然存在不同意见。张新宝教授曾对"个人敏感隐私信息"下了定义,认为个人敏感信息关涉个人隐私核心领域,具有高度私密性,提出应当"强化个人敏感信息保护,强化个人一般信息利用",对个人敏感信息进行特别规定或分类保护。[①] 也有学者持不同意见,认为不宜采用敏感个人信息的概念,可以通过在单行法律规定中做出特别规定的方式解决特殊类型数据特殊保护的问题。[②] 在国外,随着 GDPR 的施行,欧盟国家大都认可了区分个人一般数据和个人敏感数据的做法。但也有学者认为,这一做法不利于数据资源的利用。甚至有学者提出了批判,认为在大数据时代,由于海量数据的产生和数据分析技术的提高,几乎所有种类的数据均可导出特殊数据,对特殊数据的特别保护只会增加管制成本、阻碍企业数据分析。[③]

(二)个人敏感数据保护在我国面临的困境

尽管《个人信息保护指南》已经明确区分了个人一般信息和个人敏感信息,并对个人敏感信息下了定义,但该指南仅仅是作为指导性技术文件,并非规范性法律文件,所具有的效力十分有限。

有学者提出,在信息社会,围绕"个人数据"这一重要资源,事实上有着数据主体(个人)、数据控制者(企业)和数据监管者(政府)三方利益主体;而根据数据内容的重要性,可以将其在类型上做出区分,即个人一般数据和个

---

① 张新宝.从隐私到个人信息:利益再衡量的理论与制度安排[J].中国法学,2015(3):39.

② 张鹏.论敏感个人信息在个人征信中的运用[J].苏州大学学报(哲学社会科学版),2012(6):97-103.

③ Zarsky T Z. Incompatible: The GDPR in the age of big data[J]. Seton Hall Law Review,2017(47):1005-1024.

人敏感数据,个人数据保护规则要解决的就是这两类数据和三方利益主体之间的关系。"未来我国个人信息保护法应当将'两头强化、三方平衡'理论作为其理论基础,并以此为指导构建个人信息保护与利用的相关制度。"①所谓"两头强化",一是强化"个人敏感数据"的保护,维护好个人在个人信息保护中的核心利益,二是强化"个人一般数据"的利用,满足数据控制者和数据监管者对个人数据收集和利用的正当需求,最大限度地发挥数据资源的价值。所谓"三方平衡",就是在数据保护与数据利用过程中处理好数据主体与数据控制者、数据监管者之间的关系,实现三方主体之间的利益平衡,在保障数据主体合法权益的前提下合理利用数据。

个人信息往往通过某种形式表达出来,在大数据时代,电子数据成为个人信息最主要的表达方式。基于生活和工作的需要,人们往往要将姓名、电话号码、电子邮箱、职业等个人信息告知他人,其中必然会有涉及个人隐私的私密信息。对于如何认定个人敏感信息、个人敏感信息究竟包括哪些种类等问题很难一言以概之。这就导致针对不同主体或不同情境下,可能对个人敏感数据有不同的解释。这也凸显了以法律形式区分一般个人数据与敏感个人数据的必要性和迫切性。

(三)区分一般个人数据与敏感个人数据并进行差异化保护

"先区分,再强化"这一模式以德国的"领域理论"为基础②,认为私密领域事关个人的人格尊严,应当受到严格的保护,因此,应当将个人数据区分为敏感隐私数据和一般数据。③ 前者具有高度的私密性,一旦公开或利用将会对个人造成重大影响。后者则是指敏感数据以外的那些与个人相关的数据。由于这部分数据具有商业价值和公共管理价值,对于个人、企业和政府而言都具有重要意义。将个人数据划分为一般数据与敏感数据是欧盟及其

---

① 张新宝.从隐私到个人信息:利益再衡量的理论与制度安排[J].中国法学,2015(3):47.
② "领域理论"认为,私人的生活领域按照同心圆的形式可以划分为私密或秘密领域、私人领域,以及公共或社会领域。
③ 任孚婷.大数据时代隐私保护与数据利用的博弈[J].编辑学刊,2015(6):41-46.

所属各国的立法特色。如 1998 年英国《数据保护法》规定,敏感个人数据是指包括涉及下述事项的个人数据:种族或民族;政治观点;宗教信仰;是否为工会的成员;身体或精神健康的状况;性生活;所犯的或被指控的罪行;关于其犯罪行为或被指控罪行的诉讼,上述诉讼的结果或上述诉讼中法院的判决。①《条例》在第 9 条第 1 款规定了对个人敏感数据使用的限制,包括禁止各成员国在处理个人数据的过程中泄露种族或民族起源、政治观点、宗教或哲学信仰、工会资格等数据的处理。

对于个人敏感数据的收集与处理,可以有以下两方面考虑:一方面,本人同意原则。由于敏感数据事关数据主体人格尊严,具有高度私密性,对其使用和收集的限制也应当比一般数据更严格。在通常情况下,如果数据主体不知情、不同意,则不能对个人敏感数据进行收集和处理。另一方面,本人同意的例外。个人数据兼有个人利益和社会利益,对个人敏感数据的保护也必须考虑不同利益的平衡。虽然各国有关个人数据保护的规定在原则上禁止对敏感数据的收集和处理,但也做了例外规定。以 GDPR 为例,其在第 9 条不仅规定了对敏感数据的处理,也规定了不适用的情况,主要有以下10 种情形:①数据主体明确同意出于一个或多个特定目的处理其个人数据的;②数据控制者或数据主体为实施特定目的在经营范围内所必要的数据处理;③数据主体丧失同意能力,为了数据主体或其他人的重大利益所必要的数据处理;④非营利性机构出于政治、哲学等非营利目的,在有适当安全保障措施的情形下开展的数据处理行为;⑤对数据主体已经明确公开的数据处理行为;⑥为提起诉讼、应诉或法院行使其司法权所必要的数据处理行为;⑦本着保障数据主体基本权利和利益的原则,为实现实质公共利益所进行的数据处理行为;⑧出于预防医学、医疗诊断等或涉及保障系统和服务所必要的数据处理行为;⑨为实现公共卫生领域的公共利益所必要进行的数据处理行为;⑩为实现公共利益存档目的、科学研究或历史研究等目的的数据处理行为。

---

①　姚维保,韦景竹.个人数据流动法律规制策略研究[J].图书情报知识,2008(2):38-42.

欧盟同样意识到隐私保护或不加区分的个人数据保护难以对危害程度较高的个人敏感数据提供充分保护,在 GDPR 中将个人数据区分为一般数据和敏感数据。[①] 本书认为,要想实现个人数据保护和利用的双重价值目标,就必须对数据做出区分。对于一般个人数据而言,其并不属于个人信息的核心领域,其公共属性大于私人属性,应当在通常情况下允许数据控制者收集和使用;而对于个人敏感数据而言,由于其内容具有私密性和敏感性,甚至关系到个人隐私,应当在一般情况下限制对其使用和收集。

个人敏感信息的界定方法大体上可以分为法律列举模式和综合考量模式两种。前者是根据个人信息的内容对敏感信息的种类予以列举,由于某些信息涉及个人隐私,很有可能引发他人的歧视,应当对其收集、处理和使用加以限制。后者则是反对基于信息的性质界定个人敏感信息,而是主张综合数据处理的情境、目的等因素来判断信息是否敏感,又可以分为"情境说"和"目的说"两种主张。[②] 我们在选择区分个人一般信息和个人敏感信息的方法时,应当考虑这种区分所要解决的问题。[③] 总体上看,法律列举模式在实践中应用的效果更好,能够简洁明了地帮助数据控制者和数据主体根据法律规定判断哪些数据是敏感数据。尽管随着时代的演变,曾经列举的内容和种类会过时,但并不妨碍其在当下能够发挥积极作用。

借鉴欧盟的做法,我国个人数据保护规则应当考虑到具体规定个人敏感数据范围,并规定相应的收集和处理的具体条件。在制定个人数据保护法的过程中,许多国家和国际组织都尝试通过列举来界定敏感数据。但由于不同国家和地区的发展历史、文化背景、意识形态各不相同,各国对数据敏感度的认识也不尽一致。从总体上看,大部分国家和地区都将敏感数据定位于保护个人尊严、基本人权和自由的数据,从内容上看是关系到个人核心领域、容易引发歧视的数据。有学者考察了 92 个国家和地区的隐私保护

---

① 陈骞,张志成.个人敏感数据的法律保护:欧盟立法及借鉴[J].湘潭大学学报(哲学社会科学版),2018(3):34-38.

② 胡文涛.我国个人敏感信息界定之构想[J].中国法学,2018(5):235-254.

③ 汪全胜,方利平.个人敏感信息的法律规制探析[J].现代情报,2010(5):24-27.

相关法律法规后发现,截至 2018 年 2 月,有 74 个国家和地区对"敏感信息/数据"作了定义或分类。通过对每一类数据进行归类、统计,排名前四位的数据种类,其所认可的国家和地区分别占到调查样本总量的 97.30%、95.95%、93.24%、91.89%。这四类数据分别是宗教信仰、政治观点或党派、性生活或性取向、民族或种族。① 从上述调查结果可以看出,GDPR 第 8 条第 1 款规定的敏感数据种类,已经成为大多数国家定义敏感数据或进行数据分类的基本框架。

　　总之,本书认为有必要对个人敏感数据进行区别保护。个人数据是指那些能够识别数据主体身份,具有人格利益和财产利益的数据信息。而个人敏感数据则是涉及数据主体核心领域,承载着重要的人格利益,关乎数据主体基本权利和自由的数据。个人敏感数据的泄露将对数据主体造成不可弥补的伤害,有必要对其加以严格保护。当然,对个人数据进行分类的目的是区分不同类型的数据从而更好地保护数据主体,也更好地发挥数据资源价值。有学者提出,《个人信息保护指南》的二分法相对简单,应当将个人信息分为个人一般信息、个人重要信息、个人关键信息。② 个人一般信息是指关于个人身份和财产的基本情况,是个人参与社会交往必须提供的基本信息,在一般情况下都是公开的;个人重要信息是指关于个人身份和财产的重要信息,相比于前者更加具体,是在特定场合和环境小范围内公开的;个人关键信息则是涉及个人人身和财产安全的关键情况,通过正常途径难以获取,因此一般情况下是不予公开的。上述分类方法将个人信息更加细化,强调了个人信息的三个层次。总体上看,这种分类方法能够将一般个人信息和个人关键信息区别开来,前者在通常情况下是公开的,能够被收集和利用,而后者在通常情况下不予公开,不得被收集和利用。但介于两者之间的"个人重要信息"难以找到定位,没有明确其收集和使用的许可或限制。

---

① 王敏.敏感数据是个人隐私保护的核心领域[J].团结,2018(3):30-32.
② 史卫民.大数据时代个人信息保护的现实困境与路径选择[J].情报杂志,2013(12):154,155-159.

第三节　大数据时代个人数据保护的立法趋势

大数据时代,个人数据的非法收集和使用给公民隐私带来了巨大威胁,传统的隐私保护规则已经很难适应现实需要。但同时,大数据时代还伴随着数据资源的分析和利用,人们的生活、企业的决策、政府的管理早已离不开数据。在数据资源的开发和利用成为潮流的今天,必须谨慎地设计数据保护和利用的规则。美国个人数据保护法或隐私保护向来是以侵权救济的形式存在的,欧洲各国的个人数据保护法也并未具体规定个人数据权。个人数据保护不是为了赋予个人支配数据的权利,而是保障在数据收集和使用的同时个人合法权益不受侵害。个人数据保护与数据自由流通是大数据时代个人数据保护法不可回避的矛盾,应重视个人数据的多重价值、合理划定隐私保护边界,在数据保护和利用之间寻求平衡。

一、重视个人数据的使用价值

"法律是一种秩序与正义的综合体,旨在创设一种正义的社会秩序。"[①]正义是法律最朴素的价值追求,体现为人类发展所追求的自由、平等、安全等多元价值诉求,而秩序则以合理健全的法律规范制度为必要条件。除了传统隐私保护中有关个体利益层面的衡量,个人数据保护还要求将相关利益衡量置于整个社会环境中来考虑,兼顾数据控制者和数据监管者的利益。在大数据时代,互联网和移动终端的普及催生了信息行业的繁荣,也为企业参与数据收集和利用创造了有利条件。政府作为公共管理机构,既要维护大数据时代的秩序,也要适应时代发展,加入数据收集、处理和利用过程中,兼具管理者和利用者的双重身份。

---

① 博登海默.法理学:法律哲学与法律方法[M].邓正来,译.北京:中国政法大学出版社,2017:319.

（一）个人数据的多重价值

从价值上分析，个人数据既有数据主体的人格尊严和自由价值，又具有商业价值和公共管理价值。要想构建一套切实有效的个人数据的规范和治理体系，必须多管齐下，实现数据主体合法权益、企业合法利益、政府管理目的的三方平衡。

首先，个人数据事关数据主体的人格尊严和自由价值。个人数据具有可识别性，是可以识别个人身份的信息。在大数据时代，人们的生活离不开互联网，每个人的行为状态都通过数据化的形式表现出来，数据记录着我们的生活轨迹和行为轨迹。在现代信息技术手段之下，即使个人刻意删除或隐藏，其行为痕迹也能通过大数据还原，更不用说那些为了享受数据共享的便利而主动分享自己信息的情况。一方面，人们安于大数据带来的改变，包括生活的便捷和高效；另一方面，人们又对个人数据被他人操控感到恐惧。马斯洛在其需要层次理论中曾经指出，个人受到他人尊重的基本条件是其人格标识的完整性与真实性。① 因此，保证数据主体的人格尊严和自由，消除个人数据被他人操控的可能，是个人数据保护法应当首先考虑的因素。

其次，个人数据具有重要的商业价值和公共管理价值。我们当前所处的时代，是万物互联的大数据时代。网络的普及、智能终端的运用、数据分析技术的革新，让我们的生活和工作都发生了翻天覆地的变化。互联网渗透到我们日常生活的各个方面，也时时刻刻通过数据的形式记录着我们的生活轨迹，进而形成了一种新的社会资源。对于企业而言，数据挖掘和分析有着重要的商业价值，是企业决策的依据，也是企业行为的导向。通过数据分析能够发现人们行为的规律或偏好，根据分析结果来调整企业的投入和产出，从而减少不必要的投入。对于公共机构而言，数据收集和分析同样具有重要意义。全国各地都在推广网上预约挂号，为人们提供更高效的就医服务。凭借大数据的分析，能够有效实现资源配置，对于交通、医疗等公共

---

① 马斯洛.动机与人格[M].许金声，译.北京：中国人民大学出版社，2007：31.

管理部门有着重要意义。

总之,个人数据尽管是由数据主体产生的,并且关系到数据主体的切身利益,但绝不能因此忽视数据资源所具有的商业价值和公共管理价值。事实上,个人数据可以看作是一种社会资源,它不是完全由数据主体控制的。我们应当制定一部个人数据保护法,确立起个人数据流通和利用的规则,而不是将个人数据权确立为绝对权。个人数据的保护和利用要平衡个人的权利和社会整体的利益,个人数据保护法要确立的是个人数据保护利用的规则,让个人数据为社会所利用,而不是让个人控制个人数据。

(二)划定隐私保护的最优边界

桑德拉·佩特罗尼奥在其著名的"传播隐私管理理论"中,用边界的隐喻来说明公共领域和私人领域之间存在的界限。在边界的一边,人们不披露私人信息;而在边界的另一边,人们在与他人的社会关系中往往会披露某些私人信息。[①] 社会关系中的信息披露往往需要对私人性与公共性之间的边界进行协调管理,这些所谓边界将人们想要披露和不想披露的信息分隔开来。当人们想要对外披露个人信息时,必须首先对私人性与公共性的边界进行商议和协调,确定是否披露、披露的程度、披露的范围等。[②] 美国隐私保护专家佩顿在《大数据时代的隐私》一书中谈到,假设以个体作为中心画同心圆,越接近圆心的部分就越涉及个人的私密信息。但随着同心圆向外扩张,其外围必然与其他个体的同心圆产生交集。大数据时代拉近了人与人之间的距离,使得每个个体都能参与到数据的创造和分享中来。考虑到每个人权利的实现,有必要在数据使用和隐私保护之间进行权衡,划定隐私保护的最优边界。

国际社会的个人数据保护法并非只是保护个人数据,促进数据的自由

①　韦斯特,特纳.传播理论导引:分析与应用[M].刘海龙,译.北京:中国人民大学出版社,2007:147-149.

②　王波伟,李秋华.大数据时代微信朋友圈的隐私边界及管理规制:基于传播隐私管理的理论视角[J].情报理论与实践,2016(11):37-42.

流通和使用也是其立法目的之一。OECD《指南》在标题中旗帜鲜明地将个人数据跨境流通作为其基本目的之一，同时在具体条文中提醒各成员国不得限制个人数据跨境流通。《95 指令》也是"有关个人数据处理中的个人保护和所涉数据自由流通的"指令，GDPR 则是"关于规范个人数据处理中个人保护和所涉数据的自由流通"条例。可以看出，促进个人数据的自由流通一直是个人数据保护立法的重要价值目标。尽管数据利用对个人隐私造成了很大冲击，国际社会强调保护个人权利与自由的呼声很高，但从长远来看，数据利用是社会发展的必然要求，那些过分强调保护个人数据的规则终将因阻碍时代进步而被抛弃。个人数据保护法应当在保护个人隐私与利用个人数据之间找到最佳边界，解放对数据流通的束缚，保障数据流通的安全与快捷。

（三）规范和监督个人数据收集和利用行为

在网络大数据时代，既然数据主体对其个人数据难以有效控制，个人数据保护法的重心就应当从那种单纯依赖数据主体"权利中心"的"静态"控制模式，转向网络运营者"义务中心"的"动态"监管模式。[①] 通过查阅欧盟及其他国家个人数据保护规则可以发现，欧盟成员国对于数据利用中个人权利的保护并不是通过赋予个人以私权利，然后通过个人主动维权来实现的。不论是《95 指令》还是 GDPR，欧盟始终致力于构建"行业行为准则＋法律强制性规范"的双重规范体系和"数据控制者自律＋政府数据监管机构的监督管理"的双重管理体系。比起一味强调赋予数据主体权利和保护数据主体的权利，规范和监督个人数据的使用显然更符合当下的需求。

在《个人信息保护法》出台之前，我国有关个人数据保护的规则大多散见于法律条文中，不仅没有形成体系，且过分强调个人数据权利化。反思我国早期个人数据保护相关规则，虽然都借鉴了国际社会有关个人数据保护的原则和规范，但在移植过程中有所偏差，例如，不加区分地将数据主体同

---

① 孙清白，王建文. 大数据时代个人信息"公共性"的法律逻辑与法律规制[J]. 行政法学研究，2018(3)：53-61.

意作为个人数据处理或利用的前提条件。这不仅无益于数据主体利益的保护，还会阻碍数据价值的发挥。

二、数据主体享有被遗忘权

在信息技术飞速发展而相关个人数据保护法规滞后的情形下，只有通过补充数据主体权利的方式来增强数据主体对个人数据的控制力。被遗忘权赋予数据主体请求数据控制者立即清除与其相关的个人数据的权利，是应对大数据时代大量数据收集和使用行为的有效武器。对于数据主体而言，被遗忘权能够确保数据主体始终对个人数据保有处分的权利，而对数据控制者而言，则必须相应地负担起清除个人数据的义务。

（一）被遗忘权的提出

大数据时代改变了人们的生活方式，意味着人们的日常行为和个人信息都能够以数据的形式记录下来，一切行为变得有迹可循。然而，过去那些被记录的信息如果不被消除，很有可能在将来对数据主体造成伤害。[①] 事实上，欧盟 2016 年发布的 GDPR 已经在第 17 条正式确立了被遗忘权。而在此之前，被遗忘权也早已在《95 指令》中初见端倪。但落实到具体案件上，还要追溯至"冈萨雷斯诉谷歌案"。

2010 年，西班牙公民冈萨雷斯向西班牙数据保护局（AEPD）提出对西班牙报纸发行商 La Vanguardian 以及谷歌及其西班牙分支机构的申诉，要求删除或修改含有其个人信息的页面，并要求谷歌及谷歌西班牙删除或屏蔽与之有关的个人信息，该案件被认为是"被遗忘权"第一案。事件的起因是申诉人通过谷歌搜索他的名字时，发现近两页的结果显示为在 1998 年发行的报纸中含有的一份公告，公告称申诉人的房产因进入追缴社保欠费的扣押程序而将被强制拍卖。申诉人认为这一过时信息已经丧失参考价值，应当及时予以删除，避免对自己将来的生活造成

---

① 郑志峰. 网络社会的被遗忘权研究[J]. 法商研究，2015(6)：50-60.

不利影响。案件处理后,AEPD 支持了申诉人对谷歌及谷歌西班牙的指控,要求其从搜索结果中删除相关资料。为此,被申诉人诉至西班牙高等法院,要求撤销 AEPD 的决定。最终在 2014 年 5 月 13 日,欧洲法院针对该案做出裁决,确定《95 指令》适用于互联网搜索服务提供商,同时确认数据主体享有被遗忘权。数据主体有权要求互联网搜索服务提供商删除过时的、不相关的信息。①

　　我国在司法实践层面也已经出现了相关案例。2016 年 5 月 4 日,北京市海淀区人民法院称其依法审结了公民个人信息"被遗忘权"司法保护领域的全国首例案件,原告任某的全部诉讼请求被驳回。② 任某随即向北京市第一中级人民法院提出上诉,经审理后被驳回上诉,维持原判。案件经过比较简单,任某是某人力资源管理、企事业管理等管理学领域的从业人员,于 2014 年 7 月 1 日起在无锡某公司从事相关的教育工作。2014 年 11 月 26 日,该公司辞退了任某,解除了双方劳动关系。2015 年 4 月 8 日,任某在某网络搜索公司页面输入自己名字后发现显示"无锡某氏教育任某""国际超能教育任某""美国潜能教育任某"。而关于该"某氏教育"的搜索又显示的是"某氏教育骗局"等负面信息。任某主张其从未在某氏教育机构工作过,而某氏教育在业界名声并不好,搜索引擎将其名字与某氏教育捆绑,损害了自己的名誉权、姓名权以及作为一般人格权的"被遗忘权",故要求该网络搜索公司删除相关链接、赔礼道歉、赔偿经济损失等。任某还主张,其在之前应聘工作的过程中,均因为这些负面信息严重影响了自己的声誉而无法工作。最终,海淀法院否认了原告的主张,认为民事权利保护的基础是享有合法的民事权利或权益,而未被类型化但应受保护的正当利益,必须不能涵盖

---

　　①　漆彤,施小燕.大数据时代的个人信息"被遗忘权":评冈萨雷斯诉谷歌案[J].财经法学,2015(3):104-114.

　　②　丁宇翔.被遗忘权的中国情境及司法展开:从国内首例"被遗忘权案"切入[J].法治研究,2018(4):27-39.

到既有类型化权利之中,且具有利益的正当性及保护的必要性。①

(二)有关被遗忘权的争议

欧盟 GDPR 第 17 条确立了"被遗忘权",核心在于保护数据主体的合法权益。一般意义上的被遗忘权指的是用户享有的删除个人数据的权利,当用户不希望个人数据被继续处理并且数据控制者没有其他合法理由继续保存该数据时,用户可以要求删除数据。② GDPR 第 17 条第 2 款对数据控制者提出了更高的要求,数据控制者不仅要删除自己所掌握的数据,更要求数据控制者负责对其传播的数据承担责任。数据控制者要通知其他第三方停止利用、删除从数据控制者处获得的用户数据。

"被遗忘权"一经提出便引发了广泛议论。即使是在欧盟内部,各成员国的意见也并不统一。法国、西班牙等国对此表示支持,认为被遗忘权的法理基础是个人数据应当被公平以及合法地处理,出于特定、明确和合法的目的进行收集,数据应当准确。在必要的情形下,应当保证数据被更新到最新状态,这种最新状态包括用户要求删除的部分。但英国政府对此提出了批评意见,英国信息专员办公室提出,欧盟委员会必须首先弄清楚被遗忘权在实践中所能发挥的作用,而不是仅仅从理论层面提出这一权利。还有观点认为,被遗忘权实质上违背了数据自由传播的理念,将会造成过多的行政干预。脸书就提出,欧盟这样立法的实质在于创设信息财产权,与美国的基本价值观,如媒体的自由表达权,是相违背的。③

事实上,欧盟之所以在 GDPR 中确立"被遗忘权",根本原因在于欧盟对基本人权的考虑。欧盟重视人权保障的传统,决定了其倾向于对用户个人数据给予严格保护。而美国在个人数据保护方面始终坚持数据自由流通的理念,除保障数据主体的合法权利外,还会考虑到表达自由的权利。如果对被遗忘

---

① 讯天科技. 中国首例网络"被遗忘权"案终审:百度胜诉[EB/OL]. (2016-05-05)[2022-08-26]. https://www.sohu.com/a/73513791_254058.

② 张里安,韩旭至. "被遗忘权":大数据时代下的新问题[J]. 河北法学,2017(3):35-51.

③ 王融. 大数据时代:数据保护与流动规则[M]. 北京:人民邮电出版社,2017:196-197.

权进行保护,将限制言论自由权,特别是对新闻媒体的自由表达权利造成限制。此外,通过确立被遗忘权来保护数据主体的做法并无不妥,但 GDPR 在第17 条第 2 款扩大了被遗忘权的范围,施加给数据控制者更重的义务,显然难以实现。在大数据时代,开放互联网背景下数据的传播速度呈几何级数地增长,要让数据控制者确定并通知所有第三方几乎是不可能完成的任务。

(三)被遗忘权的行使

被遗忘权表面上看保护的是数据主体的个人数据,其实质是保护数据主体的个人人格,防止个人数据被无限期地利用,确保数据主体能够始终自由控制自己的个人数据。① 被遗忘权的权利客体具有特殊性,当个人数据被数据控制者收集后,数据主体无法直接控制权利客体,因此只能通过法定或约定的义务约束数据控制者。为了保证数据主体对个人数据的控制,降低个人数据被滥用的风险,应当赋予数据主体被遗忘权。GDPR 有关被遗忘权的规定能够为数据主体提供更周全的保护,但有关数据控制者必须对自己以外的第三人负责的规定则不当扩大了被遗忘权的范围。

本书认为,当处理与利用个人数据的合法目的消失、期限届满或存在其他法定原因时,数据主体可以要求数据控制者删除其个人数据。按照《日本个人信息保护法》第 27 条第 1 款规定,当数据主体行使删除权时,如果存储主体需要付出高额费用或存在其他困难,存储主体可以采取适当替代措施。② 该规定表明,数据主体行使被遗忘权并非完全不受限制,而应当在排除例外情形后才能适用。因此,数据主体原则上可以随时请求数据主体删除其网上信息,但也存在例外。例如为了完善管理,一般情况下互联网信息服务提供者和互联网接入服务提供者的记录备份应当保存 60 日,在这期限内权利人不得要求删除个人信息。此外,基于维护权利人基本利益的需要或公共利益的需要,也可以不删除个人信息。

---

① 刘文杰.被遗忘权:传统元素、新语境与利益衡量[J].法学研究,2018(2):24-41.
② 周汉华.域外个人数据保护法汇编[M].北京:法律出版社,2006:369.

三、建立专门的个人数据监管机构

在个人数据保护和利用过程中,数据主体与数据控制者始终是相互对立的。而数据控制者不论是在经济实力还是专业能力方面都远胜于数据主体,使得数据主体的个人权利更容易遭到侵犯。为了平衡双方的利益关系,保证数据保护和利用的顺利进行,有必要建立专门的个人数据监管机构,监督数据控制者的行为,保护数据主体的合法权益。

(一)欧盟数据保护专员(EDPS)

欧盟早在 1999 年就通过《阿姆斯特丹条约》规定,关于个人数据处理及自由流动中保护个人的共同体法律同样适用于欧盟机构和组织,要求建立一个独立的监管机构。在这之后,欧共体第 45/2001 号规章设立了欧盟数据保护专员,作为独立的监管机构负责监督由共同体机构和组织进行的个人数据处理。欧盟数据保护专员(European Data Protection Supervisor,EDPS)的办公室位于布鲁塞尔,负责监督欧盟机构和组织的个人数据处理。[①]

EDPS 的基本宗旨是为有关欧盟数据保护的法律执行或实施提供中立的支持。除此之外,EDPS 还致力于实现以下目标:一是养成和传播个人数据保护的全局观,在全球背景下思考并提出切实可行的建议和解决方案;二是保持数据保护领域的前瞻性,为应对新兴的和难以预见的挑战提供政策指导;三是与欧盟机构、成员国、非欧盟国家和其他国际组织等就数据保护方面保持积极联系。

此外,EDPS 还有权参与数据保护政策的制定。作为一个不受政治影响的独立机构,EDPS 能够直接影响数据保护政策的制定。同时,EDPS 也能够对商业数据保护问题提出意见。[②] 此外,EDPS 有法定权力介入欧洲法院

---

① 库勒. 欧洲数据保护法:公司遵守与管制[M]. 2 版. 旷野,杨永会,等译. 北京:法律出版社,2008:8-9.

② 例如 EDPS 曾经就"欧洲议会和理事会关于保留涉及公共电子通信服务处理的数据"提出过修改意见,参见库勒. 欧洲数据保护法:公司遵守与管制[M]. 2 版. 旷野,杨永会,等译. 北京:法律出版社,2008:9.

所审理的数据保护案件。[①] 可以说,EDPS 的地位与欧盟委员会一样重要。

在组织机构方面,EDPS 由专员和副专员领导,同时设秘书处支持工作,秘书处的主要组成人员有资深律师、互联网专家以及行政管理人员。作为欧盟内部独立的数据监管机构,EDPS 主要承担以下职责[②]:①监督欧盟机构和组织有关处理个人信息的行为,保护数据主体的个人数据和隐私。②在欧盟机构和组织就有关个人数据处理的相关问题提出询问时给予建议,或在必要情况下主动提出建议。此外,就欧洲委员会涉及数据保护和个人隐私的立法或国际协议等行为提出建议。③实时关注可能对个人信息保护造成影响的新技术。④在欧洲法院介入之前对个人数据纠纷进行调停,就个人数据保护法律的理解提供专业建议。⑤与各成员国监管机构和其他监管组织建立合作关系,共同致力于为个人数据提供持续保护。

（二）GDPR 有关数据保护监管机构的规定

欧盟在 GDPR 中完善了数据保护监管机构的权力分类和职权设置,并要求各成员国应当规定一个或多个公共机构负责对个人数据保护规则的贯彻和落实。该条例在第六章专章就监管机构的设立、地位、程序性规定、职责与权力等方面做了详细的规定,明确了监管机构执法权力的边界,有助于其在欧盟内部发挥实质性作用,有效地进行执法活动,例如德国的联邦数据保护专员和数据保护监管机构、法国的国家信息与自由委员会（CNIL）、荷兰数据保护局（DPA）和数据保护委员会、英国信息专员办公室（ICO）、比利时隐私委员会、西班牙隐私监察委员会和西班牙数据保护局。

按照 GDPR 的规定,数据监管机构在个人数据利用过程中发挥着重要作用,享有充分的权力。一是享有调查权。当数据控制者或数据处理者违法实施数据处理时,监管机构有权进行干预,及时发出违法通知,并有权要

---

　　① 库勒. 欧洲数据保护法:公司遵守与管制[M]. 2 版. 旷野,杨永会,等译. 北京:法律出版社,2008:9-10.

　　② EDPS：The EU's independent data protection authority[EB/OL].（2018-12-10）[2019-01-25]. https://edps. europa. eu/about-edps_en.

求数据控制者提供相关信息,还能通过审计、审查资格认证、访问违法行为涉及的所有个人数据及必要信息等方式开展进一步调查。二是享有矫正权。监管机构在必要时有权适当干预数据控制者的行为,具体有发出警告、训斥,告知数据主体数据泄露的情况,实施临时性或终局性限制,命令其更正、消除违法个人数据,撤销认证或命令不予发放,行政处罚以及暂停数据向第三方或国际组织的接收者转移数据的权力。三是享有授权和建议权。监管机构享有实施 GDPR 授权的行为和发表自身专业建议的权力。数据监管机构应当建议数据控制者做好事先咨询,应当适时发表关于个人数据保护问题的意见,授权认证机构,发布认证并批准认证标准等。四是司法参与权。监管机构有权对数据控制者的违法行为提起诉讼,或在合适的情况下启动或参与其他法律程序。[①]

总之,我国有关个人数据保护和利用的规则仍在不断完善,个人数据监管体系还在探索建立中。就现有的法律规定而言,有关个人数据监管的规定可操作性不强,没有建立一套完整的监管体系,更不用说设立专门的监管机构。为了应对大数据时代越来越多的数据利用行为,有必要借鉴欧盟 EDPS 以及 GDPR 关于数据监管机构的经验,完善个人数据保护监管方面的立法和专门机构的设置。

第四节　大数据时代个人数据保护立法路径

"法律的主要作用之一就是调整及调和种种相互冲突的利益,无论是个人的利益还是社会的利益。"[②]个人数据保护问题是大数据时代的基本问题,它伴随着信息时代而来,给我们的立法工作带来了新的挑战。随着互联网

---

① 高富平.个人数据保护和利用国际规则:源流与趋势[M].北京:法律出版社,2016:136-137.

② 博登海默.法理学:法律哲学与法律方法[M].邓正来,译.北京:中国政法大学出版社,2017:398.

和移动终端在整个社会的深入渗透,个人数据成为信息时代最重要的资源。只有解决好个人数据保护与利用的关系,才能推动我国信息化进程和相关产业的发展。

一、制定专门的个人数据保护法

2003 年,国务院信息管理办公室委托中国社会科学院法学研究所个人数据保护法研究课题组起草《个人信息保护法(专家建议稿)》,这无疑是我国关于个人信息法律保护的重大举措。《个人信息保护法》于 2021 年 11 月 1 日起正式实施,作为我国首部针对个人信息保护的专门性立法,该法在《中华人民共和国民法典》等有关法律的基础上进一步细化、完善个人信息保护应遵循的原则和个人信息处理规则,明确个人信息处理活动中的权利义务边界,健全个人信息保护工作体制机制,给信息处理者的法治合规工作提供了方向性的指导。

但我国就个人数据保护作出的规定仍然分散。据统计,我国有涉及个人数据的法律近 40 部、法律解释 10 条、法规近 30 部,以及部门规章近 200 部。[①] 总体上呈现出法律条款分散、法律层级不高、法律规定缺乏系统性的特点。[②] 首先,我国关于个人数据保护的立法过于繁杂。既有公法层面的规定,也有私法层面的规定,且上位法与下位法之间没有形成合理的体系,相关规则之间的关系也没有理顺。其次,我国目前对个人数据保护的范围较窄,实践中对数据主体的保护不够,导致个人数据泄露和遭到侵犯的事件频繁发生。尽管《中华人民共和国民法典》规定了对个人信息的保护,但仅仅只是原则性规定,难以在实践中发挥作用。最后,在个人数据保护的价值追求方面,我国现行立法过于强调对数据主体权利的保障,忽视了个人数据合理使用的经济价值,同时缺乏有关个人数据保护意识的培养和对数据控制

---

① 代表委员呼吁个人信息保护单独立法[J].时代金融,2013(10):48-49.

② 陈奇伟,刘倩阳.大数据时代的个人信息权及其法律保护[J].江西社会科学,2017(9):187-194.

者使用数据的监管。

我国在个人数据保护法立法领域,此前主要有三部专家建议稿:一是齐爱民教授起草的《中华人民共和国个人信息保护法示范法草案学者建议稿》;二是周汉华教授领衔的课题组起草的《中华人民共和国个人信息保护法(专家建议稿)及立法研究报告》";三是张新宝教授的《个人信息保护法(专家建议稿)》。前两版建议稿主要参考了 1980 年 OECD《指南》的八项原则,在立法模式方面都采取了统一立法的模式,但由于年代久远,还有很多问题需要完善。例如,周汉华教授所起草的建议稿中将个人信息权归纳为一种新型的公法权利种类。周汉华教授认为,个人信息保护涉及公共领域和私人领域。只要是掌握大量的个人信息,不论是公共部门还是私营部门都存在滥用个人信息的可能。① 因此该建议稿主要是从行政管理的角度设计个人信息权益保护规范,公法色彩浓厚。此外,张新宝教授在 2018 年全国两会之际推出了最新版的《个人信息保护法(专家建议稿)》。虽然该版建议稿并未正式发布,但在当时已经引起了全方位的关注。从媒体报道来看,该版建议稿综合考虑了个人数据处理的正当性依据、告知的义务及例外等基本内容,也考虑到了信息业者与政府机关的特性,专章规定了上述两类主体的行为准则。但仍有一些问题没有关注到,例如没有看到关于个人一般数据与敏感数据区别保护的规定、我国个人数据保护规则的域外适用问题等。

在大数据时代,个人数据保护法是大数据开发和利用的基本规则。按照齐爱民教授的观点,个人信息保护法是调整个人信息收集、处理和利用过程中,与信息主体权益相关的社会关系的法律规范。② 具体说来,首先,个人数据保护适用于数据主体与数据控制者;其次,个人数据保护法调整的是有关个人数据收集、存储、使用和处理等活动的社会关系;再次,个人数据保护

---

① 周汉华. 中华人民共和国个人信息保护法(专家建议稿)及立法研究报告[M]. 北京:法律出版社,2006:52.

② 齐爱民,王基岩. 大数据时代个人信息保护法的适用与域外效力[J]. 社会科学家,2015(11):101-104.

法的立法目的在于保障数据主体的合法权益,并促进个人数据的自由流通和使用;最后,个人数据保护法首先调整的是数据主体与数据控制者之间的横向关系,还包括数据主体与行政机关之间的纵向关系。

OECD《指南》在1980年确立起了个人数据利用与保护的基本原则,并在2013年对其进行了修订。随着全球数据应用事业的发展,数据自由流通和挖掘已经成为趋势,OECD虽然采用了较为保守的修订模式来实现基本原则的更新与发展,但也考虑到了数据利用的现实需要。OECD《指南》基本原则从确立到修改的过程为我国个人数据保护法的制定提供了参照,有必要以此为基础确立科学可行的个人数据保护原则。本书认为,应当加强数据控制者的义务,将数据保护责任从数据主体转移到数据控制者。相对于数据收集环节而言,应当更注重数据使用环节的规制。OECD《指南》强调"目的特定化原则",要求数据控制者明确数据收集的特定目的,且必须严格遵循该目的的范围,显然不利于数据的利用。本书认为应当放宽这一限制,数据控制者需要在收集数据时向数据主体说明数据收集的目的,同时按照使用目的使用该数据,但当数据控制者需要将该个人数据用于其他目的时,只要取得数据主体的同意或授权即可,而不是完全限制在特定目的范围内。

二、选择统一立法模式并辅以适当的行业自律

客观来说,近年来的分散立法在某种程度上回应了公众对个人数据保护问题的关切,也适当缓解了个人数据保护和利用的矛盾,但分散立法的作用十分有限,难以从根本上解决问题。2012年,《全国人大关于加强公民个人信息保护的决定》发布,为我国个人信息保护领域奠定了制度基础,首次在法律层面引入了国际上通行的个人数据保护原则,如知情同意原则、收集个人数据合法正当原则、使用限制原则等。但该决定并没有关于个人数据保护和利用的具体规则,仅停留在宏观层面,难以对市场产生实际规范效果。此后的《消费者权益保护法》以及刑法修正案都只是就个人数据保护的某一方面做了补充规定,难以构建个人数据保护法体系。

正如前文所分析的那样,欧盟在价值选择上倾向于保护个人数据,通过

统一立法保证数据主体的权利,并要求数据控制者承担更多的责任。而美国则更注重个人数据的利用和自由流动,试图让个人数据充分进入市场以发挥其巨大的经济价值,通过分散立法来保证个人数据保护规则的灵活性,同时吸收行业组织自律,以自律机制加强对企业行为的约束。不论是欧盟的统一立法模式,还是美国的分散立法模式,都各有其利弊,不能全盘照搬。

(一)欧盟统一立法模式的利弊分析

维护数据主体的人格尊严与自由,促进个人数据在欧盟境内的自由流动,是欧盟在个人数据保护立法上始终坚持的理念。为了实现这一目标,欧盟采用统一立法模式,通过统一制定规则来调整有关个人数据保护和利用的所有行业活动。在《95 指令》的指导下,欧盟内部建立起了相对稳定和统一的个人数据保护规则。GDPR 进一步加强了个人数据保护,限制了个人数据向欧盟境外转移,为构建欧盟统一市场提供了支持。欧盟模式过分强调人格化,而美国模式过分强调商业化。① 对我国而言,没有最好的,只有最适合的,应当在综合借鉴的基础上找到最符合我国国情的个人数据保护模式。

从总体上看,出于多维度协调的考虑,统一立法模式确实能够有效避免个人数据保护领域不同规则间的相互冲突。但在该模式下,很难兼顾到不同领域的特殊情况,有可能造成个人数据保护规则过于原则化,缺乏深度。② 作为一部重要的数据保护法,GDPR 诞生于欧盟数字单一市场形成的关键时期。欧盟以 GDPR 为先导,构建起内部协调统一的欧洲市场,减少了欧盟各国在数字贸易方面可能面临的阻碍,但也无法回避一些问题。数据保护和利用具有复杂性,主要体现为保护法益的多样,还涉及国家数据主权问题。GDPR 想要在一部法律中规范国家、企业和个人的行为,构建涉及多个领域的法律规则,使得条例内容冗杂且不够清晰。无论是 GDPR 的价值目

---

① 张平.大数据时代个人信息保护的立法选择[J].北京大学学报(哲学社会科学版),2017(3):143-151.

② 张文亮.个人数据保护立法的要义与进路[J].江西社会科学,2018(6):169-176.

标还是具体制度,都呈现出层次过多的复杂面貌。作为个人数据保护规则的最新尝试,GDPR 固然具有不可否认的重要意义,但其是否能够实现数据保护的多重目标,仍然值得思考。

回顾欧洲个人数据保护立法历程,可以发现欧盟数据保护的立法经历了不同形式,规则也呈现出效力由弱到强,内容从一般到特殊,立法模式从碎片化到一体化的演进。《95 指令》构建了欧盟数据保护法的基础并初步形成了个人数据规则的体系,作为个人数据保护早期的探索是妥当的,但仍然难以适应大数据时代的个人数据保护要求。GDPR 在《95 指令》的基础上,侧重对欧盟内部统一市场的建立和监管,通过一体化规制取代了原有的分散立法。采用统一立法的 GDPR 确保了数据处理中数据主体权利保护的一致性,能够促进个人数据自由流动。在 GDPR 的推动下,欧盟基于统一适用和统一监管的目标,逐渐构建起了个人数据保护与数字产业发展相融合的个人数据规则。

(二)构建互联网行业自律机制

互联网服务提供者是大数据时代个人信息保护的重要参与者,加强整个互联网行业的自律机制是保护个人数据安全的关键环节。在个人数据保护法未出台之前,互联网行业协会可以集合协会成员力量,制定数据保护的自律规范,是改变大数据收集和利用现状的有力路径。[①] 数据行业在大数据时代扮演着重要角色,加强整个行业的自律机制是保护个人数据安全的重要环节。

法律作为调整社会关系的手段具有一定的滞后性,需要由行业自律来辅助,行业自律将发挥重要作用。互联网应用场景对公民隐私造成了潜在威胁,但同时又是隐私保护的前沿阵地。互联网企业作为这一领域最直接的参与者,往往具有更高的敏感性。保护隐私技术的前沿开发者是互联网企业,实践者也是互联网企业,因此,互联网市场的健康运行以及用户个人

[①]　许玉镇.网络治理中的行业自律机制嵌入价值与推进路径[J].吉林大学社会科学学报,2018(3):117-125,206.

隐私的保护需要互联网行业的自律规范。2012年11月1日,12家搜索引擎企业在北京签署了自律公约,是我国互联网企业有关行业自律的重要尝试。

总之,行业协会自律规则可以作为一种软作用力,激发互联网企业的认同感,增强规则的执行力。例如关于网站的隐私政策或隐私声明应当如何设置的问题,就可以采用行业自律的方式解决。一旦互联网公司违反上述约定,没有告知用户隐私政策或隐私政策不符合要求,那么该公司就将受到行业协会的处罚。在多元纠纷解决机制中,行业协会具有不可替代的作用。相比于司法解决方式,行业协会的处理更加灵活,成本也更低,是确保数据侵权纠纷高效解决的重要方式。

三、平衡个人数据保护与使用

不论是侧重对个人数据权利的保护,还是对数据使用价值的发挥,都会导致个人数据保护法不同的路径选择和体系架构,而两者的平衡是我国个人数据保护法应当坚持的方向。由于长期以来对OECD以及欧盟数据保护规则理解的偏差,甚至一度表现为对个人数据权利的过分保护,阻碍了数据的自由流通。在大数据时代,基于数据收集和利用的需要,数据控制者往往受到很强的利用激励而缺乏同等程度的保护激励。[①] 面对大数据时代的挑战,在海量数据产生、存储并迅速流通的今天,每个国家都希望充分利用数据资源来发展经济、完善国家治理、优化社会公共服务。我国拥有最丰富的互联网应用场景,最具价值的数据资源,要想顺应大数据时代的要求,就必须平衡好个人数据保护与数据自由流通的关系。

(一)正确理解对个人数据的保护

首先,对个人数据给予必要保护。个人数据保护法对数据主体所提供的保护应当以排除对个人数据的滥用为限度,通过界定个人数据的概念内涵以及外延的方式避免大数据背景下个人数据保护范围的过度扩张。有观

---

① 周汉华.探索激励相容的个人数据治理之道:中国个人信息保护法的立法方向[J].法学研究,2018(2):15-16.

点认为,在高度发达的数据分析技术时代,完全可以通过看似毫无关联的数据碎片拼凑出个人身份或个人隐私,因此个人数据的保护范围应当随着数据挖掘和分析技术的提升而扩大,以此避免大数据时代对数据主体个人隐私和合法权益造成的侵害。本书认为,个人数据保护法固然是以保护数据主体合法权益为目的,但个人数据兼有公共属性,应当合理界定权利保护的边界,不能因此妨碍公共利益的实现。此外,个人数据保护法完全可以通过加强数据控制者的义务来保障数据主体的合法利益,从而达到限定个人数据的保护范围。

其次,完善个人数据的分类保护。GDPR 对《95 指令》完善的一大亮点就在于对特殊类型个人数据进行了更加合理的分类。该规定首先将个人数据区分为特殊类型个人数据和一般个人数据。同时,又对特殊类型个人数据做了进一步细分:第一层次,原则上可以进行处理,但强调处理过程中不得泄露该种类型的个人数据;第二层次,原则上也可以进行处理,但对目的进行了限定,不得以识别自然人身份为目的;第三层次,原则上禁止处理。从是否允许处理以及处理条件的严格性上可以看出,越靠近个人核心区域的数据,其使用的要求就越严格。与《95 指令》相比,GDPR 在原有两层类别的基础上,将个人基因数据和生物特征数据单独作为一层,完善了对个人数据的分类,也更有利于保护数据主体的隐私与自由。

(二)为收集和利用个人数据创造条件

数据就好比货币和商品,一旦停止了流动,也就失去了价值。互联网的本质就是数据的自由流动,数据的流动将世界连成了一个整体。然而,由于各国个人数据保护规则的差异,加上对数据跨境转移的限制,数据壁垒一直存在,对企业的竞争力、生产力都造成了非常严重的影响。为此,我国的个人数据保护法应当正确理解个人数据保护与数据自由流通的关系,为数据流动创造条件,发挥数据资源的价值。

一方面,弱化个人数据收集的限制。网络服务提供者在提供服务时,往往以用户勾选隐私保护协议为前提,从而达到个人数据保护合规的要求。

隐私保护协议基本上都是格式条款,内容上大多包括隐私权保护宣言、隐私保护政策、免责声明等。从形式上看,这一做法或许符合个人数据收集和使用前告知数据主体并取得数据主体同意的要求。但事实上,这种网络协议的方式对个人数据保护的作用十分有限。很少有用户愿意花费时间精力来阅读这些隐私保护协议,更不用说去理解协议条款的具体内容。与其将个人数据保护的重心放在加强数据主体对数据的控制上,不如放宽个人数据收集的限制,但强调数据控制者的责任和义务。后者显然能够减轻数据主体的维权负担,也能为数据自由流通创造条件。

另一方面,加强对个人数据使用和流通的监管。根据贵阳大数据交易所的明确要求,暂时不允许任何个人购买交易所的数据。同时规定,在监管不健全的情况下,外资数据买方购买数据之前要进行资格审查。数据交易是促进数据流通的市场化行为,也是暗藏个人数据泄露风险的行为。应当加强对个人数据使用和流通的监管,建立起科学可行的行业标准,推动安全交易的进行,将数据收集和流通置于可控范围内。

四、充分发挥政府、企业和个人的作用

大数据时代,个人为了享受信息时代的诸多便利,必然要让渡部分个人数据来获取互联网平台的使用权益。而数据控制者作为互联网平台的维护方,负有保护用户隐私、确保用户数据不被滥用的义务。面对大数据时代的挑战,政府、行业协会、企业和个人都需要行动起来,采取必要措施,在保障数据主体权利的前提下,最大限度地发挥数据资源的价值。

(一)提高政府监管个人数据使用的能力

就政府层面而言,必须加快制定个人数据保护的规则,确保个人数据保护和使用有法可依。同时完善数据控制者的资格审查,密切监督数据控制者收集和使用个人数据的行为,确保数据控制者采取合法、合理、透明的方式来进行数据处理。GDPR 确立了世界范围内个人数据保护规则的新高度,创造性地提出了很多新的做法,对于我国制定个人数据保护和利用的规

则具有重要的借鉴意义。

互联网隐私保护的立法工作是一项复杂且系统的工程。不仅要考虑到数据主体与数据控制者之间的权利义务关系,还要考虑到大数据时代国家层面的数字发展战略。此外,必须将我国个人数据保护的立法置于全球互联网发展的整体范畴之内,为互联网隐私主体提供完善而有力的法律保护和司法救济。

(二)提高企业防范数据泄露风险的能力

就企业层面而言,应当有意识地加强个人数据保护,做好事前防范,确保本公司数据库始终处于安全状态,同时负担起保障用户数据安全的责任和义务。GDPR 提出了更严格的个人数据保护规则,也给互联网出海企业出海合规提出了更多要求。例如按照 GDPR 的规定,企业合规必须贯穿整个工作流程,不仅仅是更新用户协议和隐私协议那么简单。

从企业经营理念层面来看,由于大部分企业仍然处于大数据利用的初级阶段,尚没有将用户数据开发、维护与管理纳入企业整体发展战略,使得企业在个人数据保护方面先天不足。一旦发生数据泄露事件,不仅会使数据主体的个人权益受到侵害,企业也将遭受重创。从技术和法律层面来看,《个人信息保护法》对数据控制者激励有限,有关行业自律也没有建立起来。这就使得企业在收集和使用个人数据的过程中缺乏参照,合法行为的界限不够清晰。此外,由于现有的规则缺乏数据泄露情形下有关企业所应承担的法律责任的规定,导致对企业的威慑力不够,很难控制企业滥用数据的行为。

企业对用户数据的收集和使用主要有三种情况。一是企业利用开放平台收集数据,通过数据分析锁定目标群体,进而针对不同群体开展精准营销。这种做法能够有效发挥数据资源的价值,是大数据时代的必然产物。企业收集数据是为了更科学和高效地开展营销而并非为了获取个人隐私,其目的具有合理性。二是企业出于经济利益,擅自将个人数据出售给第三方商业公司。此种行为显然侵害了数据主体的合法权益,严重的还将造成用户隐私的泄露。三是企业由于自身技术欠缺,虽然对用户数据采取了安全保障措施,但其所掌握的个人数据仍被他人非法窃取。在这种情况下,企业依然负有不可推卸的责任,不能因为已经采取了安全保障措施就免除其责任。正如前文所提到的万豪和华住酒店的数据泄露事件,其所造成的经济损失不可估量,对数据主体个人的影响更是无法弥补,因此必须从严监管。

(三)增强数据主体保护个人隐私的意识

在大数据时代,我们的日常生活越来越离不开数据。不论是出行、购物,甚至就医、求职,都难免要通过网络提供相关个人信息。在享受便利的同时,必须警惕风险。个人数据保护法律体系才刚刚建立,数据主体更有必要提高保护意识,增强自我保护能力。

首先,数据主体必须提高个人防范意识,在使用互联网和移动终端的过程中注重对个人隐私的保护。如保管好用户名和密码,避免多个账户使用同一密码,谨慎使用含有定位功能的服务,及时清除上网痕迹,在社交网络上强化隐私设置等。个人要学会自我保护,尽可能防止个人信息的泄露。政府也应当加大宣传力度,在全社会范围内普及个人信息安全知识,提高公民的安全防范意识。其次,数据主体必须养成良好的上网习惯。在注册和使用网络服务时,尽量不提供不必要的个人信息。避免在网上分享个人行程或私人生活,减少不必要信息的公开。一旦发现自己的个人数据被泄露或非法利用,应当积极维权,可以通知对方网络服务提供商采取删除、屏蔽、断开连接等必要措施。如果数据泄露行为给个人造成损失的,可以采取协商、调解等办法,必要时也可以向法院提起诉讼。

五、积极应对 GDPR 的挑战

欧盟历来重视个人数据的安全保护,GDPR 可以看作是欧盟在大数据时代关于个人数据保护的宣言。该条例完全更新了存储和管理个人数据的方式,欧盟成员国以及任何与欧盟各国进行交易或持有欧盟公民数据的公司必须遵守。GDPR 已经在欧盟成员国统一实施,这将使得欧盟内部的个人数据保护法走向统一,并将对世界其他国家和地区产生影响。GDPR 不仅扩展了所保护数据的范围,还扩大了责任主体的范围,并详细规定了数据处理者的责任,已实现对个人数据的全面保护。在此背景下,我国有必要思考应对策略,适应 GDPR 的规定,维护好本国数据主权和保护好本国公民的数据安全。

（一）维护好本国数据主权和数据安全

大数据时代,主权国家能否掌握数据控制权,将决定其在国际社会中是否有话语权。倘若没有数据主权,一国在政治、经济等各个领域的数据资源就会被其他数据强国所控制,进而威胁国家安全。[①] 面对以 GDPR 为代表的欧盟个人数据保护规则,从维护本国数据主权和数据安全的角度出发,我国有必要做出回应。从我国与欧盟在双方数字贸易的不同立场上分析,欧盟主要是信息服务的需求方,而我国既是信息服务的需求方也是主要提供方。我国秉承地域管辖的原则,《网络安全法》等个人数据保护法的效力仅及于我国范围内,有关域外执法和域外安全评估仍然处于探索阶段。建议明确将"维护国家数据主权"纳入个人信息保护法或网络安全法,可以在总则中规定这一条款,既能够体现数据主权在总则中的指导性作用,也体现其地位的重要性。具体条文部分可以增加"不得从事危害本国国家数据主权安全的网络活动"和"不得实施危害本国国家数据主权安全的行为"等规定。此外,还应当加强与其他国家和地区的数据安全合作,通过协商制定共同适用的数据安全国际准则,最终形成国际数据安全合作机制。

（二）衔接好国内市场和国际市场

随着我国移动互联网的高度发展,越来越多的企业选择走出国门,掀起了互联网行业的出海浪潮。按照《网络安全法》的规定,与我国企业具有跨

---

① 齐爱民,祝高峰.论国家数据主权制度的确立与完善[J].苏州大学学报（哲学社会科学版）,2016(1):83-88.

境数据转移业务合作的境外企业也应当受到约束。欧盟市场对于我国互联网企业拓展海外业务有着至关重要的意义,与"一带一路"沿线国家和地区的贸易合作也离不开互联网企业的参与。一旦中国互联网企业想要试图与这些国家或地区开展贸易合作,就必然面临数据转移的问题。对此,我国在制定个人数据保护法时,应当考虑到该法的域外效力,衔接好国内市场与国际市场。例如,应当科学界定"个人数据"的定义和范围。GDPR 正面概括了个人数据的概念,即任何确认或者识别自然人的信息。我国个人数据保护法同样可以采用概括性的开放定义,通过较为宽泛的定义为我国提供宽泛的监管授权。

在数据决定经济发展的时代,限制数据自由流动将严重制约互联网产业和其他新兴产业的发展。欧洲市场在世界经济中占有重要地位,决定了 GDPR 也必将冲击世界范围内电子商务业的发展。从积极的方面,GDPR 严格的隐私保护措施增加了用户对互联网交易的信赖,确保电子商务能够顺利展开,进而为经济增长提供持续动力。但从消极方面看,我国个人数据保护制度尚不够健全,各方面都有待完善。面对欧盟高标准的要求,中国企业正遭受着前所未有的压力,制约了我国互联网企业在海外的发展。因此,必须始终保有全局观,衔接好国内市场和国际市场,积极应对挑战。

(三)协调好现有的个人数据保护规则

在全球化和数字化背景下,个人数据跨境转移也已经成为常态。但也有企业利用数据跨境转移规避本国个人数据保护方面的法律,存在滥用个人数据侵犯相关主体个人数据权的可能。欧盟《95 指令》和 GDPR 都明确限制跨境数据转移,以构建欧盟内部单一市场。我国人大常委会发布《网络安全法》草案也规定企业在中国境内存储个人数据,必须经安全评估后方可向境外转移。2016 年 11 月《网络安全法》最终通过,在第 37 条规定关键信息基础设施的运营者向境外提供个人数据应当进行安全评估。从目前全球范围内互联网技术发展和个人数据保护规则的构建来看,对个人数据跨境转移进行必要限制是符合我国实际需要的,但考虑到我国互联网企业出海业务的兴起以及全球数字贸易的发展，在具体规则的制定方面仍需考虑与现有国际规则相协调。

国家质量监督检验检疫总局和国家标准化管理委员会在 2017 年 12 月 29 日发布、2018 年 5 月 1 日正式实施的《信息安全技术　个人信息安全规范》（GB/T 35273－2017）是关于我国公民个人信息安全保护的技术标准。尽管该标准只具有建议性，但作为与 GDPR 同时期发布的国内个人数据保护规范，也体现了我国在立法上的重视。总体来看，该标准充分考虑了个人对信息保护的诉求、社会发展对数据应用的诉求，以及国家数据安全的诉求，力求做到对不同价值的平衡。该标准还参考了众多先进的国外立法，如 OECD 隐私框架、APEC 隐私框架等。此外，该标准还参考了很多个人数据保护或隐私保护的国际标准，确保与国际标准接轨。

参考文献

一、中文类参考文献

（一）中文著作

［1］陈海帆，赵国强. 个人资料的法律保护：放眼中国内地、香港、澳门及台湾［M］. 北京：社会科学文献出版社，2014.

［2］崔聪聪，巩姗姗，李仪，等. 个人信息保护法研究［M］. 北京：北京邮电大学出版社，2015

［3］崔华强. 网络隐私权利保护之国际私法研究［M］. 北京：法律出版社，2012.

［4］董新平，叶彩鸿，蒋怡，等. 物联网环境下个人隐私信息保护体系建设研究［M］. 北京：人民出版社，2019.

［5］高富平. 个人数据保护和利用国际规则：源流与趋势［M］. 北京：法律出版社，2016.

［6］工业和信息化部电信研究院政策与经济研究所，腾讯互联网与社会研究院. 中国互联网法律与政策研究报告（2013）［M］. 北京：电子工业出版

社,2014.

[7]郭明龙.个人信息权利的侵权法保护[M].北京:中国法制出版社,2012.

[8]郭瑜.个人数据保护法研究[M].北京:北京大学出版社,2012.

[9]洪海林.个人信息的民法保护研究[M].北京:法律出版社,2010.

[10]蒋坡.个人数据信息的法律保护[M].北京:中国政法大学出版社,2008.

[11]孔令杰.个人资料隐私的法律保护[M].武汉:武汉大学出版社,2009.

[12]郎庆斌,孙毅,杨莉.个人信息保护概论[M].北京:人民出版社,2008.

[13]梁慧星.民法总论[M].北京:法律出版社,1996.

[14]刘德良.网络时代的民商法理论与实践[M].北京:人民法院出版社,2008.

[15]刘青.信息法新论:平衡信息控制与获取的法律制度[M].北京:科学出版社,2008.

[16]陆小华.信息财产权:民法视角中的新财富保护模式[M].北京:法律出版社,2009.

[17]马俊驹.人格和人格权理论讲稿[M].北京:法律出版社,2009.

[18]马民虎.欧盟信息安全法律框架:条例、指令、决定、决议和公约[M].北京:法律出版社,2009.

[19]齐爱民.大数据时代个人信息保护法国际比较研究[M].北京:法律出版社,2015.

[20]齐爱民.个人资料保护法原理及其跨国流通法律问题研究[M].武汉:武汉大学出版社,2004.

[21]齐爱民.拯救信息社会中的人格:个人信息保护法总论[M].北京:北京大学出版社,2009.

[22]屠振宇.宪法隐私权研究[M].北京:法律出版社,2008.

[23]王利明,周友军,高圣平.中国侵权责任法教程[M].北京:人民法院出版社,2010.

[24]王利明等.人格权法[M].北京:法律出版社,1997.

[25]王融.大数据时代:数据保护与流动规则[M].北京:人民邮电出版社,2017.

[26]王秀秀.大数据背景下个人数据保护立法理论[M].杭州:浙江大学出版社,2018.

[27]王秀哲,等.我国隐私权的宪法保护研究[M].北京:法律出版社,2011.

[28]王郁琦.资讯、电信与法律[M].北京:北京大学出版社,2006.

[29]王忠.大数据时代个人数据隐私规制[M].北京:社会科学文献出版社,2014.

[30]谢永志.个人数据保护法立法研究[M].北京:人民法院出版社,2013.

[31]谢远扬.个人信息的私法保护[M].北京:中国法制出版社,2016.

[32]徐澜波.信息法的理论与实践[M].上海:上海人民出版社,2006.

[33]徐子沛.数据之巅:大数据革命,历史、现实与未来[M].北京:中信出版社,2014.

[34]杨崇蔚,廖志汉,廖志聪.澳门个人资料保护制度[M].北京:社会科学文献出版社,2015.

[35]杨芳.隐私权保护与个人信息保护法:对个人信息保护立法潮流的反思[M].北京:法律出版社,2016.

[36]杨立新.侵权法热点问题法律应用[M].北京:人民法院出版社,2000.

[37]姚剑波,杨朝琼.大数据安全与隐私[M].成都:电子科技大学出版社,2017.

[38]张才琴,齐爱民,李仪.大数据时代个人信息开发利用法律制度研究[M].北京:法律出版社,2015.

[39]张杰,等.政府信息公开制度论[M].长春:吉林大学出版社,2008.

[40]张民安.公开他人私人事务的隐私侵权[M].广州:中山大学出版社,2012.

[41]张民安.美国当代隐私权研究:美国隐私权的界定、类型、基础以及分析方法[M].广州:中山大学出版社,2013.

[42]张民安.信息性隐私权研究:信息性隐私权的产生、发展、适用范围和争

议[M].广州:中山大学出版社,2014.

[43]张民安.隐私合理期待分论:网络时代、新科技时代和人际关系时代的隐私合理期待[M].广州:中山大学出版社,2015.

[44]张民安.隐私合理期待总论:隐私合理期待理论的产生、发展、继受、分析方法、保护模式和争议[M].广州:中山大学出版社,2015.

[45]张民安.隐私权的比较研究:法国、德国、美国及其他国家的隐私权[M].广州:中山大学出版社,2013.

[46]张民安.自治性隐私权研究[M].广州:中山大学出版社,2014.

[47]张维迎.信息、信任与法律[M].北京:生活·读书·新知三联书店,2003.

[48]张新宝.互联网上的侵权问题研究[M].北京:中国人民大学出版社,2003.

[49]张新宝.隐私权的法律保护[M].2版.北京:群众出版社,2004.

[50]张秀兰.网络隐私权保护研究[M].北京:北京图书馆出版社,2006.

[51]中国科协学会学术部.大数据时代隐私保护的挑战与思考[M].北京:中国科学技术出版社,2015.

[52]周汉华.个人信息保护前沿问题研究[M].北京:法律出版社,2006.

[53]周汉华.域外个人数据保护法汇编[M].北京:法律出版社,2006.

[54]周汉华.中华人民共和国个人信息保护法(专家建议稿)及立法研究报告[M].北京:法律出版社,2006.

(二)中文译著

[55]阿罗.信息经济学[M].何宝玉,等译.北京:北京经济学院出版社,1989.

[56]艾德曼,肯尼迪.隐私的权力[M].吴懿婷,译.北京:当代世界出版社,2003.

[57]艾伦,托克音顿.美国隐私法:学说、判例与立法[M].冯建妹,石宏,郝倩,等编译.北京:中国民主法制出版社,2004.

[58]巴拉巴西.爆发:大数据时代预见未来的新思维[M].马慧,译.北京:中

国人民大学出版社,2012.

[59]博登海默.法理学:法律哲学与法律方法[M].邓正来,译.北京:中国政法大学出版社,2017.

[60]布雷耶.规制及其改革[M].李洪雷,宋华琳,苏苗罕,译.北京:北京大学出版社,2008.

[61]迪尔凯姆.社会学方法的准则[M].狄玉明,译.北京:商务印书馆,1995.

[62]费蒂克,汤普森.信誉经济:大数据时代的个人信息价值与商业变革[M].王臻,译.北京:中信出版社,2016.

[63]弗里曼.合作治理与新行政法[M].毕洪海,陈标冲,译.北京:商务印书馆,2010.

[64]福克斯.侵权行为法[M].齐晓琨,译.北京:法律出版社,2006.

[65]个人数据保护:欧盟指令及成员国法律、经合组织指导方针[M].陈飞,等译.北京:法律出版社,2006.

[66]哈贝马斯.公共领域的结构转型[M].曹卫东,等译.上海:学林出版社,1999.

[67]科特威尔.法律社会学导论[M].潘大松,刘丽君,林燕萍,等译.北京:华夏出版社,1989.

[68]库勒.欧洲数据保护法:公司遵守与管制[M].2版.旷野,杨会永,等译.北京:法律出版社,2008.

[69]拉德布鲁赫.法哲学[M].王朴,译.北京:法律出版社,2005.

[70]莱斯格.代码2.0:网络空间中的法律[M].李旭,沈伟伟,译.北京:清华大学出版社,2018.

[71]罗兰德,麦克唐纳.信息技术法[M].2版.宋连彬,林一飞,吕国民,译.武汉:武汉大学出版社,2004.

[72]马斯洛.动机与人格[M].许金声,译.北京:中国人民大学出版社,2007.

[73]迈尔-舍恩伯格,库克耶.大数据时代:生活、工作与思维的大变革[M].盛杨燕,周涛,译.杭州:浙江人民出版社,2013.

[74]迈尔-舍恩伯格.删除:大数据取舍之道[M].袁杰,译.杭州:浙江人民出

版社,2013.

[75]梅迪库斯.德国民法总论[M].邵建东,译.北京:法律出版社,2013.

[76]孟德斯鸠.论法的精神(上册)[M].张雁深,译.北京:商务印书馆,1961.

[77]庞德.通过法律的社会控制·法律的任务[M].沈宗灵,董世忠,译.北京:商务印书馆,1984.

[78]桑斯坦.信息乌托邦:众人如何生产知识[M].毕竞悦,译.北京:法律出版社,2008.

[79]施瓦布.民法导论[M].郑冲,译.北京:法律出版社,2006.

[80]斯皮内洛.世纪道德:信息技术的伦理方面[M].刘钢,译.北京:中央编译出版社,1999.

[81]索雷斯.大数据治理[M].匡斌,译.北京:清华大学出版社,2014.

[82]泰普斯科特,洛伊,泰科尔.数字经济蓝图:电子商务的勃兴[M].陈劲,何丹,译.大连:东北财经大学出版社,1999.

[83]托夫勒.权力的转移[M].吴迎春,傅凌,译.北京:中信出版社,2006.

[84]托夫勒.未来的冲击[M].蔡伸章,译.北京:中信出版社,2006.

[85]韦斯特,特纳.传播理论导引:分析与应用[M].刘海龙,译.北京:中国人民大学出版社,2007.

[86]韦斯特.下一次浪潮:信息通信技术驱动的社会与政治创新[M].廖毅敏,译.上海:上海远东出版社,2012.

(三)中文论文

[87]曹建峰,李金磊.欧盟《隐私与电子通信条例》草案评述[J].信息安全与通信保密,2017(4):85-91.

[88]陈冰.数据掌控世界? Facebook 还有多少惊人内幕?[J].新民周刊,2018(12):17-20.

[89]陈奇伟,刘倩阳.大数据时代的个人信息权及其法律保护[J].江西社会科学,2017(9):187-194.

[90]陈骞,张志成.个人敏感数据的法律保护:欧盟立法及借鉴[J].湘潭大

学学报(哲学社会科学版),2018(3):34-38.

[91]陈炜权,赵波.论数据保护权作为一项基本权利:以《欧盟一般数据保护条例》为分析对象[J].西南政法大学学报,2018(6):48-60.

[92]陈宪宇.大数据的商业价值[J].企业管理,2013(3):108-110.

[93]陈晓霞,徐国虎.大数据业务的商业模式探讨[J].电子商务,2013(6):16-17,23.

[94]程啸.论大数据时代的个人数据权利[J].中国社会科学,2018(3):102-122,207-208.

[95]程莹.风险管理模式下的数据保护影响评估制度[J].网络与信息安全学报,2018(8):63-70.

[96]戴激涛.从"人肉搜索"看隐私权和言论自由的平衡保护[J].法学,2008(11):40-52.

[97]邓瑞平.公民隐私权民法保护之研究[J].西南师范大学学报(人文社会科学版),1992(4):21-27.

[98]丁利.制度激励、博弈均衡与社会正义[J].中国社会科学,2016(4):135-158,208.

[99]丁晓东.个人信息私法保护的困境与出路[J].法学研究,2018(6):194-206.

[100]丁宇翔.被遗忘权的中国情境及司法展开:从国内首例"被遗忘权案"切入[J].法治研究,2018(4):27-39.

[101]董一凡,李超.欧盟《数字单一市场战略》解读[J].国际研究参考,2016(3):5-9.

[102]范为.大数据时代个人信息保护的路径重构[J].环球法律评论,2016(5):92-115.

[103]冯晓青.知识产权法的价值构造:知识产权法利益平衡机制研究[J].中国法学,2007(1):67-77.

[104]冯晓青.著作权合理使用制度之正当性研究[J].现代法学,2009(4):29-41.

［105］冯芷艳,郭迅华,曾大军,等.大数据背景下商务管理研究若干前沿课题［J］.管理科学学报,2013(1):1-9.

［106］付玉辉.2015 年中国新媒体传播研究综述［J］.国际新闻界,2016(1):28-41.

［107］高富平,王文祥.出售或提供公民个人信息入罪的边界:以侵犯公民个人信息罪所保护的法益为视角［J］.政治与法律,2017(2):46-55.

［108］高富平.个人信息保护:从个人控制到社会控制［J］.法学研究,2018(3):84-101.

［109］高荣林.大数据时代个人隐私信息保护策略之反思［J］.上海政法学院学报(法治论丛),2016(5):71-78.

［110］葛虹.日本宪法隐私权的理论与实践［J］.政治与法律,2010(8):139-146.

［111］葛云松.《侵权责任法》保护的民事权益［J］.中国法学,2010(3):37-51.

［112］弓永钦,王健.APEC 跨境隐私规则体系与我国的对策［J］.国际贸易,2014(3):30-35.

［113］弓永钦,王健.APEC 与欧盟个人数据跨境流动规则的研究［J］.亚太经济,2015(5):9-13.

［114］顾理平,杨苗.个人隐私数据"二次使用"中的边界［J］.新闻与传播研究,2016(9):75-86,128.

［115］桂畅旎.美欧跨境数据传输《隐私盾协议》前瞻［J］.中国信息安全,2016(3):83-85.

［116］郭冠廷.大数据时代防范信息泄露的策略研究［J］.科技经济导刊,2018(26):181-182.

［117］韩静雅.跨境数据流动国际规制的焦点问题分析［J］.河北法学,2016(10):170-178.

［118］韩旭至.个人信息类型化研究［J］.重庆邮电大学学报(社会科学版),2017(4):64-70.

［119］郝思洋.个人信息权确立的双重价值:兼评《民法总则》第 111 条［J］.河

北法学,2017(10):128-139.

[120]何波.数据泄露通知法律制度研究[J].中国信息安全,2017(12):
40-43.

[121]何建,王小波.基于银行视角的联名卡法律问题探析[J].西南金融,
2014(5):45-48.

[122]何培育.电子商务环境下个人信息安全危机与法律保护对策探析[J].
河北法学,2014(8):34-41.

[123]贺栩栩.比较法上的个人数据信息自决权[J].比较法研究,2013(2):
61-76.

[124]胡嘉妮,葛明瑜.欧盟《一般数据保护条例》[J].互联网金融法律评论,
2017(1):28-120.

[125]胡税根,单立栋,徐靖芮.基于大数据的智慧公共决策特征研究[J].浙
江大学学报(人文社会科学版),2015(3):5-15.

[126]胡文涛.我国个人敏感信息界定之构想[J].中国法学,2018(5):
235-254.

[127]黄璜.对"数据流动"的治理:论政府数据治理的理论嬗变与框架[J].
南京社会科学,2018(2):53-62.

[128]黄宁,李杨."三难选择"下跨境数据流动规制的演进与成因[J].清华
大学学报(哲学社会科学版),2017(5):172-182,199.

[129]黄欣荣,李世宇.舍恩伯格大数据哲学思想研究[J].长沙理工大学学
报(社会科学版),2017(3):5-11.

[130]黄欣荣.大数据时代的思维变革[J].重庆理工大学学报(社会科学),
2014(5):13-18.

[131]黄意.打造"数商"新生态,释放数据新价值对话浪潮集团董事长孙丕
恕[J].大数据时代,2017(4):38-42.

[132]贾国凯,姜奇.一般人格权冲突下的法院利益衡量[J].人民论坛,2010
(17):100-101.

[133]江波,张亚男.大数据语境下的个人信息合理使用原则[J].交大法学,

2018(3):108-121.

[134]金晶.欧盟《一般数据保护条例》:演进、要点与疑义[J].欧洲研究，
2018(4):1-26.

[135]金耀.个人信息去身份的法理基础与规范重塑[J].法学评论,2017
(3):120-130.

[136]鞠晔,王平.云计算背景下欧盟消费者个人敏感数据的法律保护[J].
法学杂志,2014(8):79-85.

[137]康旗,韩勇,陈文静,等.大数据资产化[J].信息通信技术,2015(6):
29-35.

[138]黎德扬.信息时代的大数据现象值得哲学关注:评《大数据时代》[J].
长沙理工大学学报(社会科学版),2014(2):10-13.

[139]李爱君.数据权利属性与法律特征[J].东方法学,2018(3):64-74.

[140]李国杰,程学旗.大数据研究:未来科技及经济社会发展的重大战略领
域:大数据的研究现状与科学思考[J].中国科学院院刊,2012(6):
647-657.

[141]李思羽.数据跨境流动规制的演进与对策[J].信息安全与通信保密,
2016(1):97-102.

[142]李涛,曾春秋,周武柏,等.大数据时代的数据挖掘:从应用的角度看大
数据挖掘[J].大数据,2015(4):57-80.

[143]李学龙,龚海刚.大数据系统综述[J].中国科学:信息科学,2015(1):
1-44.

[144]李友根.裁判文书公开与当事人隐私权保护[J].法学,2010(5):
126-134.

[145]林婧.网络安全国际合作的障碍与中国作为[J].西安交通大学学报
(社会科学版),2017(2):76-84.

[146]刘文杰.被遗忘权:传统元素、新语境与利益衡量[J].法学研究,2018
(2):24-41.

[147]刘湘雯,王良民.数据发布匿名技术进展[J].江苏大学学报(自然科学

版),2016(5):562-571.

[148]刘耀华,石月.欧美"隐私盾"协议及对我国网络数据保护的启示[J].现代电信科技,2016(5):12-16.

[149]刘云.欧洲个人信息保护法的发展历程及其改革创新[J].暨南学报（哲学社会科学版),2017(2):72-84.

[150]龙卫球.数据新型财产权构建及其体系研究[J].政法论坛,2017(4):63-77.

[151]伦一.澳大利亚跨境数据流动实践及启示[J].信息安全与通信保密,2017(5):25-32.

[152]罗昆.个人信息权的私权属性与民法保护模式[J].广西大学学报（哲学社会科学版),2015(3):86-90.

[153]马芳.美欧跨境信息《安全港协议》的存废及影响[J].中国信息安全,2015(11):106-109.

[154]马建光,姜巍.大数据的概念、特征及其应用[J].国防科技,2013(2):10-17.

[155]马特.个人资料保护之辩[J].苏州大学学报（哲学社会科学版),2012(6):76-84.

[156]马长山.智能互联网时代的法律变革[J].法学研究,2018(4):20-38.

[157]梅夏英.数据的法律属性及其民法定位[J].中国社会科学,2016(9):164-183,209.

[158]宁金成.我国信用体系的构建与商法的完善[J].郑州大学学报（哲学社会科学版),2003(3):72-77.

[159]彭岳.贸易规制视域下数据隐私保护的冲突与解决[J].比较法研究,2018(4):176-187.

[160]漆彤,施小燕.大数据时代的个人信息"被遗忘权":评冈萨雷斯诉谷歌案[J].财经法学,2015(3):104-114.

[161]齐爱民,李仪.论利益平衡视野下的个人信息权制度:在人格利益与信息自由之间[J].法学评论,2011(3):37-44.

［162］齐爱民,盘佳.数据权、数据主权的确立与大数据保护的基本原则［J］. 苏州大学学报（哲学社会科学版）,2015(1):64-70,191.

［163］齐爱民,王基岩.大数据时代个人信息保护法的适用与域外效力［J］. 社会科学家,2015(11):101-104.

［164］齐爱民,祝高峰.论国家数据主权制度的确立与完善［J］.苏州大学学报（哲学社会科学版）,2016(1):83-88.

［165］齐爱民.论个人信息保护法的统一立法模式［J］.重庆工商大学学报（社会科学版）,2009(4):90-93.

［166］齐爱民.论个人信息的法律保护［J］.苏州大学学报,2005(2):30-35.

［167］齐爱民.论个人资料［J］.法学,2003(8):80-85.

［168］齐爱民.美德个人资料保护立法之比较:兼论我国个人资料保护立法的价值取向与基本立场［J］.甘肃社会科学,2004(3):137-141.

［169］齐爱民.中华人民共和国个人信息保护法示范法草案学者建议稿［J］. 河北法学,2005(6):2-5.

［170］钱力,谭金可."互联网＋"时代网络隐私权保护立法的完善［J］.中国流通经济,2015(12):113-118.

［171］任孚婷.大数据时代隐私保护与数据利用的博弈［J］.编辑学刊,2015(6):41-46.

［172］任晓玲.个人数据保护立法推动技术创新:欧盟拟修订《数据保护指令》［J］.中国发明与专利,2011(1):100.

［173］石月.数字经济环境下的跨境数据流动管理［J］.信息安全与通信保密,2015(10):101-103.

［174］石月.新形势下的跨境数据流动管理［J］.电信网技术,2016(4):48-50.

［175］史卫民.大数据时代个人信息保护的现实困境与路径选择［J］.情报杂志,2013(12):154,155-159.

［176］宋健,许国艳,夭荣朋.基于差分隐私的数据匿名化隐私保护方法［J］. 计算机应用,2016(10):2753-2757.

［177］宋金玉,陈爽,郭大鹏,等.数据质量及数据清洗方法［J］.指挥信息系

统与技术,2013(5):63-70.

[178]孙继周.日本数据隐私法律:概况、内容及启示[J].现代情报,2016(6):140-143.

[179]孙平.系统构筑个人信息保护立法的基本权利模式[J].法学,2016(4):67-80.

[180]孙清白,王建文.大数据时代个人信息"公共性"的法律逻辑与法律规制[J].行政法学研究,2018(3):53-61.

[181]谭天.大数据研究经典的研读与批判:读维克托·迈尔-舍恩佰格《大数据时代》有感[J].重庆工商大学学报(社会科学版),2016(1):99-103.

[182]陶盈.我国网络信息化进程中新型个人信息的合理利用与法律规制[J].山东大学学报(哲学社会科学版),2016(2):155-160.

[183]田新玲,黄芝晓."公共数据开放"与"个人隐私保护"的悖论[J].新闻大学,2014(6):55-61.

[184]万方.隐私政策中的告知同意原则及其异化[J].法律科学(西北政法大学学报),2019(2):61-68.

[185]汪全胜,方利平.个人敏感信息的法律规制探析[J].现代情报,2010(5):24-27.

[186]王波伟,李秋华.大数据时代微信朋友圈的隐私边界及管理规制:基于传播隐私管理的理论视角[J].情报理论与实践,2016(11):37-42.

[187]王崇敏,郑志涛.网络环境下个人信息的私法保护[J].海南大学学报(人文社会科学版),2017(5):125-132.

[188]王利明.论个人信息权的法律保护:以个人信息权与隐私权的界分为中心[J].现代法学,2013(4):62-72.

[189]王利明.试论人格权的新发展[J].法商研究,2006(5):16-28.

[190]王利明.隐私权概念的再界定[J].法学家,2012(1):108-120,178.

[191]王利明.隐私权内容探讨[J].浙江社会科学,2007(3):57-63,79.

[192]王敏.敏感数据是个人隐私保护的核心领域[J].团结,2018(3):30-32.

[193]王琦.民事诉讼诚实信用原则的司法适用[J].中国法学,2014(4):

250-266.

[194]王融,陈志玲.从美欧安全港框架失效看数据跨境流动政策走向[J].中国信息安全,2016(3):73.

[195]王融.数据跨境流动政策认知与建议:从美欧政策比较及反思视角[J].信息安全与通信保密,2018(3):41-53.

[196]王瑞.欧盟《通用数据保护条例》主要内容与影响分析[J].金融会计,2018(8):17-26.

[197]王少辉,杜雯.大数据时代新西兰个人隐私保护进展及对我国的启示[J].电子政务,2017(11):65-71.

[198]王晓芬.个人信息的法律属性及私法保护模式探究[J].河南财经政法大学学报,2016(5):64-70.

[199]王新才,丁家友.大数据知识图谱:概念、特征、应用与影响[J].情报科学,2013(9):10-14,136.

[200]王秀秀.个人数据的法律保护模式形成逻辑[J].学术探索,2016(4):53-57.

[201]王学辉,赵昕.隐私权之公私法整合保护探索:以"大数据时代"个人信息隐私为分析视点[J].河北法学,2015(5):63-71.

[202]王毅纯.论隐私权保护范围的界定[J].苏州大学学报(法学版),2016(2):89-102.

[203]王泽鉴.人格权的具体化及其保护范围·隐私权篇(上)[J].比较法研究,2008(6):1-21.

[204]王忠.大数据时代个人数据交易许可机制研究[J].理论月刊,2015(6):131-135.

[205]温世扬.略论侵权法保护的民事法益[J].河南省政法管理干部学院学报,2011(1):31-36.

[206]吴伟光.大数据技术下个人数据信息私权保护论批判[J].政治与法律,2016(7):116-132.

[207]吴振慧.大数据背景下个人信息安全的现状与保护[J].扬州教育学院

学报,2016(3):36-38.

[208]武长海,常铮.论我国数据权法律制度的构建与完善[J].河北法学,2018(2):37-46.

[209]项定宜.个人信息的类型化分析及区分保护[J].重庆邮电大学学报(社会科学版),2017(1):31-38.

[210]肖建华,柴芳墨.论数据权利与交易规制[J].中国高校社会科学,2019(1):83-93,157-158.

[211]谢楚鹏,温孚江.大数据背景下个人数据权与数据的商品化[J].电子商务,2015(10):32-34,42.

[212]谢远扬.信息论视角下个人信息的价值:兼对隐私权保护模式的检讨[J].清华法学,2015(3):94-110.

[213]许多奇.个人数据跨境流动规制的国际格局及中国应对[J].法学论坛,2018(3):130-137.

[214]许可.数字经济视野中的欧盟《一般数据保护条例》[J].财经法学,2018(6):71-83.

[215]许玉镇.网络治理中的行业自律机制嵌入价值与推进路径[J].吉林大学社会科学学报,2018(3):117-125,206.

[216]杨登峰.行政法诚信原则的基本要求与适用[J].江海学刊,2017(1):133-140.

[217]姚维保,韦景竹.个人数据流动法律规制策略研究[J].图书情报知识,2008(2):38-42.

[218]姚岳绒.论信息自决权作为一项基本权利在我国的证成[J].政治与法律,2012(4):72-83.

[219]尹田.自然人具体人格权的法律探讨[J].河南省政法管理干部学院学报,2004(3):17-23.

[220]于志刚.信息时代和中国法律、中国法学的转型[J].法学论坛,2011(2):37-40.

[221]张峰.数据流通释放数据价值[J].软件和集成电路,2017(7):44-45.

[222]张继红.大数据时代个人信息保护行业自律的困境与出路[J].财经法学,2018(6):57-70.

[223]张金平.跨境数据转移的国际规制及中国法律的应对:兼评我国《网络安全法》上的跨境数据转移限制规则[J].政治与法律,2016(12):136-154.

[224]张娟.德国信息自决权与宪法人性尊严关系述评:德国个人信息保护的法律基础解读[J].安徽农业大学学报(社会科学版),2013(6):45-49.

[225]张里安,韩旭至.大数据时代下个人信息权的私法属性[J].法学论坛,2016(3):119-129.

[226]张敏,马民虎.欧盟数据保护立法改革之发展趋势分析[J].网络与信息安全学报,2016(2):8-15.

[227]张鹏.论敏感个人信息在个人征信中的运用[J].苏州大学学报(哲学社会科学版),2012(6):97-103.

[228]张平.大数据时代个人信息保护的立法选择[J].北京大学学报(哲学社会科学版),2017(3):143-151.

[229]张素华,李雅男.数据保护的路径选择[J].学术界,2018(7):52-61.

[230]张文亮.个人数据保护立法的要义与进路[J].江西社会科学,2018(6):169-176.

[231]张新宝.从隐私到个人信息:利益再衡量的理论与制度安排[J].中国法学,2015(3):38-59.

[232]张新宝.言论表述和新闻出版自由与隐私权保护[J].法学研究,1996(6):32-45.

[233]张雪玲,焦月霞.中国数字经济发展指数及其应用初探[J].浙江社会科学,2017(4):32-40,157.

[234]张枝令.结构化数据及非结构化数据的分类方法[J].宁德师专学报(自然科学版),2007(4):417-420.

[235]赵宏.从信息公开到信息保护:公法上信息权保护研究的风向流转与

核心问题[J].比较法研究,2017(2):31-46.

[236]赵宏.信息自决权在我国的保护现状及其立法趋势前瞻[J].中国法律评论,2017(1):147-161.

[237]赵淑钰,伦一.数据泄露通知制度的国际经验与启示[J].中国信息安全,2018(3):74-75.

[238]郑令晗.GDPR 中数据控制者的立法解读和经验探讨[J].图书馆论坛,2019(3):147-153.

[239]郑志峰.网络社会的被遗忘权研究[J].法商研究,2015(6):50-60.

[240]钟瑛,张恒山.大数据的缘起、冲击及其应对[J].现代传播(中国传媒大学学报),2013(7):104-109.

[241]周汉华.探索激励相容的个人数据治理之道:中国个人信息保护法的立法方向[J].法学研究,2018(2):15-16.

[242]朱晓青.欧洲一体化进程中人权法律地位的演变[J].法学研究,2002(5):136-151.

[243]左卫民.迈向大数据法律研究[J].法学研究,2018(4):139-150.

(四)其他

[244]工业和信息化部电信研究院.大数据白皮书(2014)[R/OL].(2014-06-18)[2018-10-25].http://www.cac.gov.cn/2014/06/18/c_1111184441.htm.

[245]国务院.国务院关于印发"十三五"国家信息化规划的通知(国发〔2016〕73 号)[EB/OL].(2016-12-27)[2018-09-20].http://www.gov.cn/zhengce/content/2016-12/27/content_5153411.htm.

[246]厦门电视台.新闻观察:《2016 中国网民权益保护调查报告》发布[EB/OL].(2016-06-25)[2022-08-26].https://www.sohu.com/a/86086443_362254.

[247]中国互联网信息中心.第 42 次中国互联网络发展状况统计报告[R/OL].(2018-08-20)[2018-09-17].http://www.cac.gov.cn/2018-08/

20/c_1123296882. htm.

［248］中国人民大学未来法治研究院. 个人信息与数据流通高峰论坛成功举办［EB/OL］.（2018-05-23）［2022-07-25］. http://lti. ruc. edu. cn/sy/xwdt/4a987f13562b4c4a9d81fb0553913435. htm.

二、外文类参考文献

（一）外文著作

［249］奥平康弘. 知情权［M］. 東京：岩波書店,1981.

［250］宇賀克也. 個人情報保護法の逐条解說［M］. 2 版. 東京：有斐閣,2005.

［251］Ackerman B A. Social Justice in the Liberal State［M］. New Haven：Yale University Press，1981.

［252］Bennett C J，Raab C D. The Governance of Privacy［M］. Cambridge，MA：The MIT Press，2006.

［253］Bennett C J. Regulating Privacy：Data Protection and Public Policy in Europe and the United States［M］. Ithaca：Cornell University Press，1992.

［254］Branscomb A W. Who Owns Information? From Privacy to Public Access［M］. New York：Basic Books，1994.

［255］Cohen J E. Configuring the Networked Self：Law，Code，and the Play of Everyday Practice［M］. New Haven：Yale University Press，2012.

［256］Flaherty D H. Protecting Privacy in Surveillance Societies：The Federal Republic of Germany，Sweden，France，Canada and the United States［M］. Charlotte：University of North Carolina Press，1989.

［257］Greenleaf G. Asia Data Privacy Law：Trade & Human Rights Perspective［M］. Oxford：Oxford University Press，2014.

［258］Heisenberg D. Negotiating Privacy：The European Union，the United States and Personal Data Protection［M］. Boulder：Lynne Rienner Publishers Inc，2005.

［259］Inness J C. Privacy，Intimacy，and Isolation［M］. Oxford：Oxford University Press，1992.

［260］Jay R. Guide to the General Data Protection Regulation：A Companion to Data Protection Law and Practice［M］. 4th ed. London：Sweet & Maxwell Press，2017.

［261］Kuner C. Transborder Data Flows and Data Privacy Law［M］. Oxford：Oxford University Press，2013.

［262］Leenes R，Brakel R，Gutwirth S，et al. Data Protection and Privacy：Invisibilities and Infrastructures［M］. Cham：Springer International Publishing AG，2017.

［263］Miller A R. The Assault on Privacy：Computers，Data Banks and Dossiers［M］. New York：Signet，1972.

［264］Posner R. Economic Analysis of Law［M］. Netherland：Aspen Publishers，2003.

［265］Sloot B. Privacy as Virtue：Moving Beyond the Individual in the Age of Big Data［M］. Cambridge：Intersentia Press，2017.

［266］Solove D. The Digital Person：Technology and Privacy in the Information Age［M］. New York：New York University Press，2004.

［267］Solve D J. The Future of Reputation：Gossip，Rumor，And Privacy on the Internet［M］. New Haven：Yale University Press，2007.

［268］Westin A F. Information Technology in Democracy［M］. Boston：Harvard University Press，2014.

［269］Wiant S. Technological Determinism Is Dead：Long Live

Technological Determinism［M］. Cambridge，MA：The MIT Press，2008.

（二）外文论文

［270］Albrecht J P. How the GDPR will change the world［J］. European Data Protection Law Review，2016(3)：1027-1091.

［271］Allen A L. Coercing privacy［J］. William and Mary Law Review，1999(1)：723-757.

［272］Ambrose M L，Ausloos J. The right to be forgotten across the pond ［J］. Journal of Information Policy，2013(1)：1-23.

［273］Ausloos J. The 'right to be forgotten'-worth remembering? ［J］. Computer Law & Security Review，2012(2)：71-96.

［274］Bamberg K A，Mulligan D K. Privacy on the books and on the ground ［J］. Stanford Law Review，2011(2)：621-687.

［275］Bannon L J. Forgetting as a feature，not a bug：The duality of memory and implications for ubiquitous computing［J］. Codesign，2006(1). 99-167.

［276］Beaney W M. The right to privacy and American law［J］. Law and Contemporary Problems，1966(1)：123-199.

［277］Ben-Shahar O，Schneider C E. The failure of mandated disclosures ［J］. University of Pennsylvania Law Review，2011(3)：647-747.

［278］Berberich M，Steiner M. Blockchain technology and the GDPR：How to reconcile privacy and distributed ledgers［J］. European Data Protection Law Review，2016(3)：475-522.

［279］Bergelson V. It's personal but is it mine? Toward property rights in personal information［J］. U. C. Davis Law Review，2003 (2)：379-457.

［280］Bharwaney M，Marwah A. Personal data privacy in the digital age

[J]. Hong Kong Law Journal，2013(3)：441-482.

[281]Blanchette J-F，Johnson D J. Data retention and panoptic society：
The social benefits of forgetfulness[J]. The Information Society，
2002(1)：163-189.

[282]Bond R. International transfer of personal data[J]. Business Law
International，2004(3)：857-898.

[283]Bourdillon S. Anonymous data v. personal data － false debate：An
EU perspective on anonymization，pseudonymization and personal
data[J]. Wisconsin International Law Journal，2016(2)：79-156.

[284]Boyd D，Crawford K. Critical questions for big data：Provocations for
a cultural，technological，and scholarly phenomenon [J].
Information，Communication ＆ Society，2012(5)：226-242.

[285]Brandimarte L，Acquistia A，Loewenstein G. Misplaced confidences：
Privacy and the control paradox [J]. Social Psychological ＆
Personality Science，2013(3)：467-508.

[286]Butler D. When Google got flu wrong[J]. Nature，2013(494)：
155-156.

[287]Calo R. Against notice skepticism in privacy[J]. Notre Dame Law
Review，2012(3)：44-106.

[288]Carlisle G. Identifying personal data using relational database design
principles [J]. International Journal of Law and Information
Technology，2009(3)：383-412.

[289]Cate F H. Protecting privacy in health research：The limits of
individual choice[J]. California Law Review，2010(6)：1765-1803.

[290]Chapman N S，Mcconnell M W. Due process as separation of power
[J]. Yale Law Journal，2012(7)：527-578.

[291]Chhibber A. Security analysis of cloud computing[J]. International
Journal of Advanced Research in Engineering and Applied Science，

2013(3)：175-207.

[292]Cohen J E. What privacy is for? [J]. Harvard Law Review，2013(7)：995-1022.

[293]Cohn B L. Data governance：A quality imperative in the era of big data，open data and beyond[J]. A Journal of Law and Policy for the Information Society，2015(10)：780-825.

[294]Cranor L F. Necessary but not sufficient：Standardized mechanisms for privacy notice and choice[J]. Journal on Telecommunications and High Technology Law，2012(2)：301-360.

[295]Crawford K，Lumby C. Networks of governance：Users，platforms，and the challenges of networked media regulation[J]. International Journal of Technology Policy and Law，2013(3)：17-85.

[296]Ctron D K，Pasquale F A. The scored society：Due process for automated predictions [J]. Washington Law Review，2014（1）：535-592.

[297]Dreier T. Big data[J]. Journal of Intellectual Property，Information Technology and Electronic Commerce Law，2014(5)：40-69.

[298]Dwork C，Mulligan D. It's not privacy，andit's not fair[J]. Stanford Law Review，2013(35)：661-729.

[299]Ferguson A G. Predictive policing and reasonable suspicion[J]. Emory Law Journal，2012(2). 1337-1359.

[300]Fried C. Privacy (a moral analysis)[J]. Yale Law Journal，1968(1)：435-497.

[301]Garry T，Douma F，Simon S. Intelligent transportation systems：Personal data needs and privacy law[J]. Transportation Law Journal，2012(3)：339-367.

[302]Gonzalez G. Un-mapping personal data transfer[J]. European Data Protection Law Review，2016(2)：95-147.

［303］Haghighat M，Zonouz S，Abdel-M M. Could ID：Trustworthy cloud-based and cross-enterprise biometric identification［J］. Expert Systems with Applications，2015(21)：95-112.

［304］Hansen H K，Porter T. What do big data do in global governance?［J］. Global Governance，2017(23)：31-42.

［305］Hardy I T. Transborder data flows (Proceedings of an OECD conference)［J］. Yearbook of Law Computers and Technology，2013(3)：235-241.

［306］Heitzenrater J A. Data breach notification legislation：Recent developments［J］. Journal of Law and Policy for the Information Society，2009(4)：661-680.

［307］Henkin L. Privacy and autonomy［J］. Columbia Law Review，1974(1)：2117-2192.

［308］Hoofnagle C J，Soltani A，Good N. Behavioral advertising：The offer you cannot refuse［J］. Harvard Law & Policy Review，2012(2)：115-160.

［309］Jasmontaite L，Kamara I，Zanfir-Fortuna G，et al. Data protection by design and by default：Framing guiding principles into legal obligations in the GDPR［J］. European Data Protection Law Review，2018(4)：168-189.

［310］Kambas W J. A safety net in the e-marketplace：The safe harbor principles offer comprehensive privacy protection without stopping data flow［J］. ILSA Journal of International & Comparative Law，2002(9)：149-184.

［311］Kang J. Information privacy in cyberspace transactions［J］. Stanford Law Review，2004(4)：570-639.

［312］Kaplow L. Rules versus standards：An economic analysis［J］. Duke Law Journal，1992(3)：341-389.

[313]Kerr I, Earle J. Prediction, preemption, presumption: How big data threatens big picture privacy[J]. Stanford Law Review Online, 2013 (1): 575-617.

[314] Koops B J. Law, technology, and shifting power relations[J]. Berkeley Technology Law Journal, 2010(2): 237-289

[315]Kosinski M. Private traits and attributes are predictable from digital records of human behavior[J]. Proceedings of The National Academy of Science, 2013(15):177-224

[316]Laudon K C. Markets and privacy[J]. Communications of the ACM, 1993(9): 641-692.

[317]Lemley M A. Private property: A comment on Professor Samuelson's contribution[J]. Stanford Law Review, 2000(1): 641-697.

[318] Lessig L. Privacy as property[J]. Social Research, 2002(1): 123-157.

[319]Merrill T W. The property strategy[J]. University of Pennsylvania Law Review, 2012(7): 705-762.

[320]Nehf J P. Recognizing the societal value in information privacy[J]. Washington Law Review, 2003(1): 165-221.

[321]Nissenbaum H. Privacy as contextual integrity[J]. Washington Law Review, 2004(1): 375-412.

[322]Ohm P. Branding privacy[J]. Minnesota Law Review, 2013(3): 1025-1132.

[323]Ohm P. The future of digital evidence searches and seizures: The 4th amendment in a world without privacy[J]. Mississippi Law Journal, 2012(1): 105-147.

[324] Pasquale F. Restoring transparency to automated authority[J]. Journal on Telecommunications & High Technology Law, 2011(1): 441-482.

［325］Pau V. Security measures for protecting personal data［J］. International Conference Education and Creativity for a Knowledge-Based Society, 2017(1):9-16.

［326］Pavolotky J. Demystifying big data[J]. Business Law Today, 2012 (11): 1-47.

［327］Posner R A. Privacy, surveillance, and law［J］. University of Chicago Law Review, 2008(1):1793-1882.

［328］Posner R A. The right of privacy[J]. Georgia Law Review, 1978(3): 981-1040.

［329］Post R C. Three concepts of privacy[J]. Georgetown Law Journal, 2001(1): 441-497.

［330］Prosser W L. Privacy[J]. California Law Review, 1960(3): 349-452.

［331］Reding V. The upcoming data protection reform for the European Union[J]. International Data Privacy Law, 2011(1): 51-97.

［332］Reidenberg J R, Breaux T, Cranor L F. Disagreeable privacy policies: Mismatches between meaning and users' understanding[J]. Berkeley Technology Law Journal, 2015(1): 185-237.

［333］Robison W J. Free at what cost? Cloud computing privacy under the scored communications act[J]. Georgetown Law Journal, 2010(4): 461-523.

［334］Roos A. Core principles of data protection law[J]. Comparative and International Law Journal of Southern Africa, 2006(39):102-130.

［335］Rotenberg M, Jacobs D. Updating the law of information privacy: The new framework of the European Union[J]. Harvard Journal of Law and Public Policy, 2013(36): 605-647.

［336］Ryan M D. Could computing privacy concerns on our doorstep[J]. Communications of ACM, 2011(1): 779-826.

［337］Samuelson P. Is information property? [J]. Communications of the

ACM，1991(3)：93-137.

[338]Samuelson P. Principles for resolving conflicts between trade secrets and the first amendment［J］. Hastings Law Journal，2007（4）：407-481.

[339]Schuck P H. Rethinking informed consent［J］. Yale Law Journal，1994(103)：870-901.

[340]Schwartz P M，Solove D J. The PII problem：Privacy and a new concept of personally identifiable information［J］. New York University Law Review，2011(6)：318-392.

[341]Schwartz P M. Property，privacy，and personal data［J］. Harvard Law Review，2004(117)：2056-2128.

[342]Schwartz R G. Privacy in German employment law［J］. HASTINGS International Law and Comperative Law Review，1992（145）：125-141.

[343]Solberg L B. Regulating human subjects research in the information age：Data mining on social network sites［J］. Northern Kentucky Law Review，2012(2)：275-332.

[344]Solove D J. Introduction：Privacy self-management and the consent dilemma［J］. Harvard Law Review，2013(7)：943-1037.

[345]Solove D J. Privacy and technology：Introduction：privacy self-management and the consent dilemma［J］. Harvard Law Review，2013(4)：1879-1987.

[346]Spindler G，Schmechel P. Personal data and encryption in the European General Data Protection Regulation［J］. Information Technology and Electronic Commerce Law，2016(2)：163-204.

[347]Szweda E A. Applying the personal data（privacy）ordinance to employee monitoring［J］. Hong Kong Law Journal，2013（3）：114-160.

[348]Teh J. Privacy wars in cyberspace: An examination of the legal and business tensions in information privacy[J]. Yale Symposium on Law and Technology，2002(4):61-82.

[349]Tene O，Polonetsky J. Big data for all: Privacy and user control in the age of analytics[J]. School of Law Northwestern Journal of Technology and Intellectual Property，2013(11): 783-821.

[350] Thomson B J. The right to privacy[J]. Philosophy and Public Affairs，1975(4): 374-421.

[351]Tovino S A. The HIPPA privacy rule and the EU GDPR: Illustrative comparisons[J]. Seton Hall Law Review，2017(4): 750-807.

[352]Vaquero L M，Rodero M L，Caceres J. Break in the clouds: Towards a cloud definition[J]. ACM Sigcomm Computer Communication Review，2008(1): 63-139.

[353]Victor J M. The EU General Data Protection Regulation: Toward a property regime for protecting data privacy[J]. The Yale Law Journal，2013(2): 617-693.

[354]Wagner Julian，Benecke A. National legislation within the framework of the GDPR[J]. European Data Protection Law Review，2016(3): 1121-1174.

[355]Warner R. Surveilance and the self: Privacy，identity and technology[J]. DePaul Law Review. 2005(54):823-861.

[356] Weaver J F. Artificial intelligence and governing the life cycle of personal data[J]. Richmond Journal of Law & Technology，2018(4): 165-221.

[357] Wolfgang M. A uniform framework for integration of information from the web[J]. Information System，2004(1): 457-532.

[358] Zarsky T Z. Incompatible: The GDPR in the age of big data[J]. Seton Hall Law Review，2017(47):1005-1024.

［359］Zimmerman D. False right invasion of privacy：The right that failed ［J］. New York Law Review，1989(4)：513-657.

［360］Zwick D，Dholakia N. Contrasting European and American approaches to privacy in electronic markets：Property right versus civil right［J］. Electronic Markets，2001(2)：131-178.

（三）其他

［361］Compilation No. 79 of Australian［EB/OL］.（2018-11-06）［2022-08-09］. https：//www. legislation. gov. au/Details/C2018C00456.

［362］Data Protection Principles for the 21st Century – Revising the 1980 OECD Guideline［EB/OL］.（2013-12-20）［2018-10-30］. http：//www. microsoft. com/en-us/download/details. aspx? id＝41191.

［363］EDPS：The EU's independent data protection authority［EB/OL］.（2018-12-10）［2019-01-25］. https：//edps. europa. eu/about-edps_en.

［364］General Data Protection Regulation［EB/OL］.（2018-05-25）［2018-11-02］. https：//eur-lex. europa. eu/legal-content/EN/TXT/PDF/? uri＝CELEX：32016R0679.

［365］OECD Guidelines on the Protection of Privacy and Transborder Flows of Personal Data［EB/OL］.（1980-09-23）［2018-11-20］. http：//www. oecd. org/sti/ieconomy/oecdguidelinesontheprotectionofprivacyandtransborderflowsofpersonaldata. htm.

［366］OECD Privacy Guideline［EB/OL］.（2013-10-11）［2018-10-25］. http：//dx. doi. org/10. 1787/5k3xz5zmj2mx-en.

［367］Privacy Amendment Act 2011 of New Zealand［EB/OL］.（2011-07-22)［2018-11-20］. http：//www. legislation. govt. nz/act/public/2011/0044/latest/DLM3558209. html♯DLM3558208.

［368］Privacy Expert Group Report on the Review of the 1980 OECD Privacy Guidelines［EB/OL］.（2013-10-11）［2018-10-25］. http：//dx.

doi. org/10. 1787/5k3xz5zmj2mx-en.

[369]Privacy Law Enforcement Co-operation[EB/OL]. (2007-06-12)[2018-11-25]. http://www. oecd. org/sti/ieconomy/privacylawen forcementco-operation. htm.

[370]PrivacyAct 1988 of Australian [EB/OL]. (2022-07-10)[2022-08-09]. https://www. legislation. gov. au/Series/C2004A03712.